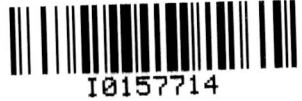

Литература русского безрубежья

ДЕСЯТЬ ШАГОВ ПО «СТЕПИ»
TEN STEPS ALONG THE "STEPPE"

Коллективная монография

Charles Schlacks, Jr. Publisher
Idyllwild, CA

Главный редактор В.К. Зубарева

Редакторы:
М.Ч. Ларионова
Г.С. Рылькова

«Десять шагов по "Степи"» - это коллективная монография, освещающая разные аспекты повести А.П. Чехова, от позиционного стиля (В. Зубарева) до культурологических (М. Ларионова), психологических (Г. Рылькова) и моральных (К. Аполлонио) вопросов, анализа диалогических структур (Н. Изотова), композиции (А. Фрумкина), фольклорных мотивов (К. Бидоши), ассоциативного потенциала (А. Кубасов), принципа нелокальности (Р. Лапушин), а также проблемы перевода (А. Бурак).

Charles Schlacks Publisher

ISBN: 978-1-884445-84-2
ISSN: 2380-6672

Charles Schlacks Jr. specializes in academic titles, particularly in the field of Slavic studies. He is highly regarded by the international community of Slavic scholars and is currently publisher of many highly regarded refereed journals all of which have specialist editorial boards.

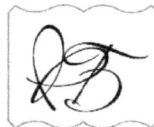

Вступительное слово / *Foreword*

Идея этого сборника родилась в Филадельфии во время обсуждения докладов на американской конференции славистов. За год до этого Галина Рылькова предложила организовать секцию, посвященную детальному обсуждению одного произведения Чехова. Идея остановиться на «Степи» оказалась плодотворной. Четыре доклада вызвали интерес у слушателей и показали неисчерпаемость подходов к интерпретации этого удивительного произведения. Было решено издать небольшой сборник по материалам докладов. Но когда я поделилась этой идеей с коллегами из Таганрога и Ростова-на-Дону, то оказалось, что они тоже хотели бы присоединиться к нам. Так, благодаря энтузиазму нашего второго редактора Марины Ларионовой, придумавшей также и оригинальное название сборнику, к четырём американским докладчикам присоединились чеховеды из России. Статьи, представлены в книге на русском и английском языках без перевода в надежде на то, что оба языка доступны современному литературоведу, занимающемуся творчеством Чехова. В конце приводится полный текст «Степи» для тех, кто почувствует потребность обратиться к нему в процессе чтения статей.

Вера Зубарева

The idea for this collection was born in Philadelphia in the course of discussing presentations at a conference of American Slavists. A year before that, Galina Rylkova had suggested organizing a conference panel devoted exclusively to one work by Anton Chekhov. The choice of "The Steppe" proved fruitful. The four panel presentations generated a lively discussion indicative of a wide range of possible interpretations of this remarkable novella. It was decided to publish a concise collection of essays based on the four presentations. But when I shared this idea with my colleagues in Taganrog and Rostov-on-the-Don, I found that they would also like to participate in this project. One of them, Marina Larionova, became a deputy editor of the collection. She thought up the title of the collection and inspired five more Chekhov scholars from Russia to become its contributors. The articles of the collection are originally written in Russian and English – the languages the contemporary Chekhov scholar will be comfortable with. The reader can also refer to the full original text of "The Steppe" at the back of the collection.

Vera Zubarev, Editor-in-Chief
Translated by Alexander Burak

СОДЕРЖАНИЕ

I.

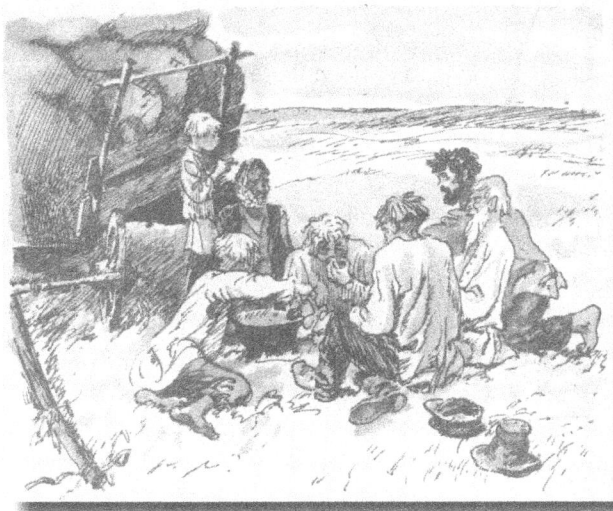

рис. С. Монахова

НАСТОЯЩЕЕ И БУДУЩЕЕ ЕГОРУШКИ: «СТЕПЬ» В СВЕТЕ ПОЗИЦИОННОГО СТИЛЯ

Вера Кимовна Зубарева
Пенсильванский университет
vzubarev@sas.upenn.edu

Предрасположенность vs «перечень»

Повесть «Степь» является произведением, в котором идеи позиционного стиля проявили себя наиболее полно, и немудрено, что она была воспринята ведущими критиками того времени как неудача. В противовес Гаршину, заявившему по прочтении повести, что в России «появился новый первоклассный писатель» [Фаусек 1889: 119], Григорович посчитал это произведение лишенным смысла, а Михайловский в письме к Чехову «строго, укоризненно говорил о прогулке по дороге не знамо куда и не знамо зачем» [Паперный 1976: 102].

Времена изменились, и то, что считалось недостатком многих чеховских произведений, теперь признается их достоинством. Однако пояснять «достоинства» подражанием жизни, которая, по мысли К. Головина-Орловского, есть «нечто бессодержательное, какой-то бесцельный ряд случайных встреч и мелких событий» [цитируется по: Громов 1951: 29], уже нельзя. В свете современных представлений о развитии жизнь не есть ни нечто бесформенное, ни нечто полностью оформленное. Она включает в себя все фазы — от хаоса до полной упорядоченности с существенным акцентом на промежуточную стадию — стадию предрасположенности. Об этой же стадии проницательно писал и сам Чехов в дневниковой записи 1897 года:

> Между «есть Бог» и «нет Бога» лежит громадное целое поле, которое проходит с большим трудом истинный мудрец. Русский человек знает какую-либо одну из этих двух крайностей, середина же между ними не интересует его, и потому он обыкновенно не знает ничего или очень мало (С. XVII, 33–34).

В повести полем жизни становится степь, которую преодолевает герой. И хотя степь показана как вселенная в миниатюре [Popkin 2014], ее значение и смысл устанавливаются самим человеком [Jackson 1991].

Чеховский «человек поля», как это определил Чудаков, — это тот, кто движется «между "есть Бог" и "нет Бога"» [Чудаков 1996: URL]. И все же вопрос о том, почему именитые предшественники отнеслись к этому произведению с недоумением и даже укором, не дает покоя. Неужели и впрямь они были глухи к особенностям чеховской поэтики и вообще к высокой художественности? Ясно, что нет. Просто как профессионалы они хотели четкого, логического объяснения функциональности всего этого «перечня» «энциклопедических», как вслед Чехову называет их В. П. Ходус, описаний [Ходус 2008]. В письме Григоровичу Чехов так и писал: «…вместо художественного, цельного изображения степи я преподношу читателю «степную энциклопедию» (П. II, 173).

Так ли это?

Прежде всего, не следует забывать, что Чехов пишет это письмо в процессе работы над «Степью». Отбор, шлифовка и упорядочение деталей происходят уже на другой стадии, когда рукопись завершена вчерне. Неудивительно, что Чехов пытался описать процесс работы в терминах энциклопедии, принимая в расчет количество описаний, не связанных прямо ни с Егорушкой, ни друг с другом. Но действительно ли получилась энциклопедия вместо художественного произведения? Что стоит за чеховским «аморфным» стилем с большим количеством персонажей и избыточных деталей? Ответить на этот вопрос можно, только обратившись к позиционному стилю.

В чем же отличие богатого деталями позиционного стиля от столь же богатого деталями энциклопедического подхода?

Во-первых, энциклопедия, хоть и создает представление о потенциале культуры, но делает это опосредованно, при помощи реактивного метода. Позиционный стиль, напротив, произрастает из селективного метода, и это существенно, поскольку цели и задачи у него иные. Цель энциклопедического подхода — включение всего многообразия информации о предмете в алфавитном порядке. Задача позиционного стиля — формирование как можно более богатой и сильной позиции, которая бы предрасполагала систему к развитию в условиях неизвестного будущего и укрепляла ее на случай неожиданных поворотов судьбы. В процессе формирования художественной позиции автор создает иерархию, расставляет акценты, ибо его задача заключается в том, чтобы «уметь отличать важные показания от не важных» (П. II, 280). Задача же энциклопедического подхода — чисто образовательная. Это действительно перечень всего, имеющегося в наличии. По нему не выстроишь позицию, но он может стать хорошей базой для ее формирования.

Движение Егорушки

Завершающим аккордом «Степи» является вопрос о будущем Егорушки: «Какова-то будет эта жизнь?» (С. VII, 104). Именно он и заставляет читателя вернуться к началу повести и детально исследовать все, связанное с предрасположенностью не только самого Егорушки, но и его окружения, а также взаимодействие Егорушки с окружением. Без этого невозможно будет понять, в какой континуум погружен чеховский герой и кто он. Весь ход повести — это типичное формирование позиции на основе деталей и описаний, формирование медленное, постепенное, но не бесцельное. Все отступления и описания не декоративного толка. Чехов вводит их не эстетики ради и не для того, чтобы перещеголять Гоголя живописными картинами. Он также не стремится представить «панораму жизни» во имя панорамы жизни. Вопрос в конце повести — это на самом деле тот вопрос, который Чехов поставил для себя в начале, от которого отталкивался и в рамках которого создавал «Степь» («Художник наблюдает, выбирает, догадывается, компонует — уж одни эти действия предполагают в своем начале вопрос…» [П. III, 45]).

Егорушка движется в пространстве, состоящем из множества объектов одушевленных и неодушевленных, и здесь важно не только их количественное, то есть «энциклопедическое», перечисление. Позиционные параметры дают возможность лучше понять внешние и внутренние связи между объектами. Так, Егорушка появляется в бричке с тремя другими героями — Кузьмичевым, о. Христофором и Дениской. У первого на лице была «привычная деловая сухость», а второй «удивленно глядел на мир божий и улыбался так широко, что, казалось, улыбка захватывала даже поля цилиндра» (С. VII, 13). Уже по этим деталям можно судить о характере героев. Лица Дениски мы не видим, и характер его раскрывается позже. Такое позиционирование Егорушки оправдывает себя не только сюжетно. По мере разворачивания рассказа в Егорушке проступают некоторые черты, присущие всем трем героям из его окружения. Он проявит себя в дальнейшем и как практичный Кузьмичев, когда начнет прицениваться к товару в лавке и выяснять стоимость своего пряника, подаренного ему еврейской парой, и как мечтательный о. Христофор, и как Дениска, безжалостно бичующий собак и скармливающий мух кузнечику. Но будет в нем и что-то свое, особенное, что проявляется в сравнении с ними, раскрывая его предрасположенность.

Итак, что же ожидает Егорушку в будущем? Говоря о чеховском замысле написать продолжение «Степи», Владимир Катаев отмечает следующее:

> Как известно, Чехов собирался продолжить «Степь», проследить жизнь юного героя повести Егорушки Князева до того времени, когда он, попав в Петербург или в Москву, «кончит непременно плохим». Сейчас невозможно, конечно, предположить, через какие события и встречи провел бы писатель своего героя в этом неосуществившемся продолжении.

> Но мы определенно знаем концепцию, основную мысль, которую Чехов думал положить в основу этой ненаписанной вещи: «Русская жизнь бьет русского человека так, что мокрого места не остается, бьет на манер тысячепудового камня. Простора так много, что маленькому человечку нет сил ориентироваться...» (письмо Д. В. Григоровичу от 5 февраля 1888 года; П 2, 190).

> Трудно переоценить значение этого свидетельства для интерпретатора чеховских произведений. Сам Чехов указал тот угол зрения, который должен был определять отбор событий в произведениях, последовавших за «Степью», и одновременно общий вывод, к которому он собирался вести своего читателя [Катаев 1979: 42].

Несомненно, письмо дает общее направление чеховской мысли и служит вспомогательным материалом для интерпретатора «Степи» и последующих произведений Чехова. Возможно, Егорушка и разделил бы судьбу чеховских неудачников, будь повесть продолжена. Однако по каким-то причинам Чехов не осуществил свой замысел, и будущее Егорушки осталось гипотетическим. Потерял ли Чехов интерес к этой идее или было что-то в его герое, что оказалось сильнее схемы, пересказанной в письме к Григоровичу? Вспоминается и другое письмо Чехова, написанное И. И. Орлову 11 лет спустя: «Я верую в отдельных людей, я вижу спасение в отдельных личностях, разбросанных по всей России там и сям — интеллигенты они или мужики, — в них сила, хотя их и мало. Несть праведен пророк в отечестве своем; и отдельные личности, о которых я говорю, играют незаметную роль в обществе, они не доминируют, но работа их видна…» (П. VIII, 101).

Оба письма одинаково важны для нас. Их противоречивость свидетельствует об эволюции чеховских взглядов и, возможно, косвенно отвечает на вопрос, почему продолжение «Степи» не было написано. В любом случае Егорушка, был ли он предтечей такой личности или нет, стал главным объектом чеховского внимания в повести.

Степь и Егорушка: к вопросу о внутренней связи

Резонно оспаривая точку зрения, согласно которой «Чехов показывает разнообразные картины степной природы через восприятие Егорушки» [Громов 1958: 132], Чудаков выдвигает иную гипотезу: «Сюжет "Степи" развивается без внутренней связи с личностью героя» [Чудаков 1971: 117]. Далее он ставит ряд вопросов, подтверждающих, по его мнению, этот вывод.

Какое отношение к Егорушке имеют, например, монологи повествователя в начале повести — о коршуне, задумавшемся о скуке жизни, об одиноком тополе, о тоске и торжестве степной красоты? С какими сторонами характера героя они связаны? Какие изменения в психологии мальчика отражают? На все эти вопросы нужно дать отрицательный ответ [Там же: 118].

В рамках традиционного подхода, диктующего прямые и непротиворечивые увязки между компонентами произведения, Чудаков прав: далеко не все описания в тексте очевидным образом связаны с психологией героя. Некоторые вообще не связаны с психологией, но не только в психологии дело. Психология героя — это всего лишь одна из характеристик, слагающих его потенциал.

Потенциал лежит в основе всякой системы. Это категория «тяготеет к концепции развития» [Каценелинбойген 1990: 204], которая включает множество характеристик, зачастую противоречивых, что требует их специальной интеграции. Носителями потенциала в художественном произведении являются герой и мир. При формировании потенциала героя писатель отталкивается от окружения самого героя, моделируя ситуации, в которых он проявится с наибольшей эффективностью. При этом не только жизнь, но и смерть героя показательна в смысле меры влияния его на свое окружение. Потенциал литературного героя складывается из блоков, отвечающих за интеллект, эмоции, физические возможности, ценности, психологию, принятие решений и многое другое. Каждый из блоков может включать заметное число характеристик, зачастую диаметрально противоположных, интеграция которых в оценке интерпретатора и дает представление о потенциале, включая меру его силы и богатства.

Егорушка отнюдь не стержень «для картин природы, людей, размышлений повествователя» [Чудаков 1971: 119]. Он — *развивающийся* герой, олицетворение противоречивых сторон, борющихся в нем на протяжении всей повести. Образ, сотканный из разнородных качеств, по определению далек от схематичности, предполагающей программные увязки однородных элементов. Хотя у Егорушки нежное и чувствительное сердце, он способен быть жестоким (эпизод с собаками). Он обладает живым интересом к окружающему миру и воображением, но творческие способности сочетаются в нем с нелюбовью к нудному, нетворческому процессу обучения. Он оставляет родительский дом против своей воли, не выказывая желания посвятить себя наукам, и он отнюдь не Ломоносов, как о. Христофор в шутку называет его. Егорушка предпочитает изучать жизнь не штудированием, а наблюдая и фантазируя. Его богатое ассоциативное мышление выдает в нем художественную натуру. Несомненно, зубрежка и бессмысленное заучивание плохо совместимы с творческими натурами, но без образования таланту хода нет. Как все эти противоречивые качества совместятся в Егорушке в будущем, во что разовьются? Удастся ли ему найти правильный баланс между решительностью и милосердием, ученическим усердием и творческой свободой? Взаимоотношения Егорушки и окружающих, его положение в системе сложных отношений и переплетений различных блоков и должно дать ответ на этот вопрос.

У зрелого Чехова нет второстепенных героев. Его акцент — на системе, на «единстве всего сущего» [Катаев 2008: 5]. То, что для одного писателя будет фоном, для Чехова — части системы, без обдумывания которых произведение превращается в «Тришкин кафтан». «Поневоле, делая рассказ, хлопочешь прежде всего о его рамках, — признается он в одном из писем Суворину, — из массы героев и полугероев берешь только одно лицо — жену или мужа, — кладешь это лицо на фон и рисуешь только его, его и подчеркиваешь, а остальных разбрасываешь по фону, как мелкую монету, и получается нечто вроде небесного свода: одна большая луна и вокруг нее масса очень маленьких звезд. Луна же не удается, потому что ее можно понять только тогда, если понятны и другие звезды, а звезды не отделаны. И выходит у меня не литература, а нечто вроде шитья Тришкиного кафтана» (П. III, 47).

Степь — не просто природа как еще один «равноправный» герой повести [Сухих 2007: 126], а система, включающая в себя Егорушку наравне с другими персонажами. Говоря в терминах многоракурсного подхода, структура степи богата своей разнородностью, ее функция по отношению к героям — преобразовательная, ее процесс построен на выявлении сокровенного в каждом из участников. В ней не только «действующие лица тоскуют по идеалу, ищут в дорожной пыли просвет» [Страшкова 2008: 162], но и все сущее. Отними одну деталь, один блок, одного героя, одно дерево или птицу, и система начнет функционировать по-другому.

Рассмотрим блоки, составляющие пространство действия и имплицитное пространство, с точки зрения предрасположенности Егорушки и его окружения.

Пространство действия

Остановимся поначалу на вопросах о «скуке жизни», «тоске» и «степной красоте», поставленных Чудаковым в связи с Егорушкой.

Гештальт «скуки» во всех ее ипостасях (т. е. тоски, горевания и т. п.) соотносится со становлением Егорушки. Два типа целей стоят перед этим героем — внешний и внутренний, и оба смыкаются в гештальте «скуки». Так, главная внутренняя цель Егорушки — победа над скукой жизни. Эта цель хоть и не определена в словах, но выводится позиционно из всего строя произведения. К внешним целям относятся поступление в гимназию и достижение пункта назначения — дома Тоскуновой. Как метафора царства скуки-тоски фамилия Тоскуновой завершает ряд образов, связанных с этим гештальтом. Их совокупность формирует отдельный блок, включающий в себя много различных деталей и образов.

Разбивка сложного, насыщенного описаниями и отступлениями художественного текста на блоки представляется нам необходимым для получения целостного видения разветвленного, как мироздание, повествования в «Степи». Литература и искусство относятся к сложным индетерминистским системам, поэтому к ним следует применять иерархический подход, о котором писал Марвин Минский. В своей книге о мыслительном процессе (*The Society of Mind*) он излагает концепцию такого подхода к сложным системам, обращаясь к метафоре кирпичиков и дома. Минский показывает, что сложную систему нельзя описать по отдельным кирпичикам. Для целостного видения нужно идти не от первичных элементов («кирпичиков»), а от блоков, встроенных в надсистему, поскольку они организуют элементы и являются промежуточной конструкцией между целым и частью [Minsky 1988: 292].

Мегаблоком или надсистемой «Степи» является историко-библейский блок. По мнению многих исследователей, степь в повести представлена как пространство, где сосуществуют различные религии и национальности, что позволяет говорить о вселенской панораме, непрерывно разрастающейся за счет всевозможных ассоциативных рядов, на что указывал еще Громов [Прим. 1]. Ассоциативные ряды выстраивают, в свою очередь, новые блоки внутри мегаблока. Некоторые из них уводят в миф и историю, образуя имплицитное пространство, подспудно связанное с пространством действия. Многомерная природа ассоциативных рядов служит взаимообогащению двух пространств, а их интеграция дает более глубокое представление о произведении в целом.

Мир степи, от природы до человека, объят скукой, превалирующей в настроениях («При виде счастливого человека всем стало скучно и захотелось тоже счастья» [С. VII, 77]) и влияющей на общение («Все скучали и говорили вяло и нехотя» [С. VII, 81]). Скука служит фоном всего происходящего, и даже «в торжестве красоты, в излишке счастья чувствуешь напряжение и тоску» (С. VII, 46). Скука иногда мутирует в печаль, иногда в тоску и воплощается в песне женщины как вселенская кручина:

> Песня тихая, тягучая и заунывная, похожая на плач и едва уловимая слухом, слышалась то справа, то слева, то сверху, то из-под земли, точно над степью носился невидимый дух и пел. Егорушка оглядывался и не понимал, откуда эта странная песня; потом же, когда он прислушался, ему стало казаться, что это пела трава; в своей песне она, полумертвая, уже погибшая, без слов, но жалобно и искренно убеждала кого-то, что она ни в чем не виновата, что солнце выжгло ее понапрасну; она уверяла, что ей страстно хочется жить, что она еще молода и была бы красивой, если бы не зной и не засуха; вины не было, но она все-таки просила у кого-то прощения и клялась, что ей невыносимо больно, грустно и жалко себя... (С. VII, 24).

Многоголосие *горевания*, словно многоголовый Змей Горыныч, простирается над степью и судьбами людей, похищая свет и радость и неся тоску и уныние (мотив многих рассказов Чехова, выделенный как самостоятельный в рассказе «Тоска», написанном за два года до «Степи»). И Егорушка, чье имя содержит в себе корень «гор», тоже поначалу горюет, вспоминая о родительском доме. В этих эпизодах он предстает как Егорушка-горюша или горюшник [Даль 1981: I, 379]. Чехов даже ставит в один семантический ряд имя Егорушки и горечь переживания: «Егорушка в последний раз оглянулся на город, припал лицом к локтю Дениски и *горько* заплакал...» (С. VII, 15).

Завершается повесть также *гореванием* Егорушки: «... он опустился в изнеможении на лавочку и горькими слезами приветствовал новую, неведомую жизнь, которая теперь начиналась для него...» (С. VII, 104). Горевание служит своеобразным обрамлением повести (в терминах В. Катаева, это *резонантный принцип построения целого* [Катаев 2002], когда «текст повести пронизан перекличками, повторами», выступающими в качестве «рифм» [Катаев 2008: 4]), однако в конце повести оно дается на новом витке — это уже слезы не мальчика, но мужа (о трансформации Егорушки будет говориться ниже).

С первого момента повести лейтмотив скуки начинает кружить над Егорушкой, являясь то в образе природы, то в образе человека. При этом то скука одолевает Егорушку («Егорушкой тоже, как и всеми, овладела скука» [С. VII, 78]), то Егорушка скуку, и тем самым создается картина противоборства. Скука предстает одним из наиболее коварных противников Егорушки, поскольку она подкрадывается исподволь, лишая его и других самого главного — интереса к окружающему. Песня женщины способствует новому приливу скуки: «И опять послышалась тягучая песня. Пела все та же голенастая баба за бугром в поселке. К Егорушке вдруг вернулась его скука» (С. VII, 25).

Объятый скукой теряет свежесть восприятия, и движение по степи (метафора жизни) превращается в унылую бесконечность. «Как душно и уныло! Бричка бежит, а Егорушка видит все одно и то же — небо, равнину, холмы...» (С. VII, 17). Скука постепенно стирает «благодушие» с лица Кузьмичова, оставляя только «деловую сухость» и придавая ему «неумолимое, инквизиторское выражение»; вгоняет в сон Егорушку («Зной и степная скука утомили его. Ему казалось, что он давно уже едет и подпрыгивает, что солнце давно уже печет ему в спину. Не проехали еще и десяти верст, а он уже думал: "Пора бы отдохнуть!"»); вызывает агрессию в Дениске, который ради развлечения начинает стегать собак. И только о. Христофор не в ее власти. Невзирая на возраст и рутину путешествия, он сохраняет свежесть восприятия, и удивление его побеждает скуку: «Отец же Христофор не переставал удивленно глядеть на мир божий и улыбаться» (С. VII, 18).

Скука, тоска, заунывность — антиподы движения. Они останавливают даже воздух, который является метафорой дыхания природы: «...ему стало казаться, что от заунывной, тягучей песни воздух сделался душнее, жарче и неподвижнее...» (С. VII, 24).

> Летит коршун над самой землей, плавно взмахивая крыльями, и вдруг останавливается в воздухе, точно задумавшись о скуке жизни, потом встряхивает крыльями и стрелою несется над степью, и непонятно, зачем он летает и что ему нужно. А вдали машет крыльями мельница... (С. VII, 17).

Интересно, что мельница «машет крыльями» в то время, как коршун «останавливается в воздухе» под влиянием мыслей о скуке жизни. Ирония в том, что машущая «крыльями» мельница не может взлететь, как не может отдаться выси коршун. И в то же время она рождает ассоциацию с Дон Кихотом, который был неподвластен скуке жизни, поскольку меч его воображения отражал обыденность. Создавая идеалы и отвоевывая их, Дон Кихот выполнял миссию, хоть и иллюзорную. Она-то и придавала смысл его жизни.

И коршун, и природа тоскуют по отсутствию высшего смысла. Бесцельный полет птицы перекликается с тоской степи по певцу, который смог бы придать осмысленность ее существованию, воспев ее красоту. Так последовательно, шаг за шагом формируется предрасположенность мира к неизбывной тоске:

> ...как будто степь сознает, что она одинока, что богатство ее и вдохновение гибнут даром для мира, никем не воспетые и никому не нужные, и сквозь радостный гул слышишь ее тоскливый, безнадежный призыв: певца! певца! (С. VII, 46).

Со степью перекликаются и тоскующие или скучающие герои, не имеющие внутренней цели и, как сама степь, жаждущие «певца», способного придать их жизни высший смысл. Не зря путешественники в повести так падки на истории, которые рассказывает им Холодов. В его нехитрых рассказах, сделанных по трафарету, присутствует главное — роль высшего начала, провидения, покровительствующего странникам. Это незримое присутствие высшего таинства и наделяет смысловой наполненностью судьбы путешественников из рассказов Холодова. Его хотят слушать снова и снова, поскольку каждый рассказ подтверждает, что не так все просто в этом рутинном мире, удручающем ум и ожесточающем сердца. Путешествующие по степи давно усвоили, что цель не есть смысл и целевое существование может быть бессмысленным по большому счету, если за целью не стоит нечто большее, какая-то высшая миссия. Осознание своей миссии в жизни равнозначно победе над скукой.

Имплицитное пространство

М. Ч. Ларионова отмечает, что, «несмотря на постоянное присутствие повести в филологическом дискурсе, процедуры, направленные на ее фольклорно-мифологическую интерпретацию, почти не производились» [Ларионова 2017:75]. Тем не менее каждый образ в повести имеет не только «социальное, историческое, биографическое, психологическое значение», но и «переносное», символическое, проявляющееся, как фотоснимок, только при использовании традиционно-культурных «реактивов» [Там же]. Рассмотрим ряд основных блоков, формирующих имплицитное пространство «Степи» посредством ее главных героев.

1. Варламов — Варлаам

В письме к Григоровичу Чехов писал, что главная тема «Степи» для него ассоциируется с темой «мечты о широкой, как степь, деятельности» (П. II, 190). Из всех героев такой деятельностью занимается только Варламов. В отличие от других героев, не разбирающихся в разветвленной системе деловых отношений, Варламов — единственный, кто наделен целостным видением. С ним связано преображение степи как некогда заброшенного и пустынного, «скучного» места. Фигура Варламова написана эпическими мазками. Да и купцы ставят его превыше всего: «Науки науками, — вздохнул Кузьмичов, — а вот как не догоним Варламова, так и будет нам наука» (С. VII, 22).

Подобное заявление Кузьмичова заставляет задуматься, почему наука и купец Варламов поставлены в один ряд. Это, в свою очередь, протягивает ниточку к этимологии фамилии Варламова, воскрешая в памяти легенду о Варлааме.

Легенда о Варлааме и Иоасафе имеет несколько общих точек соприкосновения с линией Варламова и Егорушки. Это касается как сюжета легенды, так и ее героев. По сюжету юный Иоасаф был огражден отцом от всего внешнего, что могло бы омрачить его душу. Несложно провести параллель между опекаемым со всех сторон Иоасафом и огражденным от житейских бурь Егорушкой, жизнь которого до момента его отъезда протекала в замкнутом пространстве семьи.

Отшельник Варлаам появляется во дворце в обличье *купца* и начинает просвещать юношу, впоследствии ушедшего в пустыню на розыски своего учителя. Если в легенде Варлаам появляется под личиной купца, то в повести Варламов — настоящий купец. Ассоциация с Варлаамом относится к типу размытых (позиционных) «теней». Она менее размыта, чем последующие, речь о которых будет ниже, но несомненно более размыта, чем четкая «тень» «Егорушка — Егорий».

Мотив поиска Варлаама в пустыне находит отголосок в повести, где каждый стремится встретить неуловимого Варламова. Прямые пути к нему не ведут, как не ведут они и к отшельнику Варлааму, найти которого можно только после длительных скитаний (метафора поиска истины как волевого, целенаправленного акта). Интересно, что степь в повести часто сравнивается с пустыней [Finke 1985], а встреча с Варламовым происходит хоть и неожиданно, но в результате настойчивого поиска загадочного преобразователя «пустынного» места. Егорушка встречается с Варламовым только в шестой главе. До того мечта о встрече растет и вызревает, и по ходу событий Егорушка обретает опыт встреч с другими людьми, знакомясь с разными судьбами. И хотя внешне Варламов не производит впечатления на Егорушку и даже в каком-то смысле разочаровывает его, встреча заставляет мальчика задуматься еще больше над тем, что же выделяет этого человека из числа всех прочих.

В отличие от других купцов, Варламову важна позиция, делающая его властелином, и при этом он трудолюбив и честен. «На таких людях, брат, земля держится. Это верно... Петухи еще не поют, а он уж на ногах...», — говорит о нем Пантелей. Да и сам Егорушка подмечает разницу между Варламовым и остальными:

> Но все-таки какая разница чувствовалась между ним и Иваном Иванычем! У дяди Кузьмичова рядом с деловою сухостью всегда были

на лице забота и страх, что он не найдет Варламова, опоздает, пропустит хорошую цену; ничего подобного, свойственного людям маленьким и зависимым, не было заметно ни на лице, ни в фигуре Варламова. Этот человек сам создавал цены, никого не искал и ни от кого не зависел; как ни заурядна была его наружность, но во всем, даже в манере держать нагайку, чувствовалось сознание силы и привычной власти над степью (С. VII, 80).

Знакомство с Варламовым является промежуточной фазой в позиционном движении Егорушки. До этой встречи он знакомился с людьми, хоть и одаренными, но разочарованными и неудовлетворенными. Появление Варламова не только уравновешивает грустные наблюдения Егорушки над окружением, но и отпечатывается в памяти как иной тип отношений человека и мира, где человек подчиняет себе стихию и окружение, а не наоборот.

Тем не менее Варламов отнюдь не Варлаам. Он миссионер физического пространства, и его мифологический тезка призван не только указать на изоморфную структуру, но и оттенить разницу [Прим. 2]. Варламов упивается властью над степью, но никогда не станет ее певцом. Ему чуждо все «в высокой степени поэтическое» (С. VII, 67) — душа степи не внятна ему. Его серый, скучный облик с выражением делового фанатизма в лице свидетельствует о том, что этот человек с нагайкой не способен избавить степь от кручины. Квазисильный потенциал Варламова раскрывается в сочетании мощных деловых качеств, дающих ему материальное и позиционное превосходство, с отсутствием внутреннего слуха, помогающего услышать душу земли, над которой он властвует. Его движение не зря описано как «кружение». Оно не столь бессмысленно, как у птицы, но в силу его целевой ограниченности никогда не станет взлетом.

Фигура Варламова подводит к вопросу о том, какой же тип героя нужен степи, чтобы воспрянуть. Достаточно ли ей успешных материальных преобразований? Ответ выходит за пределы повести и перебрасывается на проблемы героя на Руси [Прим. 3]. Кто из ее граждан сможет быть назван героем и в силу каких особенностей? Три основных типа — Варламов, Кузьмичов и о. Христофор — поставлены в непосредственную близость к Егорушке, и каждый из них несет в себе что-то ценное. Однако превалирование слабого целого над сильными единичными чертами не дает им возможности перейти в категорию «героев». Так, способный и мечтательный о. Христофор покорился воле родителей и не пошел в науку, куда звало его сердце (не оскудеет ли так земля, нуждающаяся в Ломоносовых?). Кузьмичов имеет практическую хватку, но он глух к наукам и ограничен (не исчерпает ли себя потенциал Руси подобными прагматичными натурами?). Варламова отличает размах и прекрасные деловые качества, но поэзия земли родной ему не внятна (не зачахнет ли степь под его нагайкой?).

Так исподволь — позиционно — формируется в повести вопрос о герое, который объединил бы в себе все недостающие черты других, став и управляющим, и защитником, и певцом своей земли.

Как деловой фанатизм подменяет вдохновение Кузьмичову и Варламову, так агрессия заменяет душевный взлет другим героям. Добрый мальчик Дениска убивает насекомых «скуки ради» и нещадно хлещет собак, бегущих за бричкой, а его азарт передается поначалу и Егорушке. Дымов постоянно беснуется, не находя себе места от скуки, испепеляющей его сердце. Столкновение между ним и Егорушкой заканчивается возгласом Дымова: «Скушно мне! Господи!» (С. VII, 84).

2. Егорий и Пантелеймон

И тем символичнее поведение Егорушки, преображающегося из «маменькиного сыночка», оплакивающего разлуку в начале путешествия, в защитника — единственного притом! — певчего Емельяна. Егорушка не просто вступается за Емельяна, но и угрожает Дымову: «На том свете ты будешь гореть в аду!» (С. VII, 82). Упоминание ада звучит потешно в устах мальчика. Однако в имплицитном пространстве связь угрозы со значением имени Егорушки просматривается довольно четко. Намек на эту связь дается устами Пантелея Холодова во время его знакомства с Егорушкой.

— Тебя как звать?

— Егорушка.

— Стало быть, Егорий... Святого великомученика Егория Победоносца числа двадцать третьего апреля. А мое святое имя Пантелей... Пантелей Захаров Холодов... (С. VII, 51).

Выступая против Дымова, Егорушка «трансформируется» в Егория, что зафиксировано в ответе Пантелея Дымову после стычки:

Перед тем, как трогаться в путь, Дымов подошел к Пантелею и спросил тихо:

Как его звать?

Егорий... — ответил Пантелей (С. VII, 83).

Ответ звучит знаменательно в устах Пантелея, давая понять, что столкновение — это своего рода инициация [Прим. 4], в результате которой Егорушка становится Егорием. Также важно, что в столкновении Егорушка играет роль защитника, а не дебошира, а его подзащитный не кто иной, как певчий, что значимо в имплицитном пространстве. В противопоставлении вспышки Егорушки и Дымова — снова вопрос о герое для русской земли: какими качествами он должен обладать и является ли наличие богатырской силы достаточным условием. Ясно, что неприкаянный «буй-тур» Дымов не годится на роль «змееборца»: он может погубить не «змия», а только безвинного «ужика».

«У Чехова в повести "Степь" были другие задачи. В их число не входило изображение цельного и законченного характера Егорушки», — пишет Чудаков [Чудаков 1971: 119]. И он абсолютно прав по поводу незаконченности характера. Цельность же — совершенно другое. Она не связана с ракурсом законченности: и завершенная, то есть не развивающаяся далее система не обязательно цельная. И наоборот — развивающаяся система может быть вполне цельной, если она, прежде всего, придерживается определенных ценностей, отвечающих за ее направленность. Цельность характера Егорушки раскрывается как в наличии у него подобных ценностей, так и в его готовности их отстаивать. Несмотря на юные годы, в нем уже сформировано понимание добра и зла, праведности и неправедности (угроза гореть в аду как понимание неправедности поведения Дымова) и т. п. И даже если ему грозит пострадать за свои убеждения, он все равно не отступает. И в этом он снова «рифмуется» со своим святым тезкой.

С появлением Пантелея начинает разрастаться житийный блок. Этимология его имени восходит к Пантелеймону Целителю. Сам он никого не исцеляет в повести, и даже не способен спасти свою семью от гибели, но его первый разговор с Егорушкой — о покаянии перед смертью — является значимым в библейском контексте, поскольку покаяние и есть исцеление души. Исцеление Егорушки в конце повести дается как движение его души через бредовые видения по самым горячим точкам пережитого, и там, в пространстве сна, он уже сражается не с Дымовым, а с его беснующейся натурой, с тем дьявольским огнем, стремящимся перекинуться на него самого.

Словно усиливая метафору холода в образе Пантелея Холодова, Чехов вводит в пространство действия постоянные указания на эту связь. Холод становится второй натурой Пантелея, который постоянно мерзнет, ходит босым по земле. В его присутствии Егорушка жалуется на озноб, но Пантелей бесчувственен к этим жалобам, словно озноб не опасен. С одной стороны, это отражает психологическое состояние Пантелея: после того как его семья сгорела при пожаре, он предпочитает холод теплу. В имплицитном же пространстве холод ассоциируется с великомучеником Пантелеймоном. 27 июля (9 августа по новому календарю) — день св. Пантелеймона. Он знаменует собой наступление первых утренников. Это имеет отношение и к Егорушке: в рамках метафоры возраста наступление первых утренних заморозков ассоциируется с переходным периодом от лета-детства к зябкому отрочеству [Прим. 5].

3. Св. Георгий в имплицитном сюжете «Степи»

Покидая дом Тоскуновой, Кузьмичов сообщает ей, что вступительные экзамены для Егорушки назначены на седьмое августа. Это сообщение он произносит «таким голосом, как будто в зале был покойник» (С. VII, 104). Помня скептицизм Кузьмичова относительно образования, можно фразу о покойнике расценить как юмористическое напоминание об этом. Тем не менее и дата экзаменов, и фраза обретают еще один смысл в житийном блоке имплицитного пространства.

Седьмого августа 1770 года состоялось первое награждение орденом святого Георгия Победоносца. Дата награждения перекликается с символикой семидневных пыток Великомученика Георгия. На восьмой день святой Георгий был брошен в храм Аполлона, где он сокрушил идола молитвами, после чего был убит. Август — восьмой месяц года, и сочетание семерок и восьмерки в дате, выбранной для награждения, находится в соответствии с библейской символикой. Дата седьмое августа является решающей и для Егорушкиного будущего. Восьмерка же становится композиционно организующим числом повести, состоящей из восьми глав.

Известно, что Чехов в письме к Григоровичу от 12 января 1888 г. писал, что все главы повести «связаны, как пять фигур в кадрили, близким родством» (П. II. 173). В. Катаев интересно проанализировал мини-сюжеты повести с позиций «Егорушка и его vis-à-vis, как в кадрили» [Катаев 2008: 6], разбив их на сюжетные линии с собственной драматургией и дав целостное видение сюжетных переплетений. Обратившись же к чеховской разбивке повести на главы с точки зрения символики восьмерки, можно обнаружить отдаленные, зачастую юмористические переклички с темой мучений св. Георгия.

Так, в первый день св. Георгия втолкнули в темницу кольями, где его привязали к столбам, положив тяжелый камень на грудь. «Степь» начинается с воспоминания о том, как Егорушку посадили в «ненавистную» бричку помимо его воли, и разлука с родными лежит теперь тяжелым камнем на его душе. Первое, на чем останавливается взгляд мальчика, — острог с крестом, куда он ходил на прошлой неделе с матерью на «престольный праздник» (С. VII, 14). Упоминание острога продлевает ассоциативный ряд, связанный с мотивом заточения св. Георгия.

В данном случае мера размытости «тени» гораздо выше, чем в примере с Варламовым. Тем не менее ассоциации базируются на деталях из текста и поэтому не могут считаться «произвольными». Вопрос в том, создана ли в тексте предрасположенность к тому, чтобы соотнести эти детали с целым, то есть с парадигмой св. Георгия. Для того чтобы исчерпывающе ответить на этот вопрос, проследим до конца сюжет, связанный с Георгием.

На второй день св. Георгия подвергли пытке колесом. «Пыткой колесом» в переносном смысле можно назвать путешествие на дребезжащей бричке, подпрыгивающей на каждой кочке и подставляющей Егорушкино тело нещадно палящему солнцу, как это описано во второй части: «Горячие лучи жгли ему затылок, шею и спину» (С. VII, 25). Он «изнеможен зноем» и бежит к осоке, «задыхаясь от зноя». Испытания в этой главе — это «пытки» зноем и скукой, порождающие в нем мысль о том, как от них избавиться: «Как же убить это длинное время и куда деваться от зноя!» (С. VII, 23). Ассоциация с пыткой усиливается описанием «измученной» степи с горящим колесом солнца в небе: «Ни ветра, ни бодрого, свежего звука, ни облачка. <...> степь, холмы и воздух не выдержали гнета и, истощивши терпение, измучившись, попытались сбросить с себя иго» (С. VII, 28).

На третий день св. Георгия бросают в яму с негашеной известью. Юмористической ассоциацией с пространством ямы в третьей главе можно считать темное, удушливое жилище Мойсея Мойсеича, откуда Егорушка буквально вырывается, будучи «уже не в силах дышать затхлым и кислым воздухом, в котором жили хозяева» (С. VII, 39). Введение в повествование еврейской семьи расширяет поле библейских аллюзий. Впервые мотив Ветхого Завета появляется в описании брички, на которой Егорушка отправляется в путь: «одна из тех допотопных бричек» (С. VII, 13). Определение «допотопная» может быть расценено двояко. С одной стороны, это ироническое обозначение чего-то устаревшего, а с другой — намек на ветхозаветные времена. Ветхозаветный блок не замыкается на этом эпитете. Чуть ниже следует описание пастухов как ветхозаветных фигур. Их неподвижность и невозмутимость усиливают ощущение ветхозаветной мудрости.

> Старик-чебан, оборванный и босой, в теплой шапке, с грязным мешком у бедра и с крючком на длинной палке — совсем ветхозаветная фигура — унял собак и, снявши шапку, подошел к бричке. Точно такая же ветхозаветная фигура стояла, не шевелясь, на другом краю отары и равнодушно глядела на проезжих (С. VII, 19).

Эти описания можно считать увертюрой к встрече с еврейской семьей. Семья привечает Егорушку, а жена Мойсея Мойсеича дает Егорушке пряник на дорогу. Таким образом, вариация «мучений» разрешается в мажорной тональности. Пряник сделан в виде сердца и обернут в зеленую тряпку, что тоже знаменательно.

> Совещание кончилось тем, что еврейка с глубоким вздохом полезла в комод, развернула там какую-то зеленую тряпку и достала большой ржаной пряник, в виде сердца (С. VII, 39).

Зеленый цвет тряпицы ассоциируется в имплицитном пространстве с темой дракона [Прим. 6], то есть темой вражды и нетерпимости. Когда Егорушка появляется в комнате Мойсея Мойсеича, чье имя в библейском контексте является значимым в квадрате, он видит, как «из-под сального одеяла выглянула другая кудрявая головка на тонкой шее, за ней третья, потом четвертая... Если бы Егорушка обладал богатой фантазией, то мог бы подумать, что под одеялом лежала стоглавая гидра» (С. VII, 39).

Сравнение с гидрой укрепляет ассоциацию с мифом о Георгии-змееборце. Попутно отметим, что в этом же пространстве «змия» появляется прекрасная графиня Драницкая, одетая в черное, будто она в трауре. По мифу, св. Георгий видит плачущую царевну и просит поведать ему о причине ее скорби. В имплицитном пространстве черные одежды и кони Драницкой сближены с состоянием скорби, горевания, а этимология ее фамилии уходит корнями к ряду «дрань — драть — драка — дракон». В пространстве действия Драницкая весела и беспечна, но в имплицитном пространстве она словно пленница дракона, обираемая «ляхом» Казимиром. А позднее Егорушка узнает, что у нее дома есть чудные часы с золотым всадником и, когда они бьют, он размахивает шашкой. Всадник, скорее всего, есть изображение Георгия Победоносца, столь популярное на Руси в то время.

Как же решается в повести вопрос «змия» в контексте еврейской семьи как представителя «чужой» религии? Ответ дан в сцене дарения пряника.

— Возьми, детка, — сказала она, подавая Егорушке пряник. — У тебя теперь нету маменьке, некому тебе гостинца дать (С. VII, 39).

Сочетание формы пряника с замечанием о том, что у Егорушки теперь нет матери, говорит о том, что роль отсутствующей матери взяла на себя на время женщина из чужой религии («в мифопоэтическом пространстве степи она – "иномирный" и "иноэтничный" двойник матери Егорушки» [Ларионова 2017:84]). Гостинец, таким образом, должен стать символом обретенного Егорушкой дома. Уже вдали от семьи Мойсея Мойсеича он перед сном нащупывает пряник в кармане, и это приносит ему ощущение дома («поправил в кармане пряник и стал засыпать так, как он обыкновенно засыпал у себя дома в постели...» [С. VII, 39]).

Мотив пряника разворачивается довольно любопытно и не без юмора. Прежде всего, Егорушка не съедает пряник, как ожидалось, а носит его как некую реликвию. Зайдя в лавку, он пытается установить его материальную ценность. Лавка, пол которой «весь был покрыт узорами и кабалистическими знаками» (С. VII, 62), предстает не просто как место купли-продажи, но и как обиталище таинств. Здесь, в «кабалистическом» пространстве, выявляется высокая ценность пряника, который, по словам лавочника, в три раза дороже, чем остальные. И снова Егорушка не съедает и не выменивает его на большее количество более дешевых пряников, а вместо этого кладет в карман и вспоминает о нем только в седьмой главе, когда, заболевая, бродит в мокрой одежде по улице, думая о доме. Пряник и мысли о доме снова поставлены в один ряд, и Егорушка, засовывая руку в карман и обнаруживая липкую замазку, пахнущую медом, сокрушается о прянике, как о живом: «Как он, бедный, размок!» (С. VII, 91).

Сердечность отношения Егорушки соответствует «сердечности»

подарка в прямом и переносном смысле, а тот факт, что пряник в конце концов превращается в «растаявшее» сердце, усиливает символизм сближения, как воли небес: дождь, гроза — атрибуты Георгия Победоносца, известного не только решительностью, но и милосердием. В имплицитном пространстве повести милосердие растапливает сердце, размывая границы «своего» и «чужого». В мифе «дракон» имеет множество голов. Множество голов он имеет и в имплицитном пространстве «Степи». Одна из них связана с религиозной и этнической нетерпимостью. Говоря о «своем» и «чужом» пространстве в сказках и мифах, Ларионова подчеркивает, что персонажами «чужого» пространства «в современных Чехову стереотипных этнокультурных представлениях были главным образом евреи и цыгане, которые, согласно народным легендам, вели свою родословную от черта» [Ларионова 2017:83]. Эти же представления, по ее мнению, отразились и в «Степи». Нам же важно показать не только как отразились подобные представления, но как по-новому, нетрадиционно решает проблему *сближения* «своего» и «чужого» автор «Степи».

Эпизод заканчивается юмористически и одновременно символично. Белая собака, принадлежащая Варламову, съедает «замазку» с руки Егорушки.

> Большая белая собака, смоченная дождем, с клочьями шерсти на морде, похожими на папильотки, вошла в хлев и с любопытством уставилась на Егорушку. Она, по-видимому, думала: залаять или нет? Решив, что лаять не нужно, она осторожно подошла к Егорушке, съела замазку и вышла (С. VII, 91).

Обращает на себя внимание, что, так же как и пряник, собака «смочена» дождем, и, словно милосердие Георгия тронуло и ее, она решает не лаять. Егорушка же, промокший до нитки, также не гонит собаку. Его поведение коренным образом отличается от того, что было в начале повести, когда Дениска стегал Варламовских собак, а Егорушка «глядел так же злорадно, как Дениска, и жалел, что у него в руках нет кнута» (С. VII, 19). Теперь же он позволяет собаке слизать пряник с руки. Является ли это намеком на пацифизм как противопоставление воинственности в образе Варламова? Если так, то это объясняет упоминание известных своим пацифизмом молокан в повести: это у них ночует «человек с нагайкой». Да и облик собаки в последней сцене существенно отличается от прежних собак. Тогда они были «необыкновенно злые, с мохнатыми паучьими мордами и с красными от злобы глазами» (С. VII, 18–19). Теперь же собака белая (символика цвета немаловажна) и несет в себе что-то тихое, домашнее. Последнее подчеркнуто в описании ее шерсти на морде, похожей на «папильотки», что мгновенно ассоциируется с женщиной в кругу семьи.

Все это выстраивает сложную картину позиционного становления Егорушки в богатом поле исторических и библейских отношений, как бы подготавливая его к миссии Егория в большой жизни. Как Георгий, он обязан научиться сочетать в себе решительность и милосердие, и именно этот опыт он и обретает в процессе путешествия.

Попутно отметим, что лично чеховское отношение к «чужому» этносу ясно и недвусмысленно выражено в его письме к Суворину от 6 февраля 1898 г. в связи с делом Дрейфуса. Чехов, в частности, писал:

> Разжалование Дрейфуса, справедливо оно или нет, произвело на всех (в том числе, помню, и на Вас) тяжелое, унылое впечатление. Замечено было, что во время экзекуции Дрейфус вел себя как порядочный, хорошо дисциплинированный офицер, присутствовавшие же на экзекуции, например, журналисты, кричали ему: «Замолчи, Иуда!», т. е. вели себя дурно, непорядочно. <…> Когда в нас что-нибудь неладно, то мы ищем причин вне нас и скоро находим: «Это француз гадит, это жиды, это Вильгельм…» Капитал, жупел, масоны, синдикат, иезуиты — это призраки, но зато как они облегчают наше беспокойство! Они, конечно, дурной знак. Раз французы заговорили о жидах, о синдикате, то это значит, что они чувствуют себя неладно, что в них завелся червь, что они нуждаются в этих призраках, чтобы успокоить свою взбаламученную совесть (П. VII, 166–167).

Егорушка, судя по всему, призван преодолеть подобные настроения, а подаренный пряник будет храниться в памяти как «свое» пространство. Для повести же пряник становится символом единения ветхозаветных и христианских образов как краеугольных ценностей Ветхого и Нового Завета.

На четвертый день мучители перебили кости на руках и ногах св. Георгия. В четвертой главе Дымов убивает «ужика». Как отмечает Савелий Сендерович, в «Степи» Дымов обретает черты Змия, а убийство безобидного «ужика» является инверсией мифа, где «ужиком» предстает св. Георгий [Сендерович 1994: 214].

На пятый день св. Георгию надевают раскаленные докрасна железные сапоги и заставляют бежать в них. В пятой главе Дымов больно хватает Егорушку за ногу в момент купания в реке. При этом вся сцена выглядит, как пытка.

> …в это время кто-то схватил его за ногу и потащил наверх. Захлебываясь и кашляя, Егорушка открыл глаза и увидел перед собой мокрое смеющееся лицо озорника Дымова. <…> Он крепко держал Егорушку за ногу и уж поднял другую руку, чтобы схватить его за шею… (С. VII, 57).

На шестой день св. Георгий подвергся наказанию плетьми. В шестой главе вариация плетей возникает в связи с Варламовым, замахнувшимся нагайкой на нерадивого работника. Егорушка является всего лишь наблюдателем наказания, но оно оставляет тяжелое впечатление, словно он пропускает его через себя.

На седьмой день мучители заставляют св. Георгия выпить два кубка с ядом. Первый должен лишить его разума, а второй — убить. В начале седьмой главы герои испытывают неутолимую жажду из-за необыкновенной жары. В этой удушливой атмосфере происходит ссора Дымова и Егорушки. При этом эмоциональное состояние Егорушки описывается так, словно у него помутился ум:

> Егорушка почувствовал, что дышать уже нечем; он — никогда с ним этого не было раньше — вдруг затрясся всем телом, затопал ногами и закричал пронзительно:
>
> — Бейте его! Бейте его! (С. VII, 83).

Позднее он заболевает, просит воды, но ему не дают напиться. Он хочет просить снова, уже когда лежит на обозе, но вместо этого его рвет. Не отравленная вода, но горячечная жажда провоцирует накал бреда с видениями, относящимися к блоку смерти. Образ скуки в разных ипостасях преследует Егорушку в бреду, и он вновь сражается с дьявольским Дымовым: «на Егорушку с ревом бросался озорник Дымов с красными глазами и с поднятыми кулаками или же слышалось, как он тосковал: "Скушно мне!"». В бреду Егорушка также почему-то видит мальчика Тита, повстречавшегося ему в дороге.

> Тит на тонких ножках подошел к постели и замахал руками, потом вырос до потолка и обратился в мельницу. О. Христофор, не такой, каким он сидел в бричке, а в полном облачении и с кропилом в руке, прошелся вокруг мельницы, покропил ее святой водой, и она перестала махать (С. VII, 91).

Видение Тита также имеет символическое значение.

В библейском блоке его имя ассоциируется с Титом Флавием, разрушителем Второго Иерусалимского Храма. В сцене встречи Чехов располагает Тита «на одном из больших неуклюжих камней», что рождает ассоциацию с руинами, оставленными Титом Флавием (С. VII, 25). Маленький Тит говорит басом, что в пространстве действия свидетельствует о заболевании. В имплицитном же пространстве это еще один намек на его взрослого тезку. Появление Тита в Егорушкином бреду сопровождается метафорой противоборства: тот факт, что о. Христофор был «в полном облачении» в тот момент, когда он кропил Тита-мельницу, говорит о том, что борьба была достаточно серьезной.

Несомненно, мельница ассоциируется с иллюзорным врагом, как это было в «Дон Кихоте», и Тит оказывается побежденным. «Мельница — нечистое место, — пишет Ларионова. — Мельница одновременно принадлежит миру живых и мертвых, как колдуны ("Какой колдун!" — думает, глядя на мельницу, Егорушка [С. 7, 20]), посредники между людьми и сверхъестественными силами» [Ларионова 2017:78]. Помня размышление Егорушки о том, как «скучно быть мужиком» (видение Тита в седьмой главе возникает как раз после этих мыслей, точно так же как он сам впервые появляется в повести после того, как Егорушкой овладевает скука от песни женщины), понимаешь, что мужичок Тит, скука и разрушение поставлены в один ассоциативный ряд, с которым постоянно борется Егорушка во сне и наяву. В заключительной сцене вновь появляется Тит: внучка Тоскуновой, Катька, воскрешает воспоминание о нем, словно дух разрушителя Храма следует за Егорушкой, обосновываясь в «царстве тоски». Выйдет ли Егорушка победителем из этой борьбы или царство Тоскуновой все же одолеет его? Ответ на этот вопрос кроется в его предрасположенности бороться и побеждать.

Наконец, на восьмой день св. Георгий сокрушает дьявола молитвами в храме Аполлона. В восьмой главе Егорушка бредит, и ему снова является Дымов. Он помещен рядом с огнем, что позиционно смещает его в мир дьявольщины, у него красные глаза, и он вызывающе глядит на Егорушку. Егорушка призывает атаковать Дымова, что является вариацией темы борьбы с дьяволом. Мальчик превозмогает болезнь при помощи о. Христофора, излечивающего его натиранием и молитвой и при этом велящего ему: «…ты только бога призывай» (С. VII, 96).

Ассоциации с мучениями св. Егория, возникающие по мере

прочтения каждой главы, при всей их удаленности и размытости имеют ту же смысловую направленность, что и в житии: через слезы, борьбу и страдания Егорушка обретает опыт и так поднимается на новую ступень.

Формирование предрасположенности Егорушки: вопрос о будущем

Наутро после Егорушкиного выздоровления о. Христофор дает ему за завтраком наставление, представляющее особый интерес в связи с вопросом формирования потенциала и предрасположенности. Наставление гораздо глубже и всеохватнее, чем формальное наставление будущему гимназисту.

Прежде всего, о. Христофор указывает на необходимость штудирования («Что наизусть надо, то учи наизусть…») — недостаток информации значительно обедняет потенциал даже очень творческой личности. Следующая ступень — осмысление полученного знания («а где нужно рассказать своими словами внутренний смысл, не касаясь наружного, там своими словами»). Это исключительно важно для развития интеллектуального блока, дабы количество знаний не перевесило способности вникнуть в суть выученного («Нет, ты так учись, чтобы все понимать!»).

Далее он указывает на необходимость всестороннего образования для обогащения и укрепления потенциала перед лицом неизвестного будущего: «И старайся так, чтоб все науки выучить… а уж бог укажет, кем тебе быть. Доктором ли, судьей ли, инженером ли… Святые апостолы говорили на всех языках — и ты учи языки…» (С. VII, 98).

Затем он говорит о необходимости «прилагаться» на праведные учения: «Конечно, если чернокнижие, буеслование, или духов с того света вызывать, как Саул, или такие науки учить, что от них пользы ни себе, ни людям, то лучше не учиться. Надо воспринимать только то, что бог благословил» (С. VII, 98). В терминах развития потенциала речь идет о блоке, отвечающем за формирование ценностей.

Обучение должно быть творческим актом со стороны ученика: «святый Нестор писал историю — и ты учи и пиши историю» (С. VII, 98). Это наставление кажется нелепым — ну какую же историю может написать мальчик Егорушка? Однако в контексте всех аллюзий понимаешь, что Чехов не зря погрузил своего героя в имплицитное пространство библейских и исторических фигур.

Ничего не упущено о. Христофором. Он обращает внимание на важность всех параметров, включая и параметры отношений («Только ты смотри, Георгий, боже тебя сохрани, не забывай матери и Ивана Иваныча»), и позиционные. К последним относится замечание о возможном успехе Егорушки и его новой позиции в обществе: «Ежели ты выйдешь в ученые и, не дай бог, станешь тяготиться и пренебрегать людьми по той причине, что они глупее тебя, то горе, горе тебе!» (С. VII, 99) В своих наставлениях он раскрывается как «богоносец», что и соответствует этимологии его имени «Христофор». Все эти аспекты, вместе взятые, являются прекрасным примером всестороннего подхода к формированию потенциала и предрасположенности героя к миссии созидателя. Однако созидатель не творит в пустоте, и здесь очень важен потенциал его окружения. Обилие героев и образов, слагающих пространство степи, и призвано дать представление о потенциале вселенной, окружающей Егорушку. Успех его в будущем будет зависеть как от его собственной предрасположенности, так и от предрасположенности земли удержать, укрепить и развить свой золотой запас.

Основная направленность «Степи» связана с проблемой становления героя в универсуме Руси. Как степь, русская земля ждет и верит, что будущий Егорий не за горами...

Примечания

1. Леонид Громов пишет: «В "Степи" проявилось в высшей степени то качество реалистического искусства Чехова, которое можно назвать ассоциативностью образов. Образ степной природы и входящие в его состав отдельные пейзажные мотивы насыщены ассоциативным содержанием. Кроме своей непосредственной функции — показывать конкретные приметы приазовской степи, они вызывают целый ряд философских и социальных ассоциаций» [Громов 1958: 139].

2. У Чехова мифологическая парадигма служит измерением силы потенциала его героев. Когда на одну чашу весов кладется герой, а на другую — его мифологический тезка, то становится

ясна мера силы или слабости героя [Zubarev 1997: 16].

3. В. Катаев пишет: «Действие происходит в степи — и, как несколько раз повторяется, "на Руси"; в нем участвуют не просто "степняки", но "русский человек". В этом и особое место повести среди чеховских произведений, и то, что делает ее если не лучшим, то наиболее характерным среди чеховских творений» [Катаев 2008: 9].

4. «В контексте традиционной народной культуры, — пишет Ларионова, — повесть "Степь" может быть прочитана как рассказ о перемене статуса героя, его взрослении через путешествие, одиночество, испытания, преодоление себя и обстоятельств, то есть как отражение в литературном произведении структурно-семантических элементов древних обрядов инициации» [Ларионова 2009: 346].

5. Ларионова пишет: «Егорушке 9 лет. В разных областях России это граница, когда ребенка начинали считать равноправным членом взрослой или молодежной общины: "песенно-фольклорная топика указывает на девять-двенадцать лет как на переходный возраст" [19, с. 197]. Понятие "возраст" имеет здесь не количественный, а, скорее, качественный смысл. Этот возраст потому и называется переходным, что ребенок находится в состоянии и процессе "перехода", перемены внешнего и внутреннего статуса. Он еще не утратил связи с "иным" миром, с прошлым, но уже обращен в будущее, его восприятие действительности — не логическое, а интуитивно-иррациональное» [Ларионова 2017:76].

6. О цветах, ассоциирующихся со Змием, писал Савелий Сендерович [Сендерович 1985].

Литература

1. Громов Л. П. Этюды о Чехове. Ростов н/Д, 1951.

2. Громов Л. П. Реализм А. П. Чехова второй половины 80-х годов. Ростов н/Д, 1958.

3. Даль В. И. Толковый словарь живого великорусского языка. М., 1981.

4. Катаев В. Б. Проза Чехова: проблемы интерпретации. М., 1979.

5. Катаев В. Б. Буревестник Соленый и драматические рифмы в «Трех сестрах» // Чеховиана. «Три сестры» — 100 лет. М., 2002.

6. Катаев В. Б. «Степь»: драматургия прозы. // Таганрогский вестник. Материалы междунар. науч.-практ. конф. «"Степь" А. П. Чехова: 120 лет». Таганрог, 2008.

7. Каценелинбойген А. И.. Эстетический метод в экономике. Нью-Йорк, 1990.

8. Ларионова М. Ч. Повесть А. П. Чехова «Степь» в аспекте традиционной культуры // Десять шагов по «Степи». Статьи и эссе. Charles Schlacks, Jr. Publisher Idyllwild, CA С. 74–91.

9. Паперный З.С. Записные книжки Чехова. М., 1976.

10. Сендерович С. Чехов — с глазу на глаз. История одной одержимости А. П. Чехова. Опыт феноменологии творчества. СПб., 1994.

11. Сендерович С. Чудо Георгия о Змие: история одержимости Чехова одним образом. Russian Language Journal 139 (1985): 135–225.

12. Фаусек В. Памяти Всеволода Михайловича Гаршина. // Памяти В. М. Гаршина. СПб., 1889.

13. Ходус В. П. К вопросу об энциклопедизме повести А. П. Чехова «Степь» // Таганрогский вестник. Вып. 3. Таганрог, 2008. С. 29–34.

14. Чудаков А. П. Поэтика Чехова. М., 1971.

15. Чудаков А. Между «есть Бог» и «нет Бога» лежит целое громадное поле... // Новый мир. 1996. № 9. URL: http://magazines.russ.ru/novyi_mi/1996/9/chudak-pr.html

16. Popkin Cathy. The Spaces Between the Places: Chekhov's "Without a Title" and the Art of Being (Out) There. // Chekhov for the 21st Century. / By Ed. Carol Apollonio and Angela Brintlinger. Bloomington, 2014.

17. Finke Michael. Chekhov's Steppe: A Metapoetic Journey. RLJ, XXXIX, Nos. 132–134 (1985).

18. Jackson Robert L. Space and the Journey: A Metaphor for All Times. // Russian Literature 29 (1991). P. 427–438.

19. Zubarev V. (Зубарева В. К.). A Systems Approach to Literature: Mythopoetics of Chekhov's Four Major Plays. Westport Ct.: Greenwood Press, 1997.

«СТЕПЬ» А.П. ЧЕХОВА: СПЕЦИФИКА ДИАЛОГИЧЕСКИХ СТРУКТУР

Наталья Валерьяновна Изотова
Россия, Ростов-на-Дону
nvizotov@yandex.ru

Изначально художественное произведение творится в расчете на читателя, на его субъективную активность. Художественное произведение, существующее как завершенный текст и являющееся результатом творчества автора, создано для восприятия его другим субъектом. Субъект-автор предполагает субъекта-читателя. Чтение и понимание художественного текста порождает в сознании читателя образы, предметы в их целостности, что является необходимым условием эстетического восприятия. Читателю представляется художественный мир произведения, с одной стороны, похожий на окружающий мир, с другой стороны, условный, непохожий на действительность. Воспринимая художественное произведение, читатель вступает в диалог с автором, поскольку понимание – это процесс, включающий сознание читателя как субъекта восприятия. Творчество автора как создателя художественного произведения должно удовлетворять эстетическим потребностям духовной жизни личности и формировать сферу эстетических отношений в жизни человека.

Художественный текст возбуждает текстуально опосредованные «переживания переживаний», он обладает внутренней адресованностью, так как в связи со своей целостностью содержит в себе предназначенную адресату внутреннюю точку зрения. «Искусство, – утверждал А.А. Потебня, – есть язык художника, и как посредством слова нельзя передать другому своей мысли, а можно только пробудить в нем его собственную, так нельзя ее сообщить и в произведении искусства» [Потебня 1976: 181]. Любое художественное произведение является уникальным, оригинальным способом самовыражения писателя как творческой индивидуальности, что способствует также пробуждению самобытной активности читателя. Приобщение к событиям, характерам, поступкам, освоенным им благодаря восприятию художественного текста, обогащает читателя как субъекта реального мира.

Диалог в художественном произведении как структура,

представляющая в фикциональной действительности «языковое существование» персонажей, генетически связана с естественным речевым общением людей как формой социального контакта и характеризуется параметрами, которые присущи диалогу разговорной речи. К параметрам естественного диалога относятся: онтологический (владение языком), субъектный (наличие двух говорящих, адресанта и адресата речи), репликационный (наличие отдельных высказываний разных говорящих и создание в результате их сочетания единого смыслового целого), локально-темпоральный (контактность позиции адресанта и адресата, расположение субъектов речи в одно и то же время в одном месте); устный характер общения, дискретность (попеременность участия субъектов в создании диалога), спонтанность общения; психологические, коммуникативные, прагматические, когнитивные и социокультурные установки общения.

Письменная фиксация устной речи всегда условна, поскольку происходит смена форм существования: звучащая речь передается графическими средствами. Диалог художественного произведения – явление сложное, это не простая фиксация общения персонажей. Диалог во «вторичной действительности», каковой является художественная действительность, создается автором произведения, который относится к одному из трех компонентов художественной коммуникации: автор произведения (субъект речи, адресант) – текст произведения – читатель (воспринимающий субъект, адресат).

В прозаических произведениях у писателя есть возможность создания полноценной диалогической ситуации, поскольку здесь автор представляет как словесное поведение персонажа, так и описывает сопровождающую это поведение несловесную действительность. Диалог художественного прозаического произведения – явление сложное. Специфика его заключается в том, что он представляет речевое общение персонажей, включенное в авторское повествование, и может сопровождаться авторским сопровождением, содержащим различного рода информацию, касающуюся диалогической коммуникации. В диалоге сочетаются «зафиксированные» реплики героев, сопровождаемые словами человека, который их «фиксировал». Диалог происходит на фоне описания или сопровождается описанием. Эти ситуации заменяют ситуации жизни. Автору необходимо дать речевые характеристики персонажам, позаботиться о впечатлении естественности их речи. Диалог продуман, обработан автором, адресован читателю, это «органическая часть художественного произведения, подчиненная общим задачам произведения» [Полищук, Сиротинина 1979: 190]. Диалог в произведении представлен фрагментом текста.

Создавая модель диалога персонажей в прозе, автор, с одной стороны, опирается на аналогичную модель естественного речевого общения и конструирует диалог персонажей, в котором воспроизводятся параметры естественного диалога. С другой стороны, диалог персонажей, рассчитанный на сотворчество читателя, на его воспринимающее сознание, подвергается автором произведения в графическом пространстве текста трансформациям, связанным с изменениями параметров естественного диалогического общения. Автор произведения как создатель диалога персонажей может изменять разные параметры: онтологический (в диалогическое общение могут быть включены персонажи, не владеющие языком), репликационный (в диалоге могут быть графически представлены реплики только одного персонажа, содержание имплицитных реплик восстанавливается читателем), субъектный (в диалогическое общение с человеком могут быть включены разные субстанции) и др. Изменение одного параметра общения может являться причиной изменения другого.

Мир в повести «Степь» наполнен диалогическим общением персонажей, проецирующимся на естественную речевую действительность и представляющим читателю реальное общение. Диалогическое общение в повести представлено разнообразными структурами, отражающими специфику миропонимания и мировосприятия персонажей. Графическое оформление диалогического общения отличается особенностями, связанными не только с передачей «устного» общения печатными средствами, но и с тем, что эти структуры направлены на читателя, на его воспринимающее сознание. Обратим внимание на особенности структурирования реальных диалогов персонажей, включающих вербальные и невербальные компоненты и их роль как средства характеристики персонажей.

Первый диалог в повести начинает дядя Егорушки Кузьмичов, будучи недоволен поведением племянника, расстроенным расставанием с домом.

    – Ну, не отревелся еще, рева! – сказал Кузьмичов. – Опять, баловник, слюни распустил! Не хочешь ехать, так оставайся. Никто силой не тянет!

– Ничего, ничего, брат Егор, ничего… – забормотал скороговоркой о. Христофор. – Ничего, брат… Призывай Бога… Не за худом едешь, а за добром. Ученье, как говорится, свет, а неученье – тьма… Истинно так.

– Хочешь вернуться? – спросил Кузьмичов.

– Хо… хочу… – ответил Егорушка, всхлипывая (С. VII, 15).

Ремарки, сопровождающие реплики Ивана Иваныча Кузьмичова, состоят в основном только из двух обязательных элементов – имени или местоимения, обозначающих субъектов речи, и глагола, обозначающего процесс произнесения реплики. Глаголы, вводящие реплики Кузьмичова, – это также глаголы говорения, в значении которых есть компонент, обозначающий их функциональную принадлежность к диалогическому общению, – «говорить», «сказать», «спросить», «ответить», «заметить». Из 39 ремарок, вводящих реплики Ивана Иваныча, только 8 имеют зависимые от глагола говорения компоненты. Такая структура и наполнение авторского комментирования реплик Кузьмичова подчеркивают черты его характера: неэмоциональность, собранность, деловую сухость.

Реплики о. Христофора всегда носят по отношению к Егорушке и другим персонажам повести назидательный, добрый, успокоительный, иногда насмешливый характер, он жалеет Егорушку, объясняет ему пользу учения, говорит о собственном жизненном опыте. Один из важных элементов в описании невербального поведения о. Христофора – способность постоянно улыбаться: о. Христофор *«влажными глазками удивленно глядел на мир божий и улыбался так широко, что, казалось, улыбка захватила даже поля цилиндра»* (С. VII, 13). Ремарки в диалогах, где субъектом является о. Христофор, и компоненты диалогической ситуации, содержащие описание поведения персонажа между репликами, также представляют, как правило, его эмоционально-восторженное состояние по отношению к происходящему: *«сказал о. Христофор и засмеялся»*, *«сказал о. Христофор и махнул рукой»*, *«сказал с улыбкой»*, *«о. Христофор вдруг что-то вспомнил, прыснул в стакан и закашлялся от смеха»*, *«повторил о. Христофор, хохоча»*, *«вздыхал о. Христофор, улыбаясь»* *«выговорил он сквозь смех»*. Глаголы, вводящие речь о. Христофора, – это не только глаголы говорения с нейтральным значением («сказать», «говорить», «продолжить», «повторить», «согласиться» и др., обозначающие только процесс произнесения речи), но и глаголы, имеющие также значения интонации, четкости речи, передающие одновременно различные внутренние состояния и чувства о. Христофора: «вздохнуть», «перебить», «прошептать», «пропеть», «удивиться», «смутиться», «забормотать». Речь о. Христофора сопровождается часто описанием различных невербальных движений, характеризующих его как человека основательного, вдумчивого, доброжелательного и эмоционального. Сан не ограничивает его в человеческом восприятии мира.

– Должно быть, вы уж все науки забыли! – заметил Кузьмичов.

– Как не забыть? Слава богу, уж восьмой десяток пошел! Из философии и риторики кое-что еще помню, а языки и математику совсем забыл.

О. Христофор зажмурил глаза, подумал и сказал вполголоса:

– Что такое существо? Существо есть вещь самобытна, не требуя иного ко всему исполнению.

Он покрутил головой и засмеялся от умиления.

– Духовная пища! – сказал он. – Истинно, материя питает плоть, а духовная пища душу» (С. VII, 21–22).

Наиболее эмоциональным в общении в повести представлен Мойсей Мойсеич, хозяин постоялого двора. Желая угодить приехавшим к нему гостям, он чрезмерно общителен, приветлив и угодлив.

Мойсей Мойсеич, узнав приехавших, сначала замер от наплыва чувств, потом всплеснул руками и простонал. Сюртук его взмахнул фалдами, спина согнулась в дугу и бледное лицо покривилось такой улыбкой, как будто видеть бричку для него было не только приятно, но и мучительно сладко.

– Ах, боже мой, боже мой! – заговорил он тонким певучим голосом, задыхаясь, суетясь и своими телодвижениями мешая пассажирам вылезти из брички. – И такой сегодня для меня счастливый день! Ах, да чтоже я таперичка должен делать!...

Мойсей Мойсеич, шаря в бричке и помогая приезжим вылезать, вдруг обернулся назад и закричал таким диким, придушенным голосом, как будто тонул и звал на помощь:

– Соломон! Соломон!» (С. VII, 30–31).

Анализ включенных при описании персонажей невербальных компонентов позволяет составить следующую таблицу, свидетельствующую о полноценном представлении диалогического общения, включающем весь спектр возможных невербальных компонентов, набор которых отражает характеры персонажей и позволяет читателю таким образом познакомиться с их видением автором.

Невербальные компоненты	Движения глаз	Телодвижения	Мимика (улыбка, смех, плач)	Голос
Егорушка	19	20	5	6
И.И. Кузьмичов	3	5	6	6
о. Христофор	5	9	7	10
Мойсей Мойсеич	4	16	8	12

Главным персонажем повести является Егорушка, мальчик лет девяти, которого везут поступать в гимназию. Он едет с дядей и о. Христофором по степи и знакомится как с природой, так и с новыми людьми, поэтому при описании пути Егорушки глаголы «видеть», «взглянуть», «всматриваться», «оглянуться», «глядеть», «поглядеть», «услышать», «смотреть» и др. представляют читателю процесс познания пространства ребенком, хотя описание самого пространства и его восприятия не всегда может принадлежать мальчику, о чем пишут исследователи.

Диалоги, инициирующиеся Егорушкой, почти всегда начинаются с вопросительного предложения, поскольку вопрос, как известно, есть снятие незнания, и познание мира, особенно ребенком, и есть процесс превращения неизвестного в известное. В реальных диалогах Егорушка задает вопросы окружающим его людям, интересуясь тем, что ему непонятно и неизвестно в окружающем его новом мире.

> После долгого молчания Егорушка спросил:
> – Тебя как звать?
> Щеки незнакомца еще больше распухли; он прижался спиной к камню, выпучил глаза, пошевелил губами и ответил сиплым басом:
> – Тит.
> Больше мальчики не сказали друг другу ни слова (С. VII, 25).
> – Дед, зачем ты пьешь из лампадки? – удивился Егорушка.
> – Кто пьет из ведра, а кто из лампадки, – ответил уклончиво старик… (С. VII, 55).
> – А ты отчего не купаешься? – спросил Егорушка у Васи.
> – А так… Не люблю… – ответил Вася (С. VII, 58).
> Егорушке не хотелось уходить. Он долго рассматривал ящики с пряниками, подумал и спросил, указывая на мелкие вяземские пряники, на которых от давности выступила ржавчина:
> – Почем эти пряники?
> – Копейка пара (С. VII, 62).
> – Дед, скоро мы поедем? – спросил Егорушка у Пантелея.
> – Когда бог даст, тогда и поедем… (С. VII, 65).

Один из вопросов Егорушки (*«Дед, зачем это крест стоит?»*) остается без прямого ответа, но этот вопрос является вводом довольно больших текстовых фрагментов, включающих рассказы подводчиков (Дымова и Пантелея) об убийстве купцов. Эти рассказы расширяют представление Егорушки и читателей о возможных ситуациях в степи и нравах определенных социальных групп. Ответами на реплику Егорушки можно считать монологические реплики-рассказы подводчиков, содержанием которых и является информация об этих ситуациях и нравах.

Реакция Егорушки в диалоге иногда представлена как внутренняя ответная реплика, являющаяся эмоциональной невысказанной реакцией на предыдущую реплику персонажа и воспринимающаяся читателем как возможная вербальная реакция, поскольку и по содержанию и по месту расположения внутренняя реакция могла бы быть прозвучавшей. Диалогическая структура представляет читателю одновременно высказанное и невысказанное, прозвучавшее и потенциальное, расширяя таким образом возможности диалога в текстовом пространстве.

— Дед, а кто это? — спросил Егорушка?
— Варламов.

Боже мой! Егорушка быстро вскочил, стал на колени и поглядел на белую фуражку (С. VII, 79).

Осмысление Егорушкой жизненного устройства происходит и с помощью диалогизированных конструкций, где субъект мысли один – Егорушка. Он сам себе задает вопросы и отвечает на них.

Зачем люди женятся? К чему на свете женщины? Егорушка задавал себе неясные вопросы и думал, что мужчине, наверное, хорошо, если возле него постоянно живет ласковая, веселая и красивая женщина (С. VII, 78).

Как эта замазка попала ему в карман? Он подумал, понюхал: пахнет медом. Ага, это еврейский пряник! Как он, бедный, промок! (С. VII, 91).

Несколько диалогических структур в повести даны сначала как слышимые Егорушкой диалоги других персонажей, содержание которых становится понятным читателю только либо после знакомства со следующим в пространстве текста авторским описанием ситуации, либо «восстанавливается» читателем на основании содержания части диалога, представленной в тексте. Таким образом читатель оказывается включен в осмысление содержания диалогов персонажей.

Мойсей Мойсеич и еврейка, не переставая вздыхать, подошли к комоду и стали о чем-то говорить по-еврейски. Мойсей Мойсеич говорил вполголоса, низким басом, и в общем его еврейская речь походила на непрерывное «галл-гал-гал-гал…», а жена отвечала ему тонким индюшечьим голоском, и у нее выходило что-то вроде «ту-ту-ту-ту…»
— Галл-гал-гал-гал… — говорил Мойсей Мойсеич.
— Ту-ту-ту-ту… — отвечала ему еврейка.
Совещание кончилось тем, что еврейка с глубоким вздохом полезла в комод, развернула там какую-то зеленую тряпку и достала большой ржавый пряник, виде сердца.
— Возьми, детка, — сказала она, подавая Егорушке, пряник. — У

тебя теперь нету маменьке, некому тебе гостинца дать (С. VII, 38–39).

Лавочник налил ему стакан и подал вместе с огрызенным кусочком сахару. Егорушка сел на складной стул и стал пить. Он хотел спросить, сколько стоит фунт миндаля в сахаре, и только что завел об этом речь, как вошел покупатель, и хозяин, отставив в сторону свой стакан, занялся делом. Он повел покупателя в ту половину, где пахло дегтем, и долго о чем-то разговаривал с ним. Покупатель, человек, по-видимому, очень упрямый и себе на уме, все время в знак несогласия мотал головой и пятился к двери. Лавочник убедил его в чем-то и начал сыпать ему овес в большой мешок.

– Хиба це овес? – сказал печально покупатель. – Це не овес, а полова, купам на смих… Ни, пиду к Бондаренку! (С. VII, 62–63).

Слышимый Егорушкой диалог может быть представлен сначала только как наблюдаемый им (и повествователем) факт общения между персонажем, а затем развернут в авторском фрагменте как потенциальный диалог, поскольку читателю становится известным предполагаемое общение, которого не было еще в описываемой действительности, но, возможно, такое общение состоится, и его содержание также характеризует персонажа.

Чтобы отвязаться от тяжелых грез, Егорушка открыл глаза и стал смотреть на огонь. О. Христофор и Иван Иваныч уже напились чаю и о чем-то говорили шепотом. Первый счастливо улыбался и, по-видимому, никак не мог забыть о том, что взял хорошую пользу на шерсти; веселила его не столько сама польза, сколько мысль, что, приехав домой, он соберет всю свою большую семью, лукаво подмигнет и расхохочется; сначала он всех обманет и скажет, что продал шерсть дешевле своей цены, потом же подаст зятю Михайле толстый бумажник и скажет: «На, получай! Вот как надо дела делать!». Кузьмичов же не казался довольным. Лицо его по-прежнему выражало деловую сухость и заботу (С. VII, 95).

Потенциальной репликой может начинаться диалогический фрагмент текста, в повести так вводится в общение Константин Звоныk. Его знаменитая улыбка представлена читателю в том числе и в виде непроизнесенной реплики.

Попав из потемок в световой круг, он остановился, как вкопанный, и с полминуты глядел на подводчиков так, как будто хотел сказать: «Поглядите, какая у меня улыбка!». Потом он шагнул к костру, улыбнулся еще светлее и сказал:

– Хлеб да соль, братцы!

– Милости просим! – отвечал за всех Пантелей (С. VII, 74).

В «Степи» встречаются нерасчлененные диалоги, своеобразие которых заключается в особой структурной последовательности реплик-стимулов и реплик-реакций. Структурные единицы диалога могут быть по-разному сгруппированы во фрагменте текста. В таких фрагментах ввод в диалогическую ситуацию осуществляется в начале диалогического фрагмента с помощью глаголов говорения во множественном числе, обозначающих совместность процесса: «разговаривать», «разговориться», «беседовать», «говорить» или имен существительных «разговор», «беседа». Содержание диалога передается автором как сумма чередующихся в естественном общении реплик и дается восприятие этого диалога Егорушкой. В этих фрагментах точки зрения Егорушки и повествователя трудно расчленимы (см. Кожевкикова 1994; 1999; 2011).

Пока ели, шел общий разговор. Из этого разговора Егорушка понял, что у всех его новых знакомых, несмотря на разницу лет и характеров, было одно общее, делавшее их похожими друг на друга: все они были людьми с прекрасным прошлым и с очень нехорошим настоящим; о своем прошлом они, все до одного, говорили с восторгом, к настоящему же относились почти с презрением. Русский человек любит вспоминать, но не любит жить (С. VII, 64).

Степень «закрытости» содержания диалогического общения может быть разной, диалогический фрагмент либо только информирует читателя о факте разговора, либо представляет возможность читателю предположить содержание диалога.

Это был Егорушка, племянник Кузьмичова. С разрешения дяди и с благословления о. Христофора, он ехал куда-то поступать в гимназию. Его мамаша, Ольга Ивановна, вдова коллежского секретаря и родная сестра Кузьмичова, любившая образованных людей и благородное общество, умолила своего брата, ехавшего продавать шерсть, взять с собой Егорушку и отдать его в гимназию (С. VII, 14).

Глагол «умолить», существительные с процессуальным значением «разрешение», «благословление» обозначают в авторском фрагменте текста диалогическое общение персонажей. Читателю представлена тема общения и ее результат, несколько реально существующих диалогов встроены таким образом в текст.

Когда ноги и язык довели их до Малой Нижней улицы, оба они были красны и, сняв шляпы, вытирали пот (С, VII, 100).

В приведенном примере множество диалогических ситуаций «свернуто» автором до одного предложения, содержание которого позволяет читателю восстановить вопросно-ответные диалоги Кузьмичова с встречающимися ему людьми по поводу адреса проживания Настасьи Петровны Тоскуновой, в дом которой везли Егорушку (фразеологическое сочетание «язык довел» содержит это значение).

В конце повести есть фрагмент, в котором автор только обозначает диалогическую ситуацию («отвечал на ее бесконечные вопросы»), содержание этого общения не «выводится» читателем из фрагмента текста, о нем можно только догадываться. Прилагательное «бесконечные» дополнительно характеризует Настасью Петровну Тоскунову.

Настасья Петровна еще раз обняла Егорушку, обозвала его ангелочком и, заплаканная, стала собирать на стол. Через три минуты Егорушка уж сидел рядом с ней, отвечал на ее бесконечные расспросы и ел жирные горячие щи (С. VII, 103).

Диалогические структуры могут представлять не только скрытое общение, как в приведенных выше примерах, но и включать возможные реплики, не произнесенные персонажем, но все-таки включенные автором в диалогический фрагмент текста. Такая диалогическая структура расширяет представление читателя о диалогическом общении персонажей, поскольку наряду с произнесенными репликами может содержать реплики, которые мыслятся персонажем как потенциальные, а также компоненты, разъясняющие читателю смысл представленных при общении невербальных компонентах.

– Скажите, пожалуйста, – обратился Иван Иваныч к одному старичку, сидевшему у ворот на лавочке, – где тут дом Настасьи Петровны Тоскуновой.

– Никакой тут Тоскуновой нет, – ответил старик, подумав. – Может, Тимошенко?

– Нет, Тоскунова…

Иван Иваныч пожал плечами и поплелся дальше.

– Да не ищите! – крикнул ему сзади старик. – Говорю нету, значит, нету!

– Послушай, тетенька, – обратился Иван Иваныч к старухе, продававшей на углу в лотке подсолнухи и груши, – где тут дом Настасьи Петровны Тоскуновой?

Старуха поглядела на него с удивлением и засмеялась.

– Да нешто Настасья Петровна теперь в своем доме живет? – спросила она. – Господи, уж годов восемь, как она дочку выдала и дом свой зятю отказала! Там теперь зять живет.

А глаза ее говорили: «Как же вы, дураки, такого пустяка не знаете?»

– А где она теперь живет? – спросил Иван Иваныч.

– Господи! – удивилась старуха, всплескивая руками. – Она уж давно на квартире живет! Уж годов восемь, как свой дом зятю отказала. Что вы!

Она, вероятно, ожидала, что Иван Иваныч тоже удивится и воскликнет: «Да не может быть!!», но тот очень покойно спросил:

– Где же ее квартира?

Торговка засучила рукава и, указывая голой рукой, стала кричать пронзительным тонким голосом:

– Идите все прямо, прямо, прямо… Вот как пройдете красненький домичек, там на левой руке будет переулочек. Так вы идите в этот переулочек и глядите третьи ворота справа… (С. VII, 100-101).

В «Степи» есть диалоги с необычным для естественной диалогической ситуации субъектом – коллективным субъектом. Таким субъектом являются подводчики, чье первое появление в повести представлено репликами, принадлежащими одновременно нескольким неперсонифицированным субъектам, что дает возможность разного толкования диалогической ситуации.

– Не видали, ребята, Варламова?
– Нет, не видали.
Егорушка проснулся и открыл глаза. Бричка стояла. Направо по дороге далеко вперед тянулся обоз, около которого сновали какие-то люди. Все возы, потому что на них лежали какие-то тюки с шерстью, казались очень высокими и пухлыми, а лошади – маленькими и коротконогими.
– Так мы, значит, теперь к молокану поедем! – громко говорил Кузьмичов. – Жид сказывал, что Варламов у молокана ночует. В таком случае прощайте, братцы! С богом!
– Прощайте, Иван Иваныч! – ответило несколько голосов (С. VII, 46–47).

Как диалогическая структура в повести оформлено общение, которое невозможно в реальной действительности по различным параметрам (онтологическим, персонажным, репликационным). Это «диалог» Егорушки с небом, когда во время страшной грозы Егорушка зовет Пантелея, тот не слышит его и природный грохот «отвечает» Егорушке. Диалогическая структура усиливает впечатление ужаса во время грозы.

Егорушка быстро обернулся вперед и, дрожа всем телом, закричал:
– Пантелей! Дед!
«Трах! тах! тах!» – ответило ему небо (С. VII, 87).

Степь в произведении предстает живой, одушевленной в том числе и потому, что траве, бурьяну, птицам, животным приписываются речевые или мыслительные процессы («*раздавался писк бекасов, прилетевших поглядеть, не уехали ли непрошенные гости*», «*коростель вылетел, не понимая, в чем дело*», «*чибисы плакали и жаловались на судьбу*»). В конце повести собаке «приписывается» вопросно-ответный мысленный диалог.

Большая собака, смоченная дождем, с клочьями шерсти на морде, похожими на папильотки, вошла в хлев и с любопытством уставилась на Егорушку. Она, по-видимому, думала: залаять или нет? Решив, что лаять не нужно, она осторожно подошла к Егорушке, съела замазку и вышла (С.

VII, 91).

Мир «Степи» напонен диалогическим общением персонажей, и это общение представлено большим разнообразием структур в графическом пространстве текста. Диалогические структуры в «Степи» являются фрагментами текста, формирующими в основном реальное общение, но это общение может изменяться, трансформироваться по сравнению с естественным общением. Изменения связаны с оформлением в графическом пространстве произведения фрагментов текста, позволяющих автору включить в них воспринимающее сознание читателя, поскольку осмысляются некоторые фрагменты как диалогические только при условии активности субъекта-читателя.

Литература

1. Кожевникова Н.А. Типы повествования в русской литературе XX–XIX вв. М., 1994.

2. Кожевникова Н.А. Язык и композиция произведений А.П. Чехова. Н.Новгород, 1999.

3. Кожевникова Н.А. Стиль Чехова. М., 2011.

4. Полищук Г.Г., Сиротинина О.Б. Разговорная речь и художественный диалог // Лингвистика и поэтика. М., 1979.

5. Потебня А.А. Мысль и язык // Потебня А.А. Эстетика и поэтика. М., 1976.

АССОЦИАТИВНЫЙ ПОТЕНЦИАЛ АНТРОПОНИМОВ В ПОВЕСТИ А.П. ЧЕХОВА «СТЕПЬ»

Александр Васильевич Кубасов
Россия, Екатеринбург
kubas2002@mail.ru

«Степь» можно отнести к жанру повести не только на основании ее достаточно значительного текстового объема (конечно, по меркам Чехова), но и на основании такого признака, как «густонаселенность» образами-персонажами. После публикации повести в письме Суворину 29 августа 1888 года Чехов писал о том, что «скрип колес, ленивая походка волов, облака пыли, черные, потные *лица полсотни человек* – все это врезалось» (П. II, 321) в его память. Действительно, пожалуй, ни в одном из произведений Чехова нет такого многообразия действующих лиц, как в «Степи». Разнообразны и принципы номинации ее героев с помощью собственных имен. Проблеме именования литературных героев Чехова уже посвящен ряд работ [Атанасова 2007; Шебалов 2005; Wasiluk 2005]. Однако смысловое наполнение антропонимов у Чехова столь содержательно и богато, что вряд ли есть основания признать проблему именослова у Чехова закрытой. Одним из аспектов, позволяющих по-новому взглянуть на чеховский ономастикон, является подход с точки зрения спрятанной в них языковой игры, которая является реализацией установки писателя на творческую соактивность читателя.

Концентрированная ассоциативность, связь имени как с внутритекстовыми элементами, так и затекстовыми, делает их в смысловом отношении одними из узловых точек повествования: «Общее свойство семантики имени собственного – ее суггестивность, то есть накопление разного рода коннотаций и семантических компонентов, идущих от ассоциаций в тексте и за текстом» [Фонякова 1990: 33]. Антропонимы образуют в повести особую семиосферу, то есть знаковое пространство, отражающее некие общие закономерности построения чеховского текста в целом. Наша задача заключалась в том, чтобы через анализ антропонимов выйти к пониманию некоторых особенностей художественного миромоделирования Чехова.

Принцип двоичности в номинации героев: Иван Иваныч, Мойсей Мойсеич, «Христофор Христофорыч».

Принцип двоичности в качестве поэтологической установки заявлен автором в сильной текстовой позиции, в самом начале повести. Описывая «ошарпанную бричку», рассказчик тут же замечает: «Она тарахтела и взвизгивала при малейшем движении; ей угрюмо *вторило* ведро... В бричке сидело *двое* N-ских обывателей… Кроме только что описанных *двух* и кучера Дениски, неутомимо стегавшего *по паре* шустрых гнедых лошадок, в бричке находился еще один пассажир – мальчик лет девяти…» (С. VII, 13).

Кроме эксплицитной двоичности, есть и имплицитная. Формы ее проявления достаточно разнообразны. Присмотримся, например, к возрасту главного героя. Ему около девяти лет. Девятка – цифра особая. Особость ее проявляется в том числе и в том, что она обладает способностью, зеркально «переворачиваясь», обращаться в шестерку, своего цифрового антитетического двойника. Эта особенность девятки как перевернутой шестерки обыграна Чеховым и в «Палате № 6» [Кубасов 2003: 181-186]. В «Степи» число «шесть», по крайней мере, дважды возникает в тексте повести: у Мойсей Мойсеича шестеро детей; возчиков, с которыми едет Егорушка, тоже шестеро.

Двоичность – одна из нумерологических примет смерти (усопшим традиционно приносится количество цветов, кратное двум). Мортальный мотив – один из сквозных в произведении. Он связан с образом кладбища, на котором покоятся бабушка Егорушки и его отец, вспоминаются два креста, поставленные на месте убийства купцов, страшные истории Пантелея и др.

Уже в самом зачине повести Егорушка отделен автором от «N-ских обывателей». Можно ведь было написать и так: «В бричке сидело трое пассажиров». В таком случае Егорушка объединялся бы с дядей и с отцом Христофором не столько физически, сколько экзистенциально. Двоичность и имплицитно связанная с нею тема смерти не затрагивает прямо главного героя, он оказывается вне ее, а точнее, – на касательной к ней. Недаром описание кладбища и смерти бабушки даны в остраненном детском восприятии мальчика. При этом автор апеллирует к прошлому опыту девятилетнего героя: «Егорушка *вспомнил*, что когда цветет вишня… » и т.д.

Важное замечание сделано в начале шестой главы повести. Егорушка, глядя «на глубокое небо», проникается мыслями о вечности и одиночестве. Метафизические размышления мальчика переданы в зоне речи безличного повествователя, но при этом сознание героя резонирует с сознанием повествователя. Затем резонанс ослабевает и в тексте выделяется относительно беспримесное сознание Егорушки: «Вообразил он мертвыми мамашу, отца Христофора, графиню Драницкую, Соломона. Но как ни старался вообразить себя самого в темной могиле, вдали от дома, брошенным, беспомощным и мертвым, это не удавалось ему; лично для себя он не допускал возможности умереть и чувствовал, что никогда не умрет» (С. VII, 66).

Номинация некоторых главных героев «Степи» строится на принципе двоичности. Имя и отчество их дублетны: Иван Иваныч, Мойсей Мойсеич. У отца Христофора был духовник, преосвященный Христофор, благословивший своего тезку на путь служения Богу. Так что настоятеля «N-ской Николаевской церкви» по праву можно признать своеобразным «Христофором Христофоровичем».

Возникает вопрос о функции этой антропонимической двоичности. Чем она вызвана? Можно предположить, что дублетность носит до известной степени аллюзивный характер и отсылает читателя к гоголевским принципам номинации (ср., например, в «Ревизоре» – Антон Антонович Сквозник-Дмухановский, Ляпкин-Тяпкин, Бобчинский и Добчинский, в известной повести – Иван Иванович и Иван Никифорович). Гоголевский интертекст в «Степи» давно признается за аксиому. Очевидно, что Чехов ориентируется на великого предшественника не только в описаниях степи, но и в самих принципах поэтики, в частности, он творчески репродуцирует особенности именования героев.

Парность героев повести важна и в литературно-генеалогическом плане. Иван Иваныч и отец Христофор представляют собой вариацию Дон-Кихота и Санчо Пансы. Ивана Иваныча, дядю Егорушки, можно назвать «рыцарем наживы». В этом отношении отец Христофор составляет ему полупародийного двойника, взявшегося за продажу шерсти «зятя Михайлы» не столько из корысти, сколько из интереса. Заметим попутно, что в рассказе «Человек в футляре» намек на пару Дон-Кихот и Санчо Панса задается с помощью портретов двух рассказчиков. Иван Иваныч Чимша-Гималайский (тезка Кузьмичова!) представлен как «высокий худощавый старик с длинными усами». В конце рассказа дан портрет Буркина: «Это был человек небольшого роста, толстый, совершенно лысый, с черной бородой чуть не по пояс» (С. X, 42, 53). Один с усами, другой с бородой, один худощавый, другой толстый. Этих героев можно рассматривать как внутренне связанных между собой антитетических двойников. Такими же являются и Кузьмичов с отцом Христофором. Проекцию на героев Сервантеса усиливает настойчиво повторяемый в повести мотив ветряных мельниц, который есть и в «Крыжовнике». Там недаром упоминаются ассоциативно значимые «ветряные мельницы села Мироносицкого» (С. X, 55).

Наконец, двоичность воплощена и в некоторых репликах героев. Так, Мойсей Мойсеич обращается к своему брату: «Соломон! Соломон!». К жене: «Роза! Роза!». При мысли о сыне, которого, как и Егорушку, через год придется везти «в ученье», он вздыхает: «Ах, Наум, Наум!».

Безымянная старуха в избе, где возчики укрылись от грозы, повторяет: «Кушай, батюшка, кушай…»; «Страсти-то, страсти господни! Гремит, гремит, и конца не слыхать…». Проявляется двоичность и на уровне отдельных деталей.

Принцип палиндрома / инвертивности: Тит и Роза.

Имя эпизодического героя повести – Тит – отражает конструктивный для всей повести принцип «двусторонности», палиндромной обратимости, связанной с ироническим модусом художественности, важным для поэтики повести. Имя «Тит» трижды возникает в тексте. Тит – рахитичный мальчик, «пухлый, с большим оттопыренным животом и на тоненьких ножках». Микродиалог его и Егорушки сводится к обмену единичными репликами: «Оба молчали и чувствовали некоторую неловкость. После долгого молчания Егорушка спросил:

– Тебя как звать?

Щеки незнакомца еще больше распухли; он прижался спиной к камню, выпучил глаза, пошевелил губами и ответил сиплым басом:

– Тит.

Больше мальчики не сказали друг другу ни слова» (С. VII, 25).

Вторично имя «Тит» возникает не в прямой речи, а в повествовании и связано оно с измененным сознанием Егорушки во

51

время его болезни: «Тит на тонких ножках подошел к постели и замахал руками, потом вырос до потолка и *обратился в мельницу*» (С. VII, 90). Ироническая инверсия, связанная с кругозором повествователя, в плане бытового правдоподобия мотивирована сознанием заболевшего ребенка. Ср. со сходным, но уже открыто ироничным приемом в рассказе «Драма»: «Мурашкина стала пухнуть, распухла в громадину и слилась с серым воздухом кабинета; виден был только один ее двигающийся рот; потом она вдруг стала маленькой, как бутылка, закачалась и вместе со столом ушла в глубину комнаты» (С. VI, 229). В «Степи» вслед за картиной бреда Егорушки дается ироническая контроверза автора-повествователя, как бы разоблачающего видение своего героя:

«О. Христофор, *не такой, каким он сидел в бричке*, а в полном облачении и с кропилом в руке, прошелся вокруг мельницы, и она перестала махать. Егорушка, зная, что это бред, открыл глаза.

– Дед! – позвал он. – Дай воды!» (С. VII, 90).

Слово «дед» своеобразно «зарифмовано» со словом «Тит». Оба они палиндромны, оба активируют скрытую авторскую иронию. Важен в этом отрывке еще один незаметный повествовательный кунштюк. Суть его в том, что отец Христофор представляется Егорушке в таком виде, в каком он его не видел. То есть повествователь на какое-то время передает герою своё видение. Сознание мальчика выходит за пределы ментального пространства героя, оказывается шире его.

Отметим в приведенном отрывке смысловую незавершенность первой фразы. Мельница «перестала махать» – чем? Руками или крыльями? Очевидно, что тем и другим. Возможен и такой вариант ответа: тем или другим. Палиндромная смысловая (не лингвистическая) обратимость фразы здесь подкрепляется нарицательным палиндромом «дед». Егорушка обращается к Пантелею (а может, и к отсутствующему отцу Христофору, только что привидевшемуся ему), используя это слово.

Палиндромная природа имени Роза менее очевидна. Чтобы ее раскрыть, надо обратиться к произведению, которое было опубликовано через три месяца после «Степи» в том же «Северном вестнике». Речь идет о рассказе «Огни». Там встречается пример онима, взятого из известной фразы-палиндрома: «А роза /упал/а н/а лапу /Азор/а». Герои «Огней» поминают собаку, у которой кличка Азорка. Этот пес является своеобразным «собачьим» ироническим двойником для фон Штенберга и Ананьева. Имя жены Мойсей Мойсеича омонимично нарицательному существительному из приведенной палиндромной фразы. Она – Роза. Ср. в записных книжках Чехова развернутый вариант этого антропонима – «Розалия Осиповна Аромат» (С. XVII, 53), где все три слова потенциально игровые. Имя Розалия, конечно, рождает ассоциат «роза – ароматный цветок». Игровая природа имени «Осип» обыгрывается в «Попрыгунье» с помощью известной скороговорки «Осип охрип, а Архип осип». Одорологические образы, инвертивные по отношению к розе, – одни из доминирующих при описании «постоялого двора», на котором живут Мойсей Мойсеич, его Роза и их дети: «Пахло в комнате чем-то затхлым и кислым» (С. VII, 32). И другой раз: «…у него захватило дыхание от запаха чего-то кислого и затхлого, который был здесь гораздо гуще, чем в большой комнате…» (С. VII, 38).

Палиндромность имен эпизодических героев и инвертивность текста коррелируют друг с другом. Последняя воплощена в повести имплицитно и проявляется через проекцию ее на чужой текст. Это, прежде всего, текст «Мертвых душ». В литературоведении уже отмечалось, что схема «приезд – отъезд» («Мертвые души») меняется на противоположную, чеховский экипаж выезжает из города и только в конце повести возвращается в него» [Сухих 1987: 70].

Принцип усечения / редукции: Атька/Катька, Ера/Егор Николаевич Князев.

Знаковое явление усечения/редукции антропонимов столь же важно для смысла повести, как двоичность и палиндромность. Закрепляется оно в повести последним героем, вернее героиней, которая окликает другого эпизодического персонажа – Тита, с помощью симметричной ситуации и сходного описания: «Около машины неподвижно стояла какая-то девочка, загорелая, со щекам пухлыми, *как у Тита*, и в чистеньком ситцевом платьице. Она не мигая смотрела на Егорушку и, по-видимому, чувствовала себя очень неловко. Егорушка поглядел на нее, помолчал и спросил:

– Как тебя звать?

Девочка пошевелила губами, сделала плачущее лицо и тихо ответила:

– Атька…

Это значило: Катька» (С. VII, 102).

Особенность представления имени внучки Настасьи Петровны заставляет читателя обратиться к главному герою, который почти через все произведение проходит с неполной номинацией. Предел редукции в номинации мальчика воплощен в обращении Дымова, использующего разговорную форму «Ера». Длительное время читатель не знает фамилии Егорушки. Его дядя, Иван Иваныч Кузьмичов, является родным братом матери, поэтому его фамилия не может служить средством идентификации фамилии племянника. Лишь в последней восьмой главе повести, в последней сцене, когда Иван Иваныч ведет разговор с Настасьей Петровной Тоскуновой, читатель узнает, что Егорушка – сын Ольги Ивановны Князевой. Обращение к разным фрагментам повести позволяет, наконец, воссоздать полную номинацию: Егор Николаевич Князев.

Почему фамилия героя на протяжении всего повествования оставалась тайной и загадкой для читателя? Опять-таки вспоминаются «Мертвые души» Гоголя, где подлинное знакомство читателя с главным героем не открывает первый том произведения, а закрывает его. Но возникают и другие вопросы. Фамилия «Князев», конечно, образована от нарицательного существительного «князь», которое рождает определенные ассоциации, которые лучше всего выразить в форме вопросов. Не есть ли Егорушка в каком-то смысле «князь»? И не может ли это сыграть роль пуанта, способного внести коррективы в смысловое наполнение образа главного героя?

Для поиска ответа на эти вопросы, обратимся к одному фрагменту повести, содержащему элемент автоинтертекстуальности. Описание июльского вечера в «Степи» заканчивается фразой: «Пахнет сеном, высушенной травой и *запоздалыми цветами*, но запах густ, сладко-приторен и нежен» (С. VII, 45). Выражение «цветы запоздалые» носит у Чехова «художественно-знаковый» характер и обращает нас к рассказу 1882 года с таким же заглавием. Один из главных героев этого произведения – «князь Егорушка» (С. I, 392). Герой этого «маленького романа» может быть спроецирован на героя «Степи». Двух разновозрастных, разнохарактерных Егорушек можно связать подобно тому, как в музыке связаны тема и ее вариация. Герой «Цветов запоздалых» воплощает потенциальное, возможное неблагополучное будущее героя «Степи». Такого рода затекстный финал, реализующий «возможный сюжет», присутствовал в сознании Чехова. О нем говорится в известном письме Григоровичу: «В своей «Степи» через все восемь глав я провожу девятилетнего мальчика, который, попав в будущем в Питер или в Москву, кончит непременно плохим» (П. II, 190).

Принцип усечения/редукции важен и для поэтики повести в целом. Обыденному читательскому сознанию конца XIX века она представлялась произведением без начала и без конца. Отчасти от этой оценки не отказывается и сам автор, давший повести подзаголовок, – «История одной поездки». Сравни с подзаголовком «Скучной истории» – «Из записок старого человека». Точнее других суть претензий к манере Чехова сформулировал Н. К. Михайловский, заметив в рецензии на сборник «В сумерках», что писатель предлагает «вопросы без ответов, ответы без вопросов, *рассказы без начала и конца*, фабулы без развязки» [Михайловский 1986: 267]. Но это был не недостаток, а сознательная установка автора, которую отражают в той или иной мере все элементы текста, в том числе и принципы номинации как главного героя, так и эпизодической, «случайной» Катьки/Атьки.

Графиня Драницкая и пушкинский интертекст.

Польские корни героини усиливает и оттеняет сопровождающий ее Казимир Михайлович. Фамилия чеховской героини скроена по лекалам фамилии известной женщины. Графиня Драницкая окликает Елизавету Ксаверьевну Воронцову, польку по национальности, носившую до замужества фамилию Браницкая и связанную с Пушкиным во время его южной ссылки. Показательно, что сам писатель в письме А.Н. Плещееву от 9 февраля 1888 года «проговорился», уравняв фамилии «Драницкая» и «Браницкая». Вторая номинация героини дана писателем в скобках как вариация первой. Говоря о возможном будущем своих героев, он замечает: «Глупенький о. Христофор уже помер. Гр. Драницкая (Браницкая) живет прескверно. Варламов продолжает кружиться» (П. II, 195). Видимо, одесская страница жизни Пушкина почему-то была важна Чехову, намекнувшего о ней, кроме «Степи», еще и в повести «Дуэль», где поминается муж Елизаветы Ксаверьевны – Воронцов [Головачева 2005: 64].

Графиня Драницкая и Казимир Михайлович образуют антропонимическую пару: у графини в повести нет имени и отчества, а у ее спутника, Казимира Михайловича, нет фамилии. Так что они в определенной мере плане восполняют друг друга и отвечают принципу парности / двоичности, о котором уже говорилось. Такого же рода номинация характерна и для героев рассказа «Гусев» [Кубасов 1998: 262].

Графиня дважды упоминается в повести. Первый раз она появляется на постоялом дворе Мойсей Мойсеича. Второй раз это происходит тогда, когда Егорушка думает «о счастливом Константине и его жене»: «Пришла ему почему-то на память графиня Драницкая… Он вспомнил ее брови, зрачки, коляску, часы со всадником…» (С. VII, 78). Часы со всадником, думается, недаром завершают ряд деталей, оставшихся в сознании мальчика. Егорушка не бывал у графини. Он знает об обстановке ее усадьбы только с чужих слов («знакомые и Иван Иваныч, не раз бывавший у графини по делам, рассказывали много чудесного»). Часы остались в памяти, потому что необычны по богатству материала и характеру запечатленной позы: золотой всадник и вздыбленный конь с бриллиантовыми глазами, стоящий на утесе. Предметная деталь литературно ассоциативна. Позже аналогичный ход будет в «Даме с собачкой», где упомянута чернильница, изображающая всадника без головы.

Важным указателем для раскрытия пушкинского подтекста становится имя одной исторической личности, бывшей в центре внимания Пушкина. В седьмой главе происходит ссора между возчиками: «Да что ты ко мне пристал, *мазепа*? – вспыхнул Емельян. – Я тебя трогаю?» (С. VII, 82). Обращение к «Полтаве» для поиска интертекстуальных связей со «Степью» обусловлено несколькими причинами. Во-первых, «Полтаву» или отрывки из нее припоминают некоторые чеховские герои. В частности, писатель обращался к поэме при создании драматического этюда «Лебединая песня (Калхас)» (С. XI, 214), который создавался накануне «Степи», позже прямая цитата из поэмы будет использована в «Черном монахе». Во-вторых, наряду с «Капитанской дочкой», «Полтава» может быть включена в «степную энциклопедию», составленную из произведений русской литературы.

Интертекстуальные переклички между «Степью» и «Полтавой» не столь очевидны, как в случае с «Мертвыми душами». Портрет графини дан в повести в восприятии Егорушки: «Прежде чем Егорушка успел разглядеть ее черты, ему почему-то пришел на память тот одинокий, *стройный тополь*, который он видел днем на холме» (С. VII, 42). Чем объяснить, что герою неожиданно *почему-то пришел на память* стройный тополь? С точки зрения психологии, здесь проявилась обычная ассоциативная связь, распространенная в повседневной жизни. Но у данной детали есть, очевидно, и скрытое литературное целеполагание. «Песнь первая» пушкинской «Полтавы» содержит описание Марии:

> И то сказать: в Полтаве нет
> Красавицы, Марии равной.
> Она свежа, как вешний цвет,
> Взлелеянный в тени дубравной.
> *Как тополь киевских высот,*
> *Она стройна.*

Часы, изображающие всадника, очевидно, казака, тоже находят параллель в поэме. Это описание Искры. Правда, в описании нет самых ярких деталей, отмеченных в повести: бриллиантовых глаз коня и утеса. Быть может, здесь проявляется другой конструктивный принцип поэтики Чехова – принцип метонимии.

> Кто при звездах и при луне
> Так поздно едет на коне?
> Чей это конь неутомимый
> *Бежит в степи необозримой?*

> Казак на север держит путь,
> Казак не хочет отдохнуть
> Ни в чистом поле, ни в дубраве,
> Ни при опасной переправе.

> *Как стекло, булат его блестит,*
> Мешок за пазухой звенит,
> Не спотыкаясь, конь ретивый
> Бежит размахивая гривой.

Ядро антропонимического пространства: Егорушка, Егорий, Ера…

Парадигма номинаций главного героя повести самая полная и разнообразная: Егорушка, Егор, Егорка, Егорий, Георгий, Егоргий, Егор Николаич, Ера, Ломоносов. Разные персонажи по-разному обращаются к мальчику. Повествователем же он неизменно именуется Егорушкой. Этот вариант имени, содержащий положительные коннотации, отсылает читателя к важнейшему «внесценическому» персонажу повести – матери мальчика, Ольге Ивановне. Скорее всего, именно она обращается так к единственному сыночку. Её литературной парой является «душечка» Ольга Семеновна, которая бескорыстно отдает свое нерастраченное материнское чувство сыну Смирнина: «*Сашенька, –* говорит она печально, – вставай голубчик! В гимназию пора» (С. X, 112). Косвенным доказательством того, что форма имени «Егорушка» идет от матери, является то, что сам герой представляется именно так, отвечая Пантелею на вопрос об его имени. Право употребления формы «Егорушка» принадлежит в тексте исключительно автору, которого можно признать «литературным отцом» мальчика. Отчасти этим объясняется то, что родной отец главного героя удален из повествования, не оставлен автором в живых. С этой точки зрения приобретают профанный оттенок (но лишь в авторском кругозоре) слова отца Христофора, утверждающего, что Иван Иваныч для Егорушки «благодетель и вместо отца».

Каждый член антропонимической парадигмы главного героя реализует в разных ситуациях разновекторный и разнохарактерный ассоциативный потенциал. В одном случае ассоциации тяготеют к полюсу позитивного, сакрального, связанного с Георгием-Победоносцем, святым покровителем Егорушки, в другом – к полюсу отрицательного, приносящего горе, связанного с тем, что герой закончит «непременно плохим».

Вариант «Егор» представляется наиболее нейтральным и «неигровым» по отношению к своему полюсу – ироническому, ролевому «Ломоносову», данному в прямой речи отца Христофора. Однако на поверку оказывается, что и форма имени «Егор» обладает скрыто игровым потенциалом, но данным опять-таки не в кругозоре героя, а автора. Склонный к душеспасительным беседам, отец Христофор на остановке «в большом торговом подворье» после выздоровления Егорушки наставляет его на путь истины:

«Он сделал серьезное лицо и зашептал еще тише:

– Только ты смотри, Георгий, боже тебя сохрани, не забывай матери и Ивана Иваныча. Почитать мать велит заповедь, а Иван Иваныч тебе благодетель и вместо отца. Ежели ты выйдешь в ученые и, не дай бог, станешь тяготиться и пренебрегать людьми по той причине, что они глупее тебя, то *горе, горе* тебе!

О. Христофор поднял вверх руку и повторил тонким голоском:

– *Горе! Горе!*» (С. VII, 99).

В трех строках повторяется выделенное интонационно и жестом выражение в двоичной форме – «горе, горе». Причем это не просто тождественный повтор, а данный в климаксе, усиленный во втором случае восклицательной интонацией. Если присмотреться к слову «горе», то легко заметить, что оно состоит из тех же самых букв, что и имя главного героя. Стоит лишь переставить букву «е» из конца в начало, и слово «горе» превращается в слово «Егор». Отрывок строится на обыгрывании фоносемантического компонента имени. При быстром и неоднократном произнесении «горе» получится звуковое кольцо, в котором слово «Егор» переходит в слово «горе», и наоборот – «горе» в «Егора». То есть и здесь скрыт элемент иронической палиндромности текста. Неслучайной выглядит и начальная форма обращения о. Христофора – «Георгий». Эта форма рождает ассоциацию с небесным покровителем Егорушки – Георгием Победоносцем. Таким образом, на уровне подтекста возникает оппозиция: «победа» – «горе». Так что следует согласиться с Савелием Сендровичем, который утверждает: «Инверсия представляет собой важнейший прием сюжетного и смыслового построения у Чехова» [Сендрович 1994: 129].

Открывает ряд номинаций героя форма «Егорушка», а заканчивает – «Ломоносов». Последняя номинация, помимо прочего, носит характер отсылки к началу повести, к тому эпизоду, когда отец Христофор утешает плачущего мальчика и рисует ему возможное светлое будущее: «Ломоносов так же вот с рыбарями ехал, однако из него вышел человек на всю Европу» (С. VII, 15). В конце повести сравнение Егорушки с Ломоносовым прямо материализуется в обращении отца Христофора, который тоже предстает в ролевом обличии, то есть герои создают игровую коррелятивную пару по принципу номинации: «Он снял кафтан и Егорушка увидел перед собой Робинзона Крузе. *Робинзон* что-то размешал в блюдечке, подошел к Егорушке и зашептал:

– *Ломоносов*, ты спишь? Встань-ка! Я тебя маслом с уксусом смажу. Оно хорошо, ты только Бога призывай» (С. VII, 96). Отметим перекличку данного эпизода с тем, что представлен в «Архиерее», где Сисой тоже смазывает преосвященного уксусом. Для отца Христофор-

59

ма и для Сисоя это средство лечения, а для автора профанное, скрыто ироническое приготовление героя к смерти.

Таким образом, ролевая номинация героя открывает и завершает структуру повести, актуализируя ее циклическую замкнутость.

За рамками нашего анализа остались другие антропонимы. Некоторые из них имеют очевидную литературную подоплеку, то есть являются интертекстуальными. Например, Настасья Петровна Тоскунова, у которой останавливается Егорушка, оказывается полной тезкой Коробочки из «Мертвых душ» Гоголя. Ассоциативный потенциал имен других героев не столь открыт и требует, быть может, каких-то других ключей для их интерпретации.

Литература

1. Атанасова Таня. О поэтической ономастике Чехова // Международный симпозиум МАПРЯЛ «Инновации в исследованиях русского языка, литературы и культуры». Сб. докладов. Т.2. Пловдив. 2007. С.166-174.

2. Головачева А.Г. Пушкин, Чехов и другие: поэтика литературного диалога. – Симферополь, 2005.

3. Кубасов А.В. Проза А.П.Чехова: искусство стилизации. Екатеринбург, 1998.

4. Кубасов А.В. Образ ада в произведениях Чехова и проблема эгоцентрических элементов // Вестник Тюменского гос. ун-та. № 3. Тюмень, 2003. С.181-186.

5. Михайловский Н.К. А.П.Чехов. В сумерках. Очерки и рассказы // А.П.Чехов В сумерках. Сер. «Лит. памятники». М., 1986.

6. Сендерович Савелий. Чехов – с глазу на глаз. История одной одержимости А.П.Чехова. Опыт феноменологии творчества. СПб., 1994.

7. Сухих И.Н. Проблемы поэтики Чехова. Л., 1987.

8. Фонякова О.И. Имя собственное в художественном тексте. Л., 1990.

9. Шебалов, Р.Ю. Ономастическая игра в ранней прозе А.П.Чехова: Учебное пособие / Уральский гос. пед. ун-т. – Екатеринбург, 2005.

10. Joanna Wasiluk Антропонимы в художественной литературе (на материале произведений А.П.Чехова) // Studia Rossica XV1. Instytut Rusycystyki Uniwersytetu Warszawskiego. Warszawa. 2005. S.179-183.

ПРИНЦИП НЕЛОКАЛЬНОСТИ В ЧЕХОВСКОЙ «СТЕПИ»

Радислав Ефимович Лапушин

Чапел Хилл, США

lapushin@email.unc.edu

> *...Едешь-едешь и никак не разберешь, где она*
> *начинается и где кончается.*
> Чехов, «Степь»

1.

Мир чеховской «Степи» населен не просто людьми, животными, птицами, растениями, насекомыми. Он полон образов, которые можно было бы назвать гибридами:

У степных овчарок—мохнатые паучьи морды (С. VII, 18-19);

Поющая женщина—длинноногая и голенастая, как цапля (С. VII, 24);

У кузнечика—большие, похожие на забрало челюсти (С. VII, 27);

Два перекати-поле столкнулись в голубой вышине и вцепились друг в друга, как на поединке (С. VII, 29);

Залитый солнцем стрепет походил на рыболовную блесну или на прудового мотылька (Там же);

Летящий за ветром коростель раздулся до величины курицы (Там же);

Соломон кажется коротким и кургузым, как ощипанная птица (С. VII, 31); сквозь полусон он представляется Егорушке похожим «на что-то такое, что иногда снится,—вероятно, на нечистого духа» (С. VII, 41).

Мойсей Мойсеич, чей сюртук до этого взмахивал фалдами, точно крыльями (С. VII, 30), залился тонким смехом, похожим на лай болонки (С. VII, 36);

Жена Мойсея Мойсеича предстала Егорушке «вместо обещанного медведя» (С. VII, 38). Своему мужу она отвечала тонким индюшечьим голоском (С. VII, 39);

Графиня Драницкая связывается в сознании Егорушки с какой-то большой черной птицей (С. VII, 42). Она же напоминает мальчику одинокий, стройный тополь, который он видел днем на холме (Там же);

Подводчик Вася при первой встрече описывается так: «Он

держался прямо, как будто маршировал или проглотил аршин, руки у него не болтались, а отвисали, как прямые палки, и шагал он как-то деревянно, на манер игрушечных солдатиков <...> » (С. VII, 50). В одной из следующих сцен открывается иной облик этого персонажа, никак не связанный с предыдущим: «Пухлый подбородок Васи, его тусклые глаза, необыкновенно острое зрение, рыбий хвостик во рту и ласковость, с какою он жевал пескаря, делали его похожим на животное» (С. VII, 60).

Образы у Чехова изменчивы и неуловимы. Практически любой из них отбрасывает не одну, а сразу несколько, часто не похожих друг на друга теней. Невозможно предсказать, каким этот образ предстанет в следующее мгновенье.

2.

Благодаря многоликости образов, каждый из которых как бы смотрит в разные стороны одновременно, между ними устанавливаются многочисленные, разветвленные связи.

В посвященной «Степи» статье из Чеховской энциклопедии В.Б. Катаев справедливо говорит о характерном для Чехова «резонантном принципе построения целого» (под резонантностью исследователь понимает «повторы, переклички отдельных слов, образов, мотивов»). Катаев приводит подробный список подобных «перекличек». Вот лишь некоторые из них:

«Загорелое лицо мальчика—и загорелые холмы;
мельница, машущая крыльями—и сюртук Мойсея Мойсеича взмахнул фалдами, точно крыльями <...>
Кружится одинокий коршун—и кружится по степи Варламов;
чибисы жалуются на судьбу, как до этого жаловались обиженные судьбой подводчики» [Катаев 2011: 179].

Сразу же бросается в глаза, что эти переклички связывают между собой разнородные и, казалось бы, несопоставимые, в том числе, по масштабу, образы (в своем анализе чеховского стиля Бицилли определяет такие символы-образы как «категориально различные» [Бицилли 2000: 273]). Именно благодаря подчеркнутой «антииерархичности» таких перекличек границы между миром человека и миром природы, между одушевленным и неодушевленным, большим и малым, вечным и сиюминутным оказываются размытыми.

Кроме того, из подобных перекличек складываются мотивы, развитие которых поглощает и заменяет фабулу [Прим. 1]. Тот же Бицилли, например, выделяет мотив одиночества, который «органически связан» с «мотивом однообразия, вечного повторения одного и того же» [Бицилли 2000: 271]. Исследователь предлагает развернутый список «одиноких» в «Степи»: «одиноко спящая на кладбище Егорушкина бабушка; одинокий тополь <...>; одинокая степь, жизнь которой в силу этого пропадает даром; ‘почти одинокий’ стол в комнате у Мойсея Мойсеича; одинокая могила в степи. Столь же одиноки и люди...» [Там же; см. также Сухих 2007: 130]. Сюда же следует добавить «одиночество, которое ждет каждого из нас в могиле». Любой из участников этого списка, естественно, связан со множеством других образов, отбрасывая, таким образом, тень одиночества и на них.

З.С. Паперный обращает внимание на проходящие «поэтическим пунктиром» слова, в том числе, «равнодушие» («безразличие»): «равнодушно» глядит собака, «равнодушные» грачи, ястребы, Кузьмичев «равнодушно» сует деньги в грязный мешок, звезды—«равнодушные к короткой жизни человека», гравюра в корчме—«Равнодушие человеков» [Паперный 1986: 90].

С мотивом равнодушия перекликается мотив «непонимания» и отсутствия смысла. При первом же знакомстве с главным героем мы узнаем, что Егорушка сидел, «не понимая, куда и зачем он едет» (С. VII, 14). Несколько страниц спустя, уже в мире степи, этот мотив захватывает в свою орбиту такие несхожие поэтические образы, как коршун и тополь. «Непонятно, зачем он летает и что ему нужно»—сказано о коршуне (С. VII, 17). На той же странице: «А вот на холме показывается одинокий тополь; кто его посадил и зачем он здесь—Бог его знает». Как отметил, сопоставляя два этих образа А.Б. Дерман, «вопрос ‘зачем’, на который нет и не может быть ответа, создает определенный оттенок бесцельности существования» [Дерман 2010: 248]. Можно предположить, что этот «оттенок» связан с перспективой Егорушки, который проецирует свое «непонимание» на природный мир. Но вот одна из ключевых поэтических медитаций, явно относящаяся к голосу повествователя: «Звезды, глядящие с неба уже тысячи лет, само непонятное небо и мгла, равнодушные к короткой жизни человека, когда остаешься с ними с глазу на глаз и стараешься постигнуть их смысл, гнетут душу своим молчанием» (С. VII, 65-66) [Прим. 2]. Невозможность «постигнуть» смысл слышится и в знаменитой «песне травы», которую солнце выжгло «понапрасну» (С. VII, 24). «Даром» гибнут богатство и вдохновение степи (С. VII, 46). Без всякого смысла погибает от рук «озорника» Дымова ужик («За что ты ужика убил?», С. VII, 52).

Мотив отсутствия смысла, в свою очередь, придает остроту мотиву жалобы. Вот упоминавшаяся уже песня травы, в которой она «без слов, но жалобно и искренно убеждала кого-то, что она ни в чем виновата» (С. VII, 24). Затем: «встревоженные чибисы где-то плакали и жаловались на судьбу» (С. VII, 30). Как помним, Катаев проводит параллель между этими чибисами и жалующимися на судьбу подводчиками. «Много грусти и жалобы» в крике ночных птиц: сплюка и совы (С. VII, 45). А вот после путешествия по степи больной Егорушка воссоединяется с о. Христофором и Кузьмичевым: «При первом взгляде на своих Егорушка почувствовал непреодолимую потребность жаловаться. Он не слушал о. Христофора и придумывал, с чего бы начать и на что особенно пожаловаться» (С. VII, 94). Действительно, как замечает А.Д. Степанов, у Чехова «жалуется весь мир, живой и не живой» [Степанов 2005: 258]! Жалуется—и взывает к жалости, которая в «Степи» распространяется на все, чего касается способный к сопереживанию взгляд. Не случайно в первом же абзаце повести упоминаются «жалкие кожаные тряпочки», болтающиеся на облезлом теле брички (С. VII, 13). В сцене грозы Егорушка достает из кармана «комок бурой, липкой замазки», который пахнет медом: «Ага, это еврейский пряник! Как он бедный размок!». Сразу же вслед за этим следует целый абзац, посвященный Егорушкиному пальто, о котором, в частности, говорится: «Поглядев на него, Егорушка почувствовал к нему жалость, вспомнил, что он и пальто—оба брошены на произвол судьбы» (С. VII, 91).

Или вспомним известное обобщение из последней главы о том, что «все рыжие собаки лают тенором» (С. VII, 101). Так ли оно странно, если учесть, что в одном из степных пейзажей уже описывались звучащие в ночной траве «степные басы, тенора и дисканты» (С. VII, 45)? Отзываясь этому хору насекомых, позже в тексте упоминается «невидимый», но на этот раз человеческий, хор, которым «дирижирует» бывший певчий Емельян (С. VII, 53), а затем, также в связи с Емельяном, «люди, поющие в хоре тенором или басом» (С. VII, 60). Особое место занимает описание пения Емельяна, в котором драма потерявшего голос героя проявляется с наибольшей остротой и наглядностью: «Он пел руками, головой, глазами и даже шишкой, пел страстно и с болью, и чем сильнее напрягал грудь, чтобы вырвать из нее хоть одну ноту, тем беззвучнее становилось его дыхание» (С. VII, 78). Не забудем и других певцов: прежде всего, конечно, траву, чья жалобная песня напрямую предвосхищает «беззвучное» пение Емельяна. А есть еще кузнечик, который, после того, как его отпустил кучер Дениска, «тотчас же затрещал свою песню» (С. VII, 27). И помимо всех этих реальных и воображаемых певцов, есть «певец» идеальный, к которому степь обращает свой «безнадежный призыв» (С. VII, 46).

Как видим, каждый из перечисленных мотивов разворачивается как цепочка непохожих («категориально различных») образов, совокупность которых образует свой собственный микрокосм, своего рода чеховский Ноев ковчег, включающий в себя на равных правах людей, представителей флоры и фауны, неодушевленные предметы и даже абстрактные концепции («одиночество, которое ждет каждого из нас в могиле»). Внутри этого микрокосма каждый из образов ведет как бы двойную жизнь: существует сам по себе и одновременно—благодаря отмеченной выше резонантности—как часть мотивной цепочки (чаще всего сразу нескольких цепочек, что делает картину еще сложнее).

Чтобы передать эту двойственность, используем в качестве метафоры концепцию, заимствованную из квантовой механики. На этом языке поэтические образы могут быть описаны с двух, дополняющих друг друга точек зрения: как индивидуальные, локализованные частицы (корпускулы) и как цельная, «растекающаяся» волна. Первый подход подчеркивает единичность и неповторимость каждого из таких образов, будь это человек, дерево или артефакт. Это взгляд писателя-реалиста, стремящегося воспроизвести действительность в многообразии индивидуальных деталей и подробностей. Второй—«волновой»—подход выявляет глубинное родство мира на уровне, где позволяется отступать от законов правдоподобия, игнорируя тем самым привычные пропорции и любого рода границы: между отдельными образами и между обособленными пространственными мирами, между одушевленным и неодушевленным, реальным и воображаемым. С этой точки зрения, загорелые холмы, загорелое лицо мальчика и выжженная солнцем трава—понятия одного ряда. Соответственно, одинокие люди, одинокий тополь, «почти» одинокий стол и одинокая могила в степи—не что иное, как вершины одной и той же волны одиночества, которая, набирая силу, проходит через пространство повествования. То же можно было бы сказать об упоминавшихся выше волнах равнодушия, отсутствия смысла или пения.

Понять мир «Степи» в целом и каждый из населяющих ее образов в отдельности—значит увидеть их на пересечении этих двух точек зрения, корпускулярной и волновой.

3.

Волновая точка зрения на образы выявляет их особенность, которую можно определить как «нелокальность» (вновь позаимствуем в качестве метафоры концепцию из квантовой механики). Отмеченный Катаевым резонантный принцип построения «Степи» как раз и является проявлением этой глубинной особенности чеховского мира.

Нелокальность я определяю как способность автономных, разведенных во времени и пространстве образов, событий, концепций вступать «поверх барьеров» в диалог и взаимодействия («пугающие взаимодействия на расстоянии», если использовать фразу Эйнштейна), обнаруживая при этом внутреннее родство и тайное знание друг о друге.

Вспомним мотив отсутствия смысла. Кульминационная медитация о «непонятном» небе и мгле, равнодушных к короткой жизни человека и о сущности жизни, которая представляется «отчаянной, ужасной», вырастает из череды «непониманий», связанных с образами Егорушки, коршуна, тополя, выжженной «понапрасну» травы, иначе говоря, включает в себя все эти разнородные образы. С другой стороны, благодаря этой медитации, каждое из конкретных «непониманий»—задним числом—получает экзистенциальную окраску и глубину [Прим. 3]. Через призму данного мотива вся повесть может быть прочитана как путешествие в поисках смысла, в которое вовлечены и повествователь, и Егорушка, и задумавшийся о «скуке жизни» коршун, и одинокий красавец-тополь, и выжженная трава. С корпускулярной точки зрения, это отдельные образы; с волновой—между ними, если использовать цитату из другого чеховского рассказа («По делам службы»), существует «какая-то связь, невидимая, но значительная и необходимая» (С. X, 99). Связь—и взаимодействия «на расстоянии».

В этом смысле можно сказать, что без «озорника» Дымова не было бы тучи, чей «оборванный, разлохмаченный вид <...> придавал ей какое-то пьяное, озорническое выражение» (С. VII, 84). Но и поведение Дымова при сопоставлении с тучей приобретает—опять-таки ретроспективно—характер неуправляемой природной стихии. Перед нами не просто перекличка, а именно взаимодействие поверх пространственных и временных барьеров, выявление неочевидных причинно-следственных связей, или, если угодно, волшебное перевоплощение (метаморфоза) одного и того же образа.

Так же описание другого героя, пришедшего к ночному костру подводчиков Константина («это был влюбленный и счастливый человек, счастливый до тоски; его улыбка, глаза и каждое движение выражали томительное счастье», С. VII, 77), воспринимается как более сложное, неоднозначное, таинственное в свете предшествующего описания ночной степи, где противоположные по смыслу счастье/радость и тоска уже возникали в одной связке: «И в торжестве красоты, в излишке счастья чувствуешь напряжение и тоску, как будто степь сознает, что она одинока, что богатство ее и вдохновение гибнут даром для мира, никем не воспетые и никому не нужные, и сквозь радостный гул слышишь ее тоскливый, безнадежный призыв: певца! певца!» (С. VII, 46).

Старый дубовый стол в комнате у Мойсея Мойсеича вряд ли казался бы «почти одиноким», не встреться до этого путникам «одинокий» тополь в степи. С другой стороны, соотнесение с тополем наделяет мимоходом упомянутый предмет мебели статусом поэтического образа, позволяя увидеть в нем некогда могучее дерево (стол—дубовый), что, в свою очередь, сближает «почти одинокий» стол с другими персонажами повести, чьи лучшие дни остались в прошлом. А вот другой, тоже, казалось бы, эпизодический и не заслуживающий внимания «персонаж»: молодая щука с «некрасивой» мордой, которую увидел, заглянув в ведро с уловом, Егорушка (С. VII, 60). «Некрасивая» морда молодой щуки побуждает вспомнить о красавце-тополе, об «очень красивой» графине Драницкой, а, кроме того, отсылает к одному из наиболее поэтичных фрагментов повести—уже не раз упоминавшейся нами песне травы: «она уверяла, что ей страстно хочется жить, что она еще молода и была бы красивой, если бы не зной и не засуха» (С. VII, 24).

Итак, образы у Чехова постоянно взаимодействуют «на расстоянии», преображая и окрашивая друг друга (при этом, благодаря «корпускулярности», они не утрачивают своей единичности). В чеховском резонантном мире просто не остается места для статичных, локализованных во времени и пространстве образов. То же можно сказать о событиях.

Кульминационной сценой в «Степи» является сцена грозы.

Но как заметил Майкл Финк, гроза была обещана уже в первой главе, когда бричка покатила по почтовому тракту «с громом» [Finke 1995: 150]. В следующем предложении описывается «внешность» брички, в частности, уже упоминавшиеся «жалкие кожаные тряпочки, болтавшиеся на ее облезлом теле» (С. VII, 13). В сцене грозы эти тряпочки превращаются в «большие, черные лохмотья», которые «висели» на краю «страшной» тучи (С. VII, 84). Кроме того, черные лохмотья отсылают к «поношенному черному сюртуку», который «болтался» на узких плечах Мойсея Мойсеича (С. VII, 30). Таким образом, поношенный сюртук служит промежуточным звеном между «тряпочками» на облезлом теле брички и «лохмотьями» тучи.

Предвосхищает Мойсей Мойсеич грозу и своими физическими движениями. Приглашая графиню Драницкую зайти, он, «точно его тело разломалось на три части, балансировал и всячески старался не рассыпаться» (С. VII, 42). Сорок страниц спустя (колоссальное по чеховским меркам расстояние!), как бы принимая эстафету от Мойсея Мойсеича, над Егорушкиной головой «с страшным, оглушительным треском разломалось небо; он нагнулся и притаил дыхание, ожидая, когда на его затылок и спину посыпятся обломки» (С. VII, 86). Получается, что описание грозового неба как бы дорисовывает образ Мойсея Мойсеича, в то время, как комическая жестикуляция последнего предвосхищает событие космического масштаба!

В диалог вступают не только отдельные образы, события, но и разрозненные пространственные миры. В наиболее очевидных случаях их взаимопроникновение мотивируется состоянием главного героя, его полусном или болезнью:

> Егорушка закрыл глаза и ему тотчас же стало казаться, что он не в номере, а на большой дороге около костра; Емельян махнул рукой, а Дымов с красными глазами лежал на животе и насмешливо глядел на Егорушку.
> —Бейте его! Бейте его!—крикнул Егорушка.
> —Бредит... —проговорил вполголоса о. Христофор.
> —Хлопоты! —вздохнул Иван Иваныч.
> —Надо будет его маслом с уксусом смазать. Бог даст, к завтраму выздоровеет (С. VII, 95).

Когда на следующее утро Егорушка, действительно, выздоравливает, разобщенные миры по-прежнему проглядывают друг сквозь друга: «Ему казалось странным, что он не на тюке, что кругом всё сухо и на потолке нет молний и грома» (С. VII, 97).

Подобные случаи, однако, нельзя ограничивать восприятием героя. Нелокальность в этом значении (взаимопроникновение пространственных миров)—неотъемлемое свойство чеховской реальности, которое может быть прослежено на протяжении всей повести. Поэтому, когда после путешествия через степь путники въезжают на постоялый двор, последний можно охарактеризовать как «микрокосм степи» [Maxwell 1973: 148; см. также Finke 1995: 145]. Соответственно, когда путешественники покидают постоялый двор и возвращаются в степь, она уже не та, что была прежде: «вся степь пряталась во мгле, как дети Мойсея Мойсеича под одеялом» (С. VII, 45). Дерзкое поэтическое сравнение отсылает к «небольшой» комнате с запахом «чего-то кислого и затхлого» и «сальным» одеялом, из-под которого одна за другой «выглядывали» головки детей Мойсея Мойсеича (С. VII, 39). Но и этот образ, в свою очередь, попадает в повествование, благодаря предыдущему описанию холмов: «Теснясь и выглядывая друг из-за друга, эти холмы сливаются в возвышенность, которая тянется вправо от дороги до самого горизонта и исчезает в лиловой дали» (С. VII, 16). Контраст между «небольшой» комнатой и бесконечной степью неоспорим и впечатляющ. Но столь же впечатляюща интенсивность внутреннего диалога и взаимодействий «на расстоянии» между этими, казалось бы, несопоставимыми мирами.

Сквозь каждую точку повествования в «Степи», как сквозь магический кристалл, открывается пространство повести в целом.

4.

Принцип нелокальности выводит за рамки «Степи».

Принципиальное единство чеховского художественного мира можно считать установленным. Достаточно привести высказывание И.Н. Сухих: «Сплошное контекстное чтение Чехова показывает, что его Собрание сочинений можно со временем—при желании—издать с многочисленными 'параллельными местами'» [Сухих 2007: 110]. Действительно, в чеховском творчестве, если еще раз процитировать «По делам службы», «всё полно одной общей мысли, всё имеет одну душу, одну цель» (С. X, 99). Поэтому не вызывает удивления, что «параллельные места» ко многим пассажам из «Степи» отыскиваются в других произведениях писателя, а также в его переписке. Остановимся лишь на некоторых, затрагивающих, как представляется, основы чеховского мироощущения.

Сквозным мотивом у Чехова является мотив «брошенности», возникающий, как правило, в связке с мотивом одиночества. Вот как он проявляет себя в сцене грозы через восприятие Егорушки:

> И эти люди, и тени вокруг костра, и темные тюки, и далекая молния, каждую минуту сверкавшая вдали,—всё теперь представлялось ему нелюдимым и страшным. Он ужасался и в отчаянии спрашивал себя, как это и зачем попал он в неизвестную землю, в компанию страшных мужиков? Где теперь дядя, о. Христофор и Дениска? Отчего они так долго не едут? Не забыли ли они о нем? От мысли, что он забыт и брошен на произвол судьбы, ему становилось холодно и так жутко, что он несколько раз порывался спрыгнуть с тюка и опрометью, без оглядки побежать назад по дороге <…> (С. VII, 83).

В сходных выражениях те же чувства будут выражены главным героем (и повествователем) повести «Моя жизнь», Мисаилом Полозневым, как бы повзрослевшим Егорушкой:

> В темноте, под дождем, я почувствовал себя безнадежно одиноким, брошенным на произвол судьбы, почувствовал, как в сравнении с этим моим одиночеством, в сравнении со страданием, настоящим и с тем, которое мне еще предстояло в жизни, мелки все мои дела, желания и всё то, что я до сих пор думал, говорил. Увы, дела и мысли живых существ далеко не так значительны, как их скорби! И не отдавая себе ясно отчета в том, что я делаю, я изо всей силы дернул за звонок у ворот Должиковых, порвал его и побежал по улице, как мальчишка, испытывая страх <…> (С. IX, 240).

Егорушкины вопросы («как это и зачем попал он в неизвестную землю, в компанию страшных мужиков?») отзовутся и в личных письмах Чехова, написанных по дороге на Сахалин, когда, подобно своему маленькому герою, писатель будет чувствовать себя оказавшимся в «неизвестной земле»: «Куда я попал? Где я? Кругом пустыня, тоска; виден голый, угрюмый берег Иртыша...». Далее в том же письме: «И вот я сижу ночью в избе, стоящей в озере на самом берегу Иртыша, чувствую во всем теле промозглую сырость, а на душе одиночество, слушаю, как стучит по гробам мой Иртыш, как ревет ветер, и спрашиваю себя: где я? зачем я здесь?» (П. IV, 76).

Те же «брошенность» и «одиночество», обостряющееся присутствием чужих людей—в написанном через несколько дней письме родным, где изображается пережитое Чеховым дорожное происшествие (столкновение троек): «Вы не можете себе представить, какое одиночество чувствуешь среди этой дикой, ругающейся орды, среди поля, перед рассветом, в виду близких и далеких огней, пожирающих траву, но ни на каплю не согревающих холодный ночной воздух! Ах, как тяжко на душе! Слушаешь ругань, глядишь на изломанные оглобли и на свой истерзанный багаж, и кажется тебе, что ты брошен в другой мир, что тебя сейчас затопчут...» (П. IV, 84).

Или сравним следующие фрагменты из таких несхожих по жанру и тематике произведений, как «Степь» и «Остров Сахалин»:

А то, бывало, едешь мимо балочки, где есть кусты, и слышишь, как птица, которую степняки зовут сплюком, кому-то кричит: «Сплю! сплю! сплю!», а другая хохочет или заливается истерическим плачем—это сова. Для кого они кричат и кто их слушает на этой равнине, Бог их знает, но в крике их много грусти и жалобы... (С. VII, 45)

Налево видны в тумане сахалинские мысы, направо тоже мысы... а кругом ни одной живой души, ни птицы, ни мухи, и кажется непонятным, для кого здесь ревут волны, кто их слушает здесь по ночам, что им нужно и, наконец, для кого они будут реветь, когда я уйду (С. XIV-XV, 211).

От описания «одинокой» могилы в степи («Слышно, как она молчит, и в этом молчании чувствуется присутствие души неизвестного человека, лежащего под крестом», С. VII, 67) ведет прямая тропинка к кладбищу из «Ионыча», где «нет жизни, нет и нет, но в каждом темном тополе, в каждой могиле чувствуется присутствие тайны, обещающей жизнь тихую, прекрасную, вечную» (С. X, 31).

Иногда сопоставление выглядит как прямое продолжение начатого ранее разговора, спор с самим собой. Процитируем еще раз ночную медитацию из «Степи»:

Звезды, глядящие с неба уже тысячи лет, само непонятное небо и мгла, равнодушные к короткой жизни человека, когда остаешься с ними с глазу на глаз и стараешься постигнуть их смысл, гнетут душу своим молчанием; приходит на мысль то одиночество, которое ждет каждого из нас в могиле, и сущность жизни представляется отчаянной, ужасной... (С. VII, 65-66)

Более чем десять лет спустя писатель как будто отвечает на это размышление в «Даме с собачкой» (сцена в Ореанде):

Так шумело внизу, когда еще тут не было ни Ялты, ни Ореанды, теперь шумит и будет шуметь так же равнодушно и глухо, когда нас не будет. И в этом постоянстве, в полном равнодушии к жизни и смерти каждого из нас кроется, быть может, залог нашего вечного спасения, непрерывного движения жизни на земле, непрерывного совершенства (С. X, 133).

Молчание сменяется шумом, ночь—рассветом, безнадежность—надеждой, но это, безусловно, один и тот же голос, одна и та же «общая» мысль, одна душа, одна цель.

Примечания

1. Множество ценных наблюдений касательно роли и композиции мотивов в «Степи» содержится в работе Майкла Финка [см. Finke 1995]

2. «Авторство» этой медитации коротко обсуждает Роберт Луис Джексон [Jackson 1991: 432-433]. Повествовательная структура «Степи» в целом проанализирована А.П. Чудаковым [Чудаков 1970: 107-117].

3. Применительно к образу Егорушки, экзистенциальный характер «Степи» раскрыт Мареной Сендерович [см. Senderovich 1987], рассматривающей «Степь» как часть «экзистенциальной трилогии» Чехова, в которую, помимо этой повести, входят «Припадок» и «Скучная история».

Литература

1. Бицилли П.М. Творчество Чехова. Опыт стилистического анализа // П. М. Бицилли. Трагедия русской культуры. Исследования. Статьи. Рецензии. М., 2000. С. 204-358.

2. Дерман А.Б. Творческий портрет Чехова <Главы из книги> // А. П. Чехов: Pro et contra. Личность и творчество Чехова в русской мысли XX века (1914-1960). Антология. Т. 2. СПб., 2010. С. 225-283.

3. Катаев В.Б. «Степь» // Чеховская энциклопедия. Ред. В.Б. Катаев. М., 2011. С. 178-181.

4. Паперный З.С. Стрелка искусства. М., 1986.

5. Степанов А.Д. Проблемы коммуникации у Чехова. М., 2005.

6. Сухих И.Н. Проблемы поэтики Чехова. СПб., 2007.

7. Чудаков А.П. Поэтика Чехова. М., 1970.

8. Finke, Michael. *Metapoesis: The Russian Tradition from Pushkin to Chekhov*. Durham: Duke University Press, 1995.

9. Jackson, Robert Louis. "Space and the Journey: A Metaphor for All Times." *Russian Literature* 29 (1991): 427-438.

10. Maxwell, David. "A System of Symbolic Gesture in Chekhov's Step'." *Slavic and East European Journal* 17:3 (1973): 146-154.

11. Senderovich, Marena. "Chekhov's Existential Trilogy" // Senderovich, Savely and Munir Sendich (eds.), *Anton Chekhov Rediscovered: A Collection of New Studies with a Comprehensive Bibliography*. East Lansing, Michigan: Russian Language Journal, 1987, 77-91.

ПОВЕСТЬ А.П.ЧЕХОВА «СТЕПЬ» В АСПЕКТЕ ТРАДИЦИОННОЙ КУЛЬТУРЫ

Марина Ченгаровна Ларионова

Россия, Ростов-на-Дону

larionova@ssc-ras.ru

Статья подготовлена в рамках темы бюджетного финансирования ИСЭГИ ЮНЦ РАН «Историко-культурное наследие народов Юга России в условиях модернизации».

Развитие словесного искусства – непрерывный процесс. Он берет начало еще в мифе и связанных с ним фольклорных жанрах. Именно там формируются первые повествовательные схемы, архетипические образы и сюжеты – инварианты, которые затем организуют литературное произведение. В современном литературоведении все большую поддержку находит мысль о том, что фольклор и литература – это устная и письменная формы сохранения коллективной культурной памяти, образующие единое семиотическое поле национальной культуры. Сейчас становится ясно, что делить писателей на «фольклорных» и «нефольклорных» неправомерно. Писатель может не обращаться открыто к фольклорным сюжетам и образам, не прибегать к фольклорной стилистике, как А.С.Пушкин в сказках или А.Н. Некрасов в «народных» поэмах, но он воспроизводит в своем творчестве в разнообразных и не всегда явных формах традиционные фольклорно-мифологические художественные принципы и представления. Миф и его прямые художественные воспреемники – сказка и обрядовая поэзия – образуют структурно-семантический комплекс, который является текстопорождающей моделью, во многом определяющей жанровую природу литературного произведения, его композицию, систему персонажей, образы пространства и времени и т.д.

В творчестве А.П. Чехова явные фольклорные заимствования незначительны, а прикровенные, имплицитные традиционно-культурные смыслы не случайны и обладают своей внутренней логикой художественного развертывания.

Повесть «Степь» была написана в 1888 году, на рубеже раннего и зрелого периодов творчества писателя. Небольшая по объему, она не перестает привлекать внимание исследователей, ей посвящаются солидные научные конференции, хотя, казалось бы, все о ней уже сказано: и о ее философском смысле, охватывающем человеческую субстанциональность и экзистенциальность, и о ее патриотическом пафосе, и об особом, чеховском, восприятии природы, и о широком литературном контексте, который она актуализует, и о многом другом. Тем не менее она остается неразгаданной и манит, и рекрутирует все новые поколения филологов.

Несмотря на постоянное присутствие повести в филологическом дискурсе, процедуры, направленные на ее фольклорно-мифологическую интерпретацию, почти не производились. Такая попытка была предпринята нами в монографии «Миф, сказка и обряд в русской литературе XIX века» [Ларионова 2006]. Появляются и другие сторонники подобного подхода, как московская исследовательница М.А. Волчкевич, увидевшая в чеховской повести структурные элементы русской волшебной сказки [Волчкевич 2008]. Но за последние годы каждое новое обращение к чеховскому тексту через призму народной традиционной культуры вызывало у автора настоящей статьи все новые соображения и пополняло аргументацию. Оказалось, что каждый мотив, образ, каждый антропоним, каждая предметная деталь повести имеют «прямое», социальное, историческое, биографическое, психологическое значение и «переносное», символическое, проявляющееся, как фотоснимок, только при использовании традиционно-культурных «реактивов».

Степь – самая фольклорно-мифологическая повесть Чехова не потому, что в ней явно присутствует фольклорный материал, а потому, что в ней актуализуется архаическая сюжетная модель путешествия-испытания и судьбы и связанные с нею мотивы и образы. Структура самого текста позволяет вскрыть дополнительные смыслы, связанные с сохранившейся в тексте архаикой.

Сюжет «Степи» предельно прост и бесконечно сложен одновременно. Ее герой, девятилетний мальчик Егорушка, отправляется из маленького городка в большой город учиться в гимназии. События этого небольшого путешествия и стали фабульной основой повести. Но за частным событием просматривается повествование о человеческой судьбе, о жизненных странствиях. Благодаря этому повесть прочитывается не только как литературное произведение, но и как «текст культуры», смысл которого, восходящий к традиционным народным представлениям, существует в сознании носителей культуры в виде свернутой мнемонической программы. Путешествие человека по дорогам жизни лучше всего описывается в категориях мифа и фольклора, поскольку именно там сложились самые ранние целостные представления о вселенной и человеке, о гармонических отношениях людей и природы.

В контексте традиционной народной культуры повесть «Степь» может быть прочитана как рассказ о перемене статуса героя, его взрослении через путешествие, одиночество, испытания, преодоление себя и обстоятельств, то есть как отражение в литературном произведении структурно-семантических элементов древних обрядов перехода. Путешествие Егорушки воспроизводит классическую модель таких обрядов: сепарация (отделение), лиминальная стадия (переход), реинкорпорация (воссоединение, новое включение в социум). Мальчиков отделяли от матерей и вообще от женщин и определяли в мужское общество. Затем их уводили в дикую местность, где они проходили ряд испытаний, в результате которых им наносился физический ущерб. Чтобы возродиться в новом качестве, они должны были пережить мнимую смерть. Роль дикой местности в повести выполняет степь – пространство перехода и временной смерти, мужским коллективом становится общество дяди Иван Иваныча Кузьмичова, отца Христофора и возчиков. Самым тяжелым испытанием и физическим страданием является болезнь, выздоровев от которой, Егорушка начинает новую жизнь.

Егорушке 9 лет. В разных областях России это граница, когда ребенка начинали считать равноправным членом взрослой или молодежной общины: «песенно-фольклорная топика указывает на девять-двенадцать лет как на переходный возраст» [Новичкова 2001: 197]. Понятие «возраст» имеет здесь не количественный, а, скорее, качественный смысл. Этот возраст потому и называется переходным, что ребенок находится в состоянии и процессе «перехода», перемены внешнего и внутреннего статуса. Он еще не утратил связи с «иным» миром, с прошлым, но уже обращен в будущее, его восприятие действительности – не логическое, а интуитивно- иррациональное. В это время ребенок особенно уязвим для нечистой силы. Отношение к детству в народной мифоритуальной культуре двойственное: с одной стороны, дети противопоставлены смерти, на них распространяются запреты присутствовать на поминках и прикасаться к погребальной пище, с другой – дети могут служить проводниками в загробный мир, что определяет их участие в календарных обрядах и обрядах перехода, свадебном и похоронном.

Главными участниками обрядовых действий всегда были мальчики, поэтому они больше, чем девочки, уязвимы для порчи, особенно со стороны женщин. Пространство внешнего по отношению к домашнему мира традиционно считалось мужским. Мальчик от 6–7 лет до наступления совершеннолетия именовался в народной традиции «парнишка», в отличие от более старших – «парней» [Мужики и бабы 2005: 431]. Примечательно, что до определенного момента к Егорушке обращаются по имени, а также «брат» (о. Христофор), «рёва» (Кузьмичев) или «детка» (Роза). И только в момент передачи его под опеку возчиков – в мужской союз – Кузьмичев называет его «парнишкой».

Степь – это пространство «перехода», пустынное место, где человек оказывается один на один с природой, с собой, с миром. Путешествия в народной культуре всегда связаны с противопоставлением «своего» и «чужого», обжитого и неизвестного миров. Не случайно поэтому в волшебной сказке пространство путешествия – это «иной» мир, мир мертвых. В ходе путешествия границы мира расширяются, сдвигаются, «чужое» начинается там, где кончается «своё». И эта граница путешествует вместе с человеком. «Такое путешествие представляется как последовательное преодоление серии границ, каждая из которых расценивается как главная, но, будучи пройденной, перестает быть такой, а главной становится та, которая впереди» [Байбурин 1990: 9].

Знаком покидаемого Егорушкой «своего» пространства, домашнего прошлого становится в повести кладбище с вишневыми деревьями. Вишня на юге России и в Украине актуальна в похоронной обрядности, она обладает амбивалентной витально-мортальной семантикой. Потому и кладбище у Чехова «уютное, зеленое», «весело выглядывают белые кресты и памятники, которые прячутся в зелени вишневых деревьев и издали кажутся белыми пятнами», а когда вишня спеет, «белые памятники и кресты бывают усыпаны багряными, как кровь, точками». Потому и бабушка и отец Егорушки «спят» (С. VII, 14).

Это объясняется не просто особенностью детского сознания, еще не принимающего смерть, не только идеей о смерти-сне и последующем воскресении, но и традиционной южнорусской символикой вишни, создающей свой ассоциативный ряд и «работающей» на представление о человеческой жизни как странствии, путешествии между жизнью и смертью, между смертью и возрождением. Кроме общефольклорной аграрной символики, у вишни есть и специфически брачная, которая актуализуется именно на юге России, в русско-украинском пограничье. До сих пор здесь в свадебный каравай вставляют вишневую ветку, если зимой – с искусственными цветами. Поэтому спелая вишня на могильных плитах напоминает Егорушке кровь, а смерть ассоциируется со сном, после которого наступает пробуждение.

«Домашние» места постепенно сменяются дымящимися кирпичными заводами и степью. Дымящиеся заводы – это еще «человеческий», окультуренный человеческим присутствием локус, но обладающий переходными признаками. Дым связывает земной и потусторонний миры, он ассоциируется с похоронной обрядностью и представлениями о несчастьях [Плотникова 1999: 168–169]. Забегая вперед, отметим, что фамилия главного антагониста Егорушки – Дымов.

Границей «этого» и «иного» миров стала мельница. Мельница – нечистое место. Её пограничность подчеркнута разными крыльями: «Одно крыло было старое, заплатанное, другое только недавно сделано из нового дерева и лоснилось на солнце» (VII, 14). Мельница одновременно принадлежит миру живых и мертвых, как мельники или колдуны, посредники между людьми и сверхъестественными силами. «Какой колдун!» – думает, глядя на мельницу, Егорушка (С. VII, 20).

Для Егорушки предметы имеют прямое и скрытое значение, обнаруживают свою фантастическую природу. Потому такое теплое чувство вызывает одинокий тополь, «от его стройной фигуры и зеленой одежды трудно оторвать глаза» (С. VII, 17). Тополь, по общему мнению всех исследователей повести, приобретает символическое значение: он выражает идею одиночества Егорушки. Но смысл этого образа глубже и многослойнее. Тополь представляется Егорушке андрогинным существом. Сначала его называют «он», «красавец», но позже он ассоциируется с графиней Драницкой: «Прежде чем Егорушка успел разглядеть ее черты, ему почему-то пришел на память тот одинокий, стройный тополь, который он видел днем на холме» (С. VII, 42). Эта «перемена пола» дерева, странная в тексте повести, находит объяснение в мифоритуальной традиции. Во-первых, графиню мальчик видит в степи, в чужом доме и ночью, то есть в «перевернутом» времени и пространстве, о чем будет сказано ниже; во-вторых, женская фигура с прорастающими из рук деревьями – апотропейный символ народного искусства: вышивки и деревянной резьбы. Тополь – охранитель границы обжитого пространства, неслучайно вокруг него растет пшеница. Это аналог фитоморфного или антропоморфного пограничного столба.

«Нередко границу селения и начало дороги обозначали деревья … они так и назывались – *дорожные*», – пишет исследователь мифоритуальной культуры дороги Т.Б. Щепанская [Щепанская 2003: 91]. До наших дней устанавливают деревянные пограничные столбы. В древнегреческой мифологии тополь был священным деревом Персефоны, богини царства мертвых. Проехав тополь, Егорушка попадает в «иномирное» пространство степи.

Образ степи имеет особое значение в культурном, мифологическом и поэтическом сознании русского человека. На важное место этого образа в чеховском творчестве указывали многие исследователи. Степь – один из древнейших символов, отразивший национальные представления о мире и судьбе человека. В традиционном народном сознании это мифологическая отдаленная и обособленная страна, своеобразно организованное пространство «блуждания», физического и духовного странствования, место временного перерыва обычной жизни, т.е. место временной смерти. В переходных обрядах перемена статуса человека закрепляется в пространственных категориях: выход из одного места и вход в другое. По словам О.М. Фрейденберг, мотив пути – «один из древних мифологических мотивов, в которых путь, дорога означают смерть, дорогу в преисподнюю. Человек должен пройти путь смерти, пространствовать в буквальном смысле слова, и тогда он выходит обновлённым, вновь ожившим, спасённым от смерти» [Фрейденберг 1978: 506].

Во всех рассказах Чехова, действие которых полностью или частично происходит в степи, актуализируется значение этого топоса как пространства перелома, испытания, перемены статуса. В рассказе «Барыня» грехопадение Степана происходит в степи, куда его и барыню в коляске мчат, «как бешеные, стрелковские кони» (С. I, 263). Загнанные, «пристяжная хромала, а коренной был покрыт пеной» (С. I, 264), они становятся метафорой судьбы самого Степана, убившего жену и в конечном счете – себя.

В рассказе «Нахлебники» старик Зотов ведет через степь к живодеру Игнату старых, забитых лошадь и собаку. Он так же одинок и никому не нужен, как они, потому подставляет под удар Игната и свой лоб.

В рассказе «Казак» мещанин Торчаков, едущий с женой из церкви на «тряской визгливой бричке» (С. VI, 164), не дал разговеться на Пасху встреченному в степи больному казаку. Согласно традиционным народным представлениям, такой поступок, особенно на Пасху или Рождество, нарушает все законы мироустройства, поскольку праздничные дары предназначаются душам предков-покровителей и самому Богу, которые в облике нищих, страждущих появляются в эти дни на земле. Муки совести приводят Торчакова к распаду семьи и хозяйства: «Лошади, коровы и ульи мало-помалу, друг за дружкой стали исчезать со двора, долги росли, жена становилась постылой...» (С. VI, 168). Это полностью соответствует страшным обрядовым пожеланиями рождественских колядовщиков и пасхальных волечебников жадным хозяевам: «Не дадите пирога – мы корову за рога, свинку за щетинку, мерина за хвостик сведем на погостик».

Связь образа степи с мотивами испытания/перехода героя определяет двойственную природу этого топоса в русской литературе, начиная со «Слова о полку Игореве». Уже там степь – «неведомое, чуждое, гибельное пространство стихий и одновременно простор, манящий испытать себя, свои силы, безоглядно освободить желания, дающий "волю" (уже тогда явно – своеволие!), что обнажает богатство или пустоту души и тем самым отторгает личность от общества» [Денисов 2005: 30]. Амбивалентность степи характерна и для самой «степной» повести Чехова. Этим, возможно, объясняются расхождения чеховедов в оценке образа степи. Одни говорят о красоте степи, изображенной писателем, другие – об унынии и безжизненности степного пейзажа. По замечанию В.Я. Лакшина, «в одном из любимых чеховских поэтических образов – образе степи – особенно тесно сошлись два обостряющих друг друга настроения: тоски, однообразия, одиночества и жажды красоты, предчувствия счастливой жизни» [Лакшин 1975: 314].

Устойчивыми атрибутами путешествия как испытания, поисков и обретения жизненного пути в традиционной народной культуре и литературе XIX в. стали повозки (брички, телеги), кони и собаки. Это остатки архаических представлений о дороге в «иной» мир. Конечно, эти образы имеют вполне конкретный социально-исторический смысл: до широкого распространения железнодорожного сообщения самым популярным видом транспорта были конно-колесные средства передвижения. Однако исследователи давно заметили, что в литературе повозки, кареты, экипажи становятся «частью ритуала, вводящего героя в его новое состояние» [Жолклвский, Щеглов 1996: 166]. «Сани» Владимира Мономаха, «Телега жизни» Пушкина, бричка Чичикова у Гоголя, «телега моей жизни» в «Рассказе неизвестного человека» Чехова – все эти метафоры жизненного пути как перемещения в пространстве восходят к мифологическому представлению о жизни как путешествии между рождением и смертью. До начала XX в., по наблюдениям фольклористов и этнографов, сохранялся древний обычай независимо от времени года везти покойника на кладбище, даже если оно находилось недалеко, на санях.

Конь в древних культурах был хтоническим существом. Ему приписывалась функция сопровождать покойника. Коня хоронили вместе с хозяином для того, чтобы он отвез его на тот свет. У некоторых народов похороны завершались конскими скачками. Но конь не только переносил умершего в загробный мир – он сам мыслился представителем иного мира. Повсюду в Европе существовали поверья о связи коня со смертью, с владыкой преисподней. По этой причине, а не в связи с хозяйственно-бытовой ролью лошади она изображалась на надгробиях. Конская голова под фундаментом дома была жертвой подземным богам, с чьего согласия начиналось строительство. Мотив гибели от коня распространен в разных культурных традициях и свидетельствует об их архетипическом родстве, позволяя сопоставлять, например, летописный рассказ о смерти Олега и его фольклорные источники и эпизод с деревянным конем в «Илиаде». В народной сказке связь коня с «иным» миром особенно важна, так как конь играет роль чудесного помощника, подаренного покойным родителем, переправляет героя в тридевятое царство, служит объектом поиска, наделяется даром пророчества.

Вход в пространство испытания/перехода охраняется собаками. Собаки в архаических культурах нередко выступали стражами царства мертвых и жертвовались умершему с тем, чтобы в ином мире служить ему проводником и охранником. Египетский Анубис – бог подземного мира – почитался в виде шакала или черной собаки. У древних греков вход в Аид охранял Цербер, трехголовый пес, а Геката представлялась сопровождаемой воинственными собаками. У древних римлян самые жаркие дни в году назывались «песьими днями». В русских народных поверьях души заложных, то есть умерших неестественной смертью покойников могут в виде собаки ночью приходить к телу. Собачий облик существа – всегда свидетельство его хтонического происхождения. В виде собаки может появляться коровья смерть, а «дивьи люди», диковинные создания, обитающие в далеких фантастических землях, часто представлялись с песьими головами и хвостом. По утверждению И.П. Смирнова, в древней картине мира собаки занимают крайне низкое положение и выражают в том числе идею социального отчуждения [Смирнов 1978: 197–198].

Собаки в «степных» произведениях Чехова, как брички и кони, вызывают танатологические ассоциации. Это либо убогие и отверженные существа, как в «Нахлебниках», либо злобные чудовища, как в рассказе «Счастье» («Большая старая овчарка грязно-белого цвета, лохматая, с клочьями шерсти у глаз и носа, стараясь казаться равнодушной к присутствию чужих, раза три покойно обошла вокруг лошади и вдруг неожиданно, с злобным, старческим хрипением бросилась сзади на объездчика, остальные собаки не выдержали и повскакали со своих мест» (С. VI, 211)) и повести «Степь» («Все они необыкновенно злые, с мохнатыми паучьими мордами и с красными от злобы глазами, окружили бричку и, ревниво толкая друг друга, подняли хриплый рёв. Они ненавидели страстно и, кажется, готовы были изорвать в клочья и лошадей, и бричку, и людей» (С, VII, 18–19)). Собаки связаны с обрядами инициации: в общей для всех индоевропейцев (и, вероятно, не только для них) системе воспитания и перехода из одного социально-возрастного класса в другой, всякий мужчина непременно должен был пройти своеобразную «волчью» или «собачью» стадию», поэтому инициируемые вытесняются в хтоническую зону, в зону смерти [Михайлин 2005: 335]. Любопытно, что о. Христофор, сопровождающий Егорушку в степь, назван именем святого, с которым в христианских легендах связаны мотивы превращения невинно гонимого в собаку, известные русскому читателю по лубочным картинкам, – «Христофор от песьих глав» [Смирнов 1978: 197]. Именно о. Христофор, в противовес Кузьмичеву, утешает Егорушку в начале повести, вспоминает путешествие Ломоносова в большой мир, то есть выступает в функции проводника в мир степи.

Волки и собаки в традиционной культуре во многом синонимичны: собака наследует волку в его символических значениях. Егорушка в «Степи», преодолевающий эту зону, упорядочивающий ее своим сознанием, носит имя христианского святого, известного в славянском фольклоре как хозяин волков [Толстой 1995: 497].

Центральным и наиболее значимым степным локусом является постоялый двор. Остановка на постоялом дворе становится переломным эпизодом повести: теперь Егорушка продолжит путешествие в компании чужих и незнакомых ему людей по чужому и незнакомому пространству степи.

Дом у дороги – это место, имеющее особый статус: с одной стороны, он призван символически дублировать «дом», с другой – сохраняет связь с дорогой [Щепанская 2003: 318]. В волшебной сказке, тесно связанной с обрядом инициации, подобную роль играет избушка Яги, «врата смерти» [Пропп 1998: 147], миновав которые, герой попадает в «иной» мир, где обитают «чужие» – хтонические персонажи, инородцы и иноверцы. Такими в современных Чехову стереотипных этнокультурных представлениях были главным образом евреи и цыгане, которые, согласно народным легендам, вели свою родословную от черта [Белова 2005: 21]. Но цыгане, по определению, не годились на роль хозяев постоялого двора. Таким образом, в полном соответствии с традицией и исторической ситуацией, Чехов вводит в повесть «еврейский контекст».

Дом Мойсея Мойсеича функционально и образно сближается с избушкой Яги в сказке: это большой дом с ржавой железной крышей и темными окнами («без окон, без дверей») и стоит он посреди степи. В доме скрипучие двери, мрачные комнаты, дырявая клеенка, серые стены, стулья – жалкое подобие мебели, «потолок и карнизы закопчены, на полу тянулись щели и зияли дыры непонятного происхождения», «ни на стенах, ни на окнах не было ничего похожего на украшения» (С. VII, 31–32). В похоронных причитаниях, где «переход» часто осмысляется как переезд в новое место обитания, так изображается новое, посмертное, «жилище»:

> Что вы деете холодную хоромину, не мшоную,
> Не обнесены брусовы белы лавочки,
> Не прорублены косевчаты окошечка,
> Не врезаны стекольчаты околенки,
> Не складена печенька муравленая,
> Не устлана перинушка пуховая,
> Не собраны утехи все с забавушкой.

Устройство постоялого двора искажает локусы привычного для Егорушки мира: жалкий вишневый садик рифмуется с цветущими вишневыми деревьями на кладбище, где «спят» Егорушкины бабушка и отец; маленькая мельничка и фалды фрака Мойсея Мойсеича, живущие будто отдельной жизнью, – с мельницей с разными крыльями, старым и новым, на въезде в степь. Такие повторы и переклички в «Степи» В.Б. Катаев назвал «драматическими рифмами». Их обилие, важность структурно-композиционной роли дали исследователю возможность охарактеризовать текст повести как «единое резонирующее пространство» [Катаев 2008: 3–4]. Однако неотмеченным осталось то обстоятельство, что многие повторы в тексте осуществляются, так сказать, с переменой знака: графиня Драницкая, которая сначала показалась Егорушке большой черной птицей, в его затуманенном сознании сопоставляется не с вишней или другим «женским» деревом, а с одиноким тополем; девочка Катька (Атька) в финальных эпизодах заставляет вспомнить мальчика Тита. Это уже не просто рифмы, а всеобщее универсальное оборотничество, свойство мифологического мышления, о котором говорил А.Ф. Лосев [Лосев 1957: 13]. Особенно часты такие явления в эпизоде на постоялом дворе. Приведем несколько примеров.

> Мойсей Мойсеич кричит «диким, придушенным голосом»:
> « Соломон! Соломон!
> – Соломон! Соломон! — повторил в доме женский голос» (С. VII, 31).

> На его крик «Роза! Роза! Давай самовар!» «отворилась дверь и в комнату с большим подносом в руках вошел Соломон» (С, VII, 33).

Мойсей Мойсеич обещает показать Егорушке страшного и сердитого «медведика», но «вместо обещанного медведя Егорушка увидел большую, очень толстую еврейку с распущенными волосами и в красном фланелевом платье с черными крапинками; она тяжело поворачивалась в узком проходе между постелью и комодом и издавала протяжные, стонущие вздохи, точно у нее болели зубы» (С. VII, 38). Добрая и жалостливая Роза дает Егорушке пряник: в мифопоэтическом пространстве степи она – «иномирный» и «иноэтничный» дублер матери Егорушки.

После вопроса Розы, один ли Егорушка у матери, из-под одеяла показалась одна кудрявая детская голова на тонкой шее, затем другая, третья, четвертая: «Если бы Егорушка обладал богатой фантазией, то мог бы подумать, что под одеялом лежала стоглавая гидра» (С. VII, 39).

Меняются местами мужское-женское, антропоморфное-зооморфное, один-много, свое-чужое, что является непременным свойством «иного» мира. А, как мы уже говорили, наиболее распространенные в славянской традиционной культуре представления о «чужих» связаны с евреями. Исследователи отмечают, что к началу XX в. оформилось представление о «жидовстве» как части «сатанинского воинства»: оно не одно столетие состоит на службе у сатаны и ведет борьбу с «воинством Христовым [Тарабукина 2000: 206]. Более точна в наблюдениях О.В. Белова. По ее словам, представления о евреях на русском Севере и в центральной полосе, где контакты местного населения с евреями были невелики, ограничиваются обвинением их в распятии Спасителя. В регионах тесных славяно-еврейских этнокультурных контактов признаковое поле еврея как «чужого» более обширно [Белова 1999: 85–86.]. Таким регионом было русско-украинское пограничье – родина Чехова.

Чехов хорошо знал быт и обычаи евреев и когда жил в Таганроге, и когда поселился в Москве, имел много знакомых-евреев, неоднократно делал их персонажами своих произведений («Тина», «Скрипка Ротшильда» и др.). В последние годы отношение писателя к «еврейскому вопросу» стало предметом широкого осуждения и спекуляций. Хочется обратить внимание, что в произведениях Чехова нашли отражение не его личные пристрастия, а, прежде всего, славянские культурные стереотипы, в основе которых лежит не враждебное отношение к какой-либо нации, а механизм этноцентризма, когда всякий «другой» воспринимается как «чужой» и автоматически наделяется хтоническими свойствами по контрасту со «своими». Это древнейший архетип человеческой культуры, сохранившийся до наших дней и в литературе, и в быту. Именно этот аспект вопроса нас интересует.

Писатель не просто поместил еврейскую семью в центр «иного» мира, он очень точно воссоздал славянские этнокультурные представления о евреях. Остановимся на некоторых эпизодах и деталях.

Приехав на постоялый двор, Кузьмичов и о.Христофор с Егорушкой не собираются долго там задерживаться. Однако Мойсей Мойсеич их уговаривает, вплоть до шутливой угрозы «спрятать шапке». С практически-бытовой точки зрения, настойчивость хозяина объясняется его желанием заработать и понравиться гостям, которые, как видно, часто у него бывают. Но у Чехова обыденное действие часто имеет символический смысл. «Некогда нам с чаями да с сахарáми, – сказал Кузьмичов. – Что ж, чайку можно попить, – сочувственно вздохнул отец Христофор. – Это не задержит. – Ну, ладно! – согласился Кузьмичов» (С, VII, 33).

По народным представлениям, присутствие иноверца оскорбляет трапезу православных, не случайно Мойсей Мойсеич с «мучительно-сладкой» улыбкой умоляет: «Неужели я уж такой нехороший человек, что у меня нельзя даже чай пить?» (С, VII, 33). Но с другой стороны, в волшебной сказке, чтобы войти в «иной» мир, нужно отведать угощения Яги.

Чеховеды неоднократно высказывали суждения о наличии ветхозаветных мотивов в повести «Степь». С этим нельзя не согласиться. Для Чехова степь в повести – прстранственно-временной универсум, он объединяет «начало» и «конец», «этот» и «иной» мир, прошлое и будущее. Этим повесть сближается с народными нарративами, включающими события в контекст всемирной истории, объединяющей события Ветхого и Нового заветов.

Но в историко-культурном смысле ветхозаветная история принадлежит миру прошлого, и не просто прошлого, а генетически предшествующего настоящему. В этом смысле Моисей и Соломон выполняют роль своеобразных «дедов», культурных предков, которые, как им и положено, обитают в «ином» мире, но связь с ними не разорвана: с обитателями «иного» мира нужно разделить трапезу, чтобы избавить себя от их потенциального вредительства [Виноградова, Толстая 1999: 44].

Иван Иваныч Кузьмичов, которому не нравится вызывающее поведение Соломона, насмешливо спрашивает: «Соломон, отчего же ты этим летом не приезжал к нам на ярмарку жидов представлять?» (С. VII, 33). Соломон, как вспоминает Егорушка, на ярмарке «рассказывал сцены из еврейского быта и пользовался большим успехом» (С. VII, 33). Этот эпизод тоже имеет соответствия в южнорусской традиционной народной культуре. Маски «чужих», в том числе евреев, играют значительную роль в календарных и бытовых народных праздниках, и им приписывается продуцирующая и охранительная семантика. Гротескный портрет Соломона: «длинный нос, жирные губы и хитрые выпученные глаза» (С. VII, 33) – совпадает с фотографиями западнославянской масленичной маски «Еврей» [Белова 1999: 175].

Недаром в глазах Егорушки обитатели дома у дороги приобретают сходство с нечистым духом. Особенно роднят Соломона с чертом его гордыня и склонность к шутовству. Шут – это другое название черта во многих районах России. По словам С.С. Аверинцева, «самый обычный русский эвфемизм для беса – "шут" или, на более фольклорный лад, с оттенком боязливой интимности – "шутик"» [Аверинцев 1993: 341]. Актерство в мифологии, как показала О.М. Фрейденберг, связано с культом смерти [Фрейденберг 1978: 41].

«Короткий и кургузый, как ощипанная птица» Соломон заставляет вспомнить народные легенды об Агасфере со стоптанными до колен от бесконечного странствования ногами: как только он стопчет их полностью – настанет конец света. У Мойсей Мойсеича очень бледное лицо и черная, как тушь, борода; у Соломона большой птичий нос и жесткие кудрявые волосы с плешью. О.В. Белова из своих экспедиционных наблюдений сделала такой вывод: евреев отличают по темному цвету волос, форме глаз и носа; эти антропологические наблюдения над обликом этнических соседей, попав в суеверные рассказы, приобретали дополнительные коннотации: цвет волос, кожи и форма носа начинали осознаваться как признак «дьявольской» природы [Белова 2005: 41].

Кислый и затхлый воздух в доме Мойсея Мойсеича, которым Егорушка «был уже не в силах дышать» (С. VII, 39), – характерный признак «чужого» в славянской традиции. Дети Мойсей Мойсеича изображены метонимически: кудрявые головы на тонких шеях – «стоглавая гидра». Все орнитоморфны: Мойсей Мойсеич взмахивает фалдами, точно крыльями, жена его обладает тонким индюшечьим голоском, Соломон похож на ощипанную птицу, Да и говорят на птичьем языке: «гал-гал-гал», «ту-ту-ту» (С. VII, 39). Подчеркиваемое Чеховым сходство Соломона и Мойсея Мойсеича с птицами находит подтверждение в народных украинских и белорусских поверьях о «еврейских птицах»: сороке, удоде, куропатке, диком голубе, хохлатом жаворонке. Глоссолалия, зооморфные и нечеловеческие черты всегда выдают «чужого». Кроме того, в птиц, по народным поверьям, превращаются души умерших.

Постоялый двор, дом у дороги, играет важную структурно-семантическую роль в повести А.П. Чехова. Это центр степного пространства и композиционный центр повествования. В этом образе отразился комплекс народных представлений о «чужих» и «ином» мире. А «еврейский контекст» повести – это прежде всего дань культурной традиции, что снимает вопрос о национальных симпатиях и антипатиях писателя.

Возчики, с которыми далее путешествует Егорушка, одновременно обладают признаками членов «мужского» союза и персонажей народной демонологии. Одно другому не противоречит: и те и другие – маргинальные существа. Пантелей Холодов (давать имя по свойствам – непременная черта мифа – М.Л.), с больными ногами, заикающийся, «точно у него замерзли губы»; потерявший голос Емельян с губчатой шишкой под правым глазом и с жидкой козлиной бородкой;

Вася с подвязанным (как у покойника – М.Л.) серым, больным лицом и опухшим подбородком; Кирюха, чернобородый, с мохнатой головой. Константин Звоныk, «длинноносый, длиннорукий и длинноногий», напоминает «жердяя» народных поверий, духа-шатуна [Даль 1994: 51]. Худоба, сухота в народном сознании означает «недостаток "тела" и жизненной субстанции» [Толстая 2004: 386], потому Звоныk и кажется сонным. Все эти детали подчеркивают «кривизну» внешнего облика. Горбатость, мохнатость, молчаливость указывают на принадлежность героев к миру мертвых, как это демонстрирует, например, святочная обрядность, в которой есть специальные маски «дорожных людей» [Байбурин 1990: 8]. И.В. Грачев заметил, что в мире степи, «который словно покинули ангелы-хранители», все наоборот: «Здесь тот, кто носит имя угодника Николая (по народным представлениям – первого помощника в пути, «путеводителя»), сам не может найти своей дороги; а тот, кто носит имя Пантелеймона-целителя, жалуется на свои болезни и то и дело заговаривает о смерти» [Грачев 2002: 10].

То же самое происходит с образом Дымова, в котором, по мнению исследователей, отражено народное богатырство, направленное на злое озорство. Дымов является противником и одновременно, как это ни парадоксально, наставником Егорушки. Дымов и Егорушка – двойники-антагонисты. Как и Егорушка, Дымов жил «в свое удовольствие», «не знал горя», пока отец не послал его в извоз. Именно ему приписана трансформированная, сниженная функция змееборства, принадлежащая св. Георгию (Егорию). В мифах «один из двойников всегда инкарнирует преисподнюю» [Фрейденберг 1978: 87]. Озорство Дымова в контексте традиционной народной культуры воспринимается как провокационное поведение, имеющее испытательно-посвятительный характер при приеме в мужской союз. Это специфически мужское поведение. «Демонстративная агрессивность была лишь одной из масок в ролевом поведении неженатых парней, необходимым атрибутом "добра молодца" – ухажера и жениха. Эта личина обязательно надевалась, когда была необходима публичная демонстрация своего статуса, т.е. она всегда была рассчитана на наличие зрителя и партнера-соперника» [Морозов, Слепцова 2004: 194]. Особый интерес с этой точки зрения вызывает эпизод купания в реке.

Купание в воде – один из центральных моментов всех обрядов перехода. Но Чехов очень точно воспроизводит зафиксированную исследователями практику молодежных развлечений на воде: «Егорушка поплыл к камышу, нырнул и стал шарить около камышовых кореньев. Копаясь в жидком, осклизлом иле, он нащупал что-то острое и противное, может быть, и в самом деле рака, но в это время кто-то схватил его за ногу и потащил наверх. Захлебываясь и кашляя, Егорушка открыл глаза и увидел перед собой мокрое смеющееся лицо озорника Дымова. Озорник тяжело дышал и, судя по глазам, хотел продолжать шалить» (С. VII, 57). Подобные формы озорства были направлены на создание физического неудобства, например, за щиколотки поднимали вверх ногами, переворачивали [Морозов 1998: 120]. Это же проделывает Дымов: тащит Егорушку в воде наверх, так что тот захлебывается. Такие забавы, по наблюдениям собирателей, называются «козу драть» или «раков ловить» [Морозов 1998: 115]. В чеховской повести в этот момент «Степка и Кирюха "драли" раков"» (С. VII, 57). Испытание страхом и смехом – часть посвятительных обрядов. Удалое, смелое поведение, буйство – свидетельство «славы» и подвигов [Морозов 1998: 159–160].

Вынырнувший Егорушка, в котором ненависть и отвращение пересиливают страх, грубыми, как ему кажется, словами ругает Дымова, который недавно «громко, на всю степь, произнес штук пять нехороших слов» (С. VII, 54). Этот акт уравнивает Егорушку в правах с Дымовым и другими взрослыми: сквернословие, мат есть своеобразный мужской код, основанный на табуистических практиках и применяемый в мужских сообществах на маргинальных территориях, противостоящих «женским», освоенным землям [Михайлин 2005: 335]. Отношения Егорушки с Дымовым – это словесно-действенный поединок, единоборство противников, один из которых олицетворяет хтонический мир (отсюда и фамилия – Дымов), а другой – небесный (инициируемый, умирающий и возрождающийся, Георгий-победоносец).

Прямым следствием противоборства с Дымовым и победы над ним в мифоритуальном поле повести становится гроза – соединение воды и огня. Гроза привела к болезни Егорушки, в аспекте обрядов перехода – это временная смерть, после которой герой готов к принятию новой жизни.

Повесть Чехова – это рассказ о судьбе человека как об испытании. Известный мифолог М. Элиаде справедливо заметил: «В настоящее время мы начинаем понимать, что "инициация" сосуществует с жизнью человечества, что всякая жизнь складывается из непрерывной цепи "испытаний", "смерти", "воскрешений", независимо от того, какими словами пользуются для передачи этого ... опыта» [Элиаде 2005: 187]. Язык традиционной народной культуры, мифа и фольклора, оказывается универсальным для изображения цикличности отдельного жизненного пути и человеческой жизни в целом.

Литература

1. Аверинцев С.С. Бахтин и русское отношение к смеху // От мифа к литературе: Сб. в честь 75-летия Е. М. Мелетинского. М., 1993. С. 341–345.

2. Байбурин А.К. Ритуал. Своё и чужое // Фольклор и этнография: Проблемы реконструкции фактов традиционной культуры. Л., 1990. С. 3–17.

3. Белова О.В. Еврей // Славянские древности: Этнолингвистический словарь: в 5 т. Т. 2. М., 1999. С. 173–176.

4. Белова О.В. Этнокультурные стереотипы в славянской народной традиции. М., 2005.

5. Виноградова Л.Н., Толстая С.М. Деды // Славянские древности: Этнолингвистический словарь: в 5 т. Т. 2. М., 1999. С. 43–45.

6. Волчкевич М.А. «Степь» – «волшебная сказка» А.П. Чехова // Таганрогский вестник: Материалы междунар. науч.-практ. конф. «"Степь" А.П. Чехова: 120 лет». Таганрог, 2008. С. 129–137.

7. Грачев И.В. Фольклорные мотивы в повести А.П. Чехова «Степь» // Литература в школе. 2002. № 7. С. 7–10.

8. Даль В.И. О повериях, суевериях и предрассудках русского народа: Материалы по русской демонологии. СПб, 1994.

9. Денисов В.Д. Изображение Козачества в раннем творчестве Н.В. Гоголя. Симферополь; Киев, 2005.

10. Жолковский А.К., Щеглов Ю.К. Работы по поэтике выразительности: Инварианты – Тема – Приемы – Текст. М., 1996.

11. Катаев В.Б. «Степь»: драматургия прозы // Таганрогский вестник. Материалы междунар. науч.-практ. конф. «"Степь" А.П. Чехова: 120 лет». Таганрог, 2008. С. 1–8.

12. Лакшин В.Я. Толстой и Чехов. М., 1975.

13. Ларионова М.Ч. Миф, сказка и обряд в русской литературе XIX века. Ростов/Д, 2006.

14. Лосев А.Ф. Античная мифология в ее историческом развитии. М., 1957.

15. Михайлин В. Ю. Тропа звериных слов: Пространственно ориентированные культурные коды в индоевропейской традиции. М., 2005.

16. Морозов И.А. Женитьба добра молодца: Происхождение и типология традиционных молодежных развлечений с символикой «свадьбы»/«женитьбы». М., 1998.

17. Морозов И.А., Слепцова И.С. Круг игры. Праздник и игра в жизни севернорусского крестьянина (XIX–XX вв.). М., 2004.

18. Мужики и бабы: мужское и женское в русской традиционной культуре. Иллюстрированная энциклопедия. СПб., 2005.

19. Новичкова Т. А. Эпос и миф. СПб., 2001.

20. Плотникова А.А. Дым // Славянские древности: Этнолингвистический словарь: в 5 т. Т. 2. М., 1999. С. 168–170.

21. Пропп В.Я. Морфология / Исторические корни волшебной сказки. М., 1998.

22. Смирнов И.П. Место «мифопоэтического» подхода к литературному произведению среди других толкований текста // Миф. Фольклор. Литература. Л., 1978. С. 186–203.

23. Тарабукина А.В. Мировоззрение «церковных людей» в массовой духовной литературе рубежа XIX–XX веков // Традиция в фольклоре и литературе. СПб., 2000. С. 191–230.

24. Толстая С. М. Семантические корреляты слав. *sux– // Язык культуры: Семантика и грамматика: К 80-летию со дня рождения акад. Н.И. Толстого. М., 2004. С. 384–400.

25. Толстой Н.И. Георгий // Славянские древности: Этнолингвистический словарь: в 5 т. Т. 1. М., 1995. С. 496–498.

26. Фрейденберг О.М. Миф и литература древности. М., 1978.

27. Щепанская Т.Б. Культура дороги в русской мифоритуальной традиции XIX–XX вв. М., 2003.

28. Элиаде М. Аспекты мифа. М., 2005.

НАЧАЛА И КОНЦЫ: "СТЕПЬ" ИЛИ ИСТОРИЯ ОДНОГО ПЕРЕЖИВАНИЯ

Галина Станиславовна Рылькова
США, Гейнсвиль
grylkova@ufl.edu

1 января 1888 года Чехов известил знакомого молодого писателя о том, что начал писать "степной рассказ. Пишу, но чувствую, что не пахнет сеном" (П. II, 166). "Степь" – первое крупное произведение Чехова, специально написанное для толстого литературного журнала "Северный вестник". Как никакое другое произведение до нее, "Степь" потребовала от Чехова небывалых писательских усилий: "На "Степь" пошло у меня столько соку и энергии, что я еще долго не возьмусь за что-нибудь серьезное" (П. II, 206). В откровенных письмах знакомым писателям в январе-феврале 1888 года часто упоминаются страхи, скука и неуверенность в том, что "Степь" будет иметь хоть какой-то читательский успех:

Короленко: С Вашего дружеского совета я начал маленькую повестушку для «Северн<ого> вестника». Для почина взялся описать степь, степных людей и то, что я пережил в степи. Тема хорошая, пишется весело, но, к несчастью, от непривычки писать длинно, от страха написать лишнее я впадаю в крайность: каждая страница выходит компактной, как маленький рассказ, картины громоздятся, теснятся и, заслоняя друг друга, губят общее впечатление. […] Пишущий, например Вы, поймете меня, читатель же соскучится и плюнет […] (П. II, 170).

Григоровичу: […] От непривычки писать длинно, из постоянного, привычного страха не написать лишнее я впадаю в крайность. […] Вы, я знаю, поймете мою степь и ради нее простите мне невольные прегрешения. А грешу я невольно, потому что, как теперь оказывается, *не умею* еще писать больших вещей (П. II, 173).

Полонскому: "В общем моя повестушка меня не удовлетворяет. Она кажется мне громоздкой, скучной и слишком специальной" (П. II, 178).

Плещееву: […] Чувствую, что есть в моей повестушке места, которыми я угожу Вам, мой милый поэт, но в общем я едва ли потрафлю… Выйдет у меня 4-5 печатных листов; из них два листа заняты описаниями природы и местностей – скучно! (П. II, 180) Вы ждете от меня чего-то особенного, хорошего – какое поле для разочарований! Робею и боюсь, что моя "Степь" выйдет незначительной (П. II, 182).

<u>Леонтьеву-Щеглову:</u> "Я оканчиваю рукопись для «Северного вестника». Как это трудно!" (П. II, 181) "Не ждите ничего особенно хорошего и вообще хорошего. Разочаруетесь в Антуане, потому что Антуан, как я теперь убедился, совсем не способен писать длинные вещи" (П. II, 189)

<u>Григоровичу:</u> [...] Я знаю, Гоголь на том свете на меня рассердится. В нашей литературе он степной царь. Я залез в его владения с добрыми намерениями, но наерундил немало. Три четверти повести не удались мне (П. II, 190). [...] В своей «Степи» через все восемь глав я провожу девятилетнего мальчика, который, попав в будущем в Питер или в Москву, кончит непременно плохим. Если «Степь» будет иметь хоть маленький успех, то я буду продолжать ее. Я нарочно писал ее так, чтобы она давала впечатление незаконченного труда. Она, как Вы увидите, похожа на первую часть большой повести (П. II, 190).

Не случайно поклонники и знатоки Чехова с удовольствием отыскивают продолжение «Степи» в других произведениях Чехова [M. Senderovich 1987], мастерски иллюстрируют неисчерпаемую многогранность «Степи» [Finke 1995; Lapushin 2010] и выявляют потенциал ее главного героя [Зубарева 2015: 132-159]. Хотя мысль о том, что «Степь» представляет собой знаменательное начало в творчестве Чехова и высказывалась не раз, в этой статье делается попытка интерпретации "Степи" с точки зрения того, что Эдвард Саид называет "реализацией начального импульса" [Said 1975]. Для того, чтобы начать писать, по мнению Саида, писатель должен почувствовать уверенность, что выбранное им начало и есть начало задуманного произведения. Расстояние между началом и концом литературного произведения уже как бы существует где-то само по себе. Писателю остается только наполнить его своим содержанием. «Эта ограниченная пустота, как подкидыш, живет в ожидании своего будущего родителя, который признает его своим, даст ему кров и обеспечит существоание» [Said 1975: 46-48]. В «Степи» эта метафора реализуется в буквальном смысле. Повесть заканчивается тем, что Настасья Петровна Тоскунова с радостью позволяет неожиданно «подкинутому» ей Егорушке поселиться у нее в доме:

«Господи! – сказала она, ломая руки. – Олечкин сыночек! Вот радость-то!» [...] Настасья Петровна еще раз обняла Егорушку, обозвала его ангельчиком и, заплаканная, стала собирать на стол. Через три минуты Егорушка уж сидел рядом с ней, отвечал на ее бесконечные распросы и ел жирные горячие щи. […] Спать его положили на сундуке и предупредили, что если ночью он захочет покушать, то чтобы сам вышел в коридорчик и взял там цыпленка, накрытого тарелкой (С. VII, 102-103).

Не надо думать, что Чехов, которого родители подростком оставили одного в Таганроге добывать себе и им средства к существованию, не ценил всего того, что Егорушку ожидало в доме подруги его матери. То, что Егорушка очутился именно у Тоскуновой (а не Счастливцевой), скорее всего получилось как дань ранее заявленному плохому концу, и больше говорит о настроении самого Чехова, раздумывавшего о перспективах оставить привычный формат короткого рассказа и посвятить себя писанию романов, как того требовали его наставники Григорович, Плещеев и Суворин, чьи писательские карьеры сложились в эпоху расцвета русского романа. Чехову так хотелось побыстрее разделаться со «Степью», что в ответ на вопросы Плещеева о продолжении, росчерком пера убил о. Христофора и сделал неинтересными судьбы остальных персонажей: «Что касается Егорушки, то продолжать его я буду, но не теперь. Глупенький о. Христофор уже помер. Гр. Драницкая (Браницкая) живет прескверно. Варламов продолжает кружиться» (П. II, 195).

Тематически "Степь" входит в группу рассказов и повестей о том, как те или иные взрослые, дети и даже животные справляются со своими страхами и неуверенностью, будучи поставленными в новые для них условия, будь то незнакомые люди, непривычная обстановка, новый распорядок жизни или необходимость подведения итогов перед лицом близкой смерти. Эта тема доминирует в таких произведениях, как "Гриша," "Каштанка" и "Скучная история" [Рылькова 2015]. В "Степи" интересно то, что в незнакомой обстановке оказывается не только девятилетний Егорушка, но и сам автор, испытывающий страхи и неуверенность в процессе писания книги жизни своего героя.

"Степь" не только повесть о том, что Чехов когда-то сам "пережил в степи", но и является неким отражением переживаний автора во время ее написания. Авторские переживания своей неприкаянности и уязвимости в непривычно бескрайнем произведении накладываются на переживания девятилетнего мальчика, которого неожиданно разлучают с матерью и везут по степи в незнакомый уездный город, где ему вскоре придется учиться в гимназии. Даже если согласиться с Чудаковым, что рассказчик сильно отличается от Егорушки и видит то, чего не видит Егорушка [Чудаков 1971: 107-116], все же, примечательно, что рассказчик необыкновенно чуток и пуглив и склонен во всем видеть опасность, часто смертельную, что совсем не характерно для типичного рассказчика в чеховских произведениях. Симбиоз большого и маленького задается в самом названии: «Степь (История одной поездки)». Первое слово дает установку на безграничность, в то время как подзаголовок предлагает спасительное уточнение и определенные рамки.

Задача написать "несколько превосходных, истинно художественных произведений" была поставлена Чехову Григоровичем в известном письме от 25 марта 1886 года: "Вы совершите великий нравственный грех, если не оправдаете таких ожиданий" [Летопись, 2000, I: 236]. Чуть раньше Чехов получает "искреннее письмо Суворина" на ту же тему. "Я начал собираться написать что-нибудь путёвое, но все-таки веры в собственную литературную путёвость у меня не было", пишет Чехов в ответном письме Григоровичу. Интересно, что первое "путёвое" произведение Чехова "Степь" повествует именно о пути и способах его прохождения: "Я чувствую, что многое я поборол, что есть места, которые пахнут сеном, но в общем выходит у меня нечто странное и не в меру оригинальное" (П. II, 173) [Прим. 1].

Символизм борьбы Егорушки со злом и скукой убедительно раскрыт в работах других исследователей [S. Senderovich 1987, Зубарева 2015, Ларионова 2012]. К этому стоит добавить, что ощущение скуки и дискомфорта, о котором говорят герои «Степи», могло быть также вызвано необходимостью выполнять огромную, не им самим поставленную задачу, которую Чехов не мог не чувствовать во время писания повести.

Не случайно в первом предложении гоголевская бричка выезжает не с грохотом, как ожидалось бы, а с неуместным «громом», вызывающим раздражение и недоумение (С. VII, 13). Егорушке бричка «ненавистна», а кладбище видится ему «уютным», «из-за ограды весело выглядывали белые кресты» (С. VII, 14). Скука Егорушки – это еще и скука его создателя, не привыкшего к писанию длинных произведений. В пик работы над «Степью» Чехов признается Плещееву: «Писать большое очень скучно и гораздо труднее, чем писать мелочь» (П. II, 180). «Утомился, замучился от непривычки писать длинно» – цитата из письма тому же Плещееву в день окончания повести (П. II, 184). Такое настроение автора чувствуется и в повести: в начале первого дня

Егорушке «казалось, что он давно уже едет и подпрыгивает, что солнце давно уже печет ему в спину. Не проехали еще и десяти верст, а он уже думал: "Пора бы отдохнуть!"» (С. VII, 18)

Чехов создает себе героя, возраст которого позволяет ему проецировать свои страхи и волнения, делая их объяснимыми и понятными. Отвечая Григоровичу на его размышления о самоубийстве, Чехов подчеркивает специфику русской жизни: «Русская жизнь бьет русского человека так, что мокрого места не остается, бьет на манер тысячепудового камня. В З<ападной> Европе люди погибают оттого, что жить тесно и душно, у нас же оттого, что жить просторно... Простора так много, что маленькому человечку нет сил ориентироваться...» (П. II, 190). В "Степи" представлена и тесная, душная жизнь, и степные просторы. В Егорушке больше всего удивляет то, как он достаточно хорошо ориентируется в незнакомой обстановке, что-то он припоминает, что-то он уже видел до этого и знает, как справиться со своими эмоциями. Ум его гибок и подготовлен. Ему легко приходит на ум сравнение о. Христофора с Робинзоном Крузо. Крузо знаменит тем, что выдерживает испытание ограниченным пространством и бесконечностью времени. Чехов дает Егорушке испытание степью, которое он также выдерживает, несмотря на свой возраст и полную зависимость от окружающих и обстоятельств. Выехав на широкую степную дорогу, Егорушка не пугается, а вспоминает описания римских колесниц и русских богатырей. Он легко заполняет ими пространство вокруг себя, делая его своим. И хотя Чехов готовил бесславное будущее своему герою, его планы написать продолжение так и остались невыполненными [Зубарева 2015: 134-136].

Читателям «Степи» памятно подробное описание первых двух дней путешествия Егорушки, медленное развитие сюжета, в то время как в предпоследней главке день перед вечерней грозой не удостаивается даже краткого описания. В самом начале время тянется необыкновенно долго. И Чехов, и Егорушка как бы вживаются в свои роли рассказчика и путешественника, когда нужно чем-то заполнить, как время жизни, так и время повествования. Частые лирические отступления в стиле гоголевской птицы-тройки поражают не только своей лиричностью и красотой, но и своей нарочитостью, как будто они пишутся еще и для того, чтобы «убить время» - так Егорушка мысленно определяет свои задачи на день: «Как же убить это длинное время и куда деваться от зноя! Задача мудреная…» (С. VII, 23). «Казалось, что с утра прошло уже сто лет…» (С. VII, 26). Егорушкины размышления о том, как провести незаполненные часы напоминают размышления пишущего перед листом чистой бумаги. Терпение и усидчивость (Егорушке в начале пути в прямом смысле трудно усидеть рядом с Дениской) вознаграждаются с лихвой.

Едешь час-другой... Попадается на пути молчаливый старик-курган или каменная баба, поставленная бог ведает кем и когда, бесшумно пролетит над землею ночная птица, и мало-помалу на память приходят степные легенды, рассказы встречных, сказки няньки-степнячки и всё то, что сам сумел увидеть и постичь душою. И тогда в трескотне насекомых, в подозрительных фигурах и курганах, в глубоком небе, в лунном свете, в полете ночной птицы, во всем, что видишь и слышишь, начинают чудиться торжество красоты, молодость, расцвет сил и страстная жажда жизни; душа дает отклик прекрасной, суровой родине, и хочется лететь над степью вместе с ночной птицей. И в торжестве красоты, в излишке счастья чувствуешь напряжение и тоску, как будто степь сознает, что она одинока, что богатство ее и вдохновение гибнут даром для мира, никем не воспетые и никому не нужные, и сквозь радостный гул слышишь ее тоскливый, безнадежный призыв: певца! певца! (С. VII, 46)

То, что повесть, наконец, сдвинулась с мертвой точки, становится понятным, когда рассказчик подчиняет своей воле не только старенькую гоголевскую бричку, но и огромный купеческий обоз:

Минуты две было тихо, точно обоз уснул, и только слышалось, как вдали мало-помалу замирало лязганье ведра, привязанного к задку брички. Но вот впереди обоза кто-то крикнул:
- Кирюха, тро-о-гай!
Заскрипел самый передний воз, за ним другой, третий… Егорушка почувствовал, как воз, на котором он лежал, покачнулся и тоже заскрипел. Обоз тронулся (С. VII, 47-48).

В конце этого длиннейшего и тяжелейшего дня Егорушка «смеется от удовольствия» и засыпает "так, как он обыкновенно засыпал у себя дома в постели..." (С. VII, 48).

Похоже, что это ощущение («как дома») подсознательно испытывает и рассказчик, начиная повсюду видеть сюжеты прошлых и будущих произведений. Уже при въезде на постоялый двор, где Егорушка чувствует себя крайне неуютно, несмотря на все старания хозяев, виден «жалкий вишневый садик» (С. VII, 30). В следующей главке неприятные запахи сменяются запахом «запоздалых цветов» и «у самой дороги стоит силуэт, похожий на монаха». «Фигура приближается, растет, вот она поравнялась с бричкой, и вы видите, что это не человек, а одинокий куст или большой камень. […] Подозрительные фигуры, похожие на монахов, на светлом фоне ночи кажутся чернее и смотрят угрюмее» (С. VII, 45-46). «Спать, спать, спать», вторит Егорушка героине «Спать хочется» [Прим. 2]. Влюбленный неприкаянный Костантин (убивший птицу, которую обозчики не могут использовать в пищу) – предтеча Константина Треплева. Варламов – близкий родственник Лопахина. В восьмой главке упоминается будущий герой одного из последних рассказов Чехова («Архиерей»): о. Христофор собирается «к преосвященному», «да говорят, болен» (С. VII, 96). Поющая трава, («в своей песне она, полумертвая, уже погибшая, без слов, но жалобно и искренно убеждала кого-то, что она ни в чем не виновата, что солнце выжгло ее понапрасну; она уверяла, что ей страстно хочется жить, что она еще молода и была бы красивой» (С. VII, 24)), позднее перевоплотится в страстно желающую жить мать невесты и саму Надежду (рассказ «Невеста», 1903).

Двойник Тоскуновой, как подметили исследователи, появляется в более позднем рассказе Чехова "Душечка" (1899). При всей кажущейся комичности образа, Душечка – творческая натура. Она смело пробует себя в различных жанрах, и ей дается уникальная возможность последовательно и без помех воплощать свои замыслы. Сначала Душечка беззаветно ухаживала за своим отцом, потом так же беззаветно увлеклась антрепренером Кукиным, потом управляющим лесным складом Пустоваловым, потом ветеринаром и, наконец, его сыном Сашей. Кукин и Пустовалов умирают друг за другом только для того, чтобы Душечка могла с чистой совестью заняться чем-нибудь новым. Они отпадают, как непродуктивные идеи, которые нужно оставить пока не появится то, ради чего стоит жить – маленький Саша (опять-таки, повторяется тема усыновления подкидыша).

10 января 1888 года Чехов пишет писателю-ровеснику Леонтьеву-Щеглову: «Пишу повесть для толстого журнала. Скоро кончу и пришлю. Ура-а-а!!!» (П. II, 171). О том, каких усилий Чехову стоило вести свою историю, не отвлекаясь, к едва различимому концу, можно только догадываться. "По прочтении [вашего] письма мне стало не осо-

бенно стыдно, так как оно застало меня за работой для толстого журнала. Вот Вам ответ на существенную часть Вашего письма: я принялся за большую вещь. Написал уж я немного больше двух печатных листов и, вероятно, напишу еще три. […] Прерванный роман буду продолжать летом" (П. II, 173-174). В этом отчете из письма Григоровичу чувствуется радость человека, который понимает, что, скорее всего, справится с заданием, которое вначале казалось почти невыполнимым.

Самоуничижительный тон писем Чехова проецируется на зависимое положение Егорушки, которому все время напоминают о необходимости учиться и о чувстве долга перед дядей и матерью. В конце повествования Егорушка неожиданно получает красивую фамилию Князев, которая, тем не менее, сразу напоминает читателям известное выражение «из грязи в князи» и намекает на то, что Егорушке будет не так просто доказать свое право на существование в новом обществе. Фамилия главного врага Егорушки Дымова содержит анаграмму инициалов Григоровича (Дмитрий Васильевич). И бессмысленное убийство Дымовым маленького ужика, и то, как, казалось бы, тонкий и причудливый Вася, не смущаясь, съедает живьем маленького бобырика, вызывают у Егорушки испуг и отвращение. Звуковые сочетания «уж», «уш», «ущ» и «юш/ющ» многократно повторяются в тексте седьмой главки, знаменующей перелом в отношениях Егорушки и Дымова, как будто сам текст испытывает ужас перед страшными и непредсказуемыми читателями:

> - Ты хуже всех! Я тебя терпеть не могу! (С. VII, 82)
> Егорушка почувствовал, что дышать уже нечем […] (С. VII, 83).
> Он ужасался и в отчаянии спрашивал себя, как это и зачем попал он в неизвестную землю, в компанию страшных мужиков? (С. VII, 83)
> Ему становилось холодно и так жутко […] (С. VII, 83).
> Должно быть, и проводчикам было жутко. После того, как Егорушка убежал от костра, они […] заговорили о чем-то, что оно идет и что поскорее нужно собираться и уходить от него… Они скоро поужинали, потушили костер и молча стали запрягать (С. VII, 83).
> Не то плачущим, но то досадующим голосом […] (С. VII, 84).
> Даль заметно почернела и уж чаще, чем каждую минуту, мигала бледным светом, как веками (С. VII, 84).
> - Скушно мне! – донеся с передних возов крик Дымова, и по голосу его можно было судить, что он уж опять начинал злиться. – Скушно!

(С. VII, 84-85).

В 1888-89 годах Чехов сам должен был вертеться ужом и объяснять Григоровичу свой отказ писать обещанное продолжение «Степи» и любого другого крупного произведения в духе рачительного лавочника, который закупает следующую партию товара, только убедившись в его востребованности:

> Если «Степь» будет иметь хоть маленький успех, то я буду продолжать ее (П. II, 190). Хочется писать роман, есть чудесный сюжет, временами охватывает страстное желание сесть и приняться за него, но не хватает, по-видимому, сил. Начал и боюсь продолжать. […] Я имею способность в этом году не любить того, что написано в прошлом, мне кажется, что в будущем году я буду сильнее, чем теперь; и вот почему я не тороплюсь теперь рисковать и делать решительный шаг. Ведь если роман выйдет плох, то мое дело навсегда пропало. […] Пока не пробил час для романа, буду продолжать писать то, что люблю, то есть мелкие рассказы в 1 – 11/2 листа и менее. Растягивать неважные сюжеты на большое полотно – скучно, хотя ы выгодно. Трогать же большие сюжеты и тратить дорогие мне образы на срочную, поденную работу – жалко. Подожду более удобного времени (П. III, 17).

В письме Суворину Чехов объясняет неписание больших произведений своим материальным положением и ожиданиями издателей толстых журналов:

> Я охотно, с удовольствием, с чувством и с расстановкой описал бы *всего* моего героя […] Но что мне делать? Начинаю я рассказ 10 сентября с мыслью, что я обязан кончить его к 5 октября -- крайний срок; если просрочу, то обману и останусь без денег. Начало пишу покойно, не стесняя себя, но в средние я уж начинаю робеть и бояться, чтобы рассказ мой не вышел длинен: я должен помнить, что у «Северного вестника» мало денег и что я один из дорогих сотрудников. (П. III, 46-47)

То, что дело было не только в сроках подачи нового рассказа, становится ясно из того же очень длинного письма, в котором Чехов отклоняет предложение Суворина обеспечить ему некоторую материальную стабильность на время работы над романом:

В решении, как мне быть и что делать, *деньги, не помогут.*

Лишняя тысяча рублей не решит вопроса, а сто тысяч -- на небе вилами писаны. К тому же, когда у меня бывают деньги (быть может, это от непривычки, не знаю), я становлюсь крайне беспечен и ленив: мне тогда море по колено... Мне нужно одиночество и время (П. III, 48).

Уже после обычных любезностей и подписи, как бы поддавшись непреодолимому желанию занять себя чем-то легким и коротким, Чехов неожиданно добавляет: "У меня в комнате летает комар. Откуда он взялся?" (П. III, 48).

В марте 1889 года Чехов описывает свой будущий роман редактору «Северного вестника» Евреиновой, приглашая ее отвергнуть его еще в зачатии: «В романе нет ничего, побуждающего к революции, но цензор все-таки испортит его. Половина действующих лиц говорит «Я не верю в Бога», есть один отец, сын которого пошел в каторжные работы без срока за вооруженное сопротивление [...]. Материал для красного карандаша богатый» (П. III, 174). Забавно, что в 1899 году Чехов сам поставил Суворина в положение начинающего романиста и заставил его по-пушкински задуматься как о смысле жизни, так и о форме романа:

Чехов сегодня пишет: «Я бы на вашем месте роман написал. Вы бы теперь, если б захотели, могли написать интересный роман, и притом большой. Благо купили имение, есть где уединиться и работать». Он бы на моем месте, конечно, написал. Но я на своем не напишу. Мне жизнь не ясна. Если б писать роман, надо было бы совсем особую форму, к которой я привык, с которою сжился. Форма фельетона, где можно было бы рассуждать от себя, как Пушкин делал это в «Евгении Онегине». В прозе надо роман вести для этого от героя. А эта форма не по мне.

Под влиянием слов Чехова я было раскрыл тетрадь. Подумал, подумал над белыми страницами и положил тетрадь обратно в стол. Нет, поздно [Суворин 1999: 338].

А в 1888 году Чехов, окрыленный получением Пушкинской премии, писал Суворину о том, что он еще не написал своих лучших произведений, что настоящего начала писательской деятельности еще не было.

[...] Если опять говорить по совести, то *я еще не начинал своей литературной деятельности*, хотя и получил премию. У меня в голове томятся сюжеты для пяти повестей и двух романов. Один из романов задуман уже давно, так что некоторые из действующих лиц уже устарели, не успев быть написаны. В голове у меня целая армия людей, просящихся наружу и ждущих команды. Все, что я писал до сих пор, ерунда в сравнении с тем, что я хотел бы написать и что писал бы с восторгом [...] (П. III, 47).

Нечто подобное тридцатилетний Гоголь писал Жуковскому в июне 1842 года, сопровождая посылку, как он тогда решил, лишь первого тома «Мертвых душ»:

> живет в душе моей глубокая, неотразимая вера, что небесная сила поможет взойти мне на ту лестницу, которая предстоит мне, хотя я стою еще на нижайших и первых ее ступенях. Много труда и пути и душевного воспитанья впереди еще! Чище горнего, снега и светлей небес должна быть душа моя, и тогда только я приду в силы начать подвиги и великое поприще, тогда только разрешится загадка моего существованья. [...] Посылаю вам "Мертвые души". Это первая часть. [...] Я переделал ее много с того времени, как читал вам первые главы, но все однако же не могу не видеть ее малозначительности в сравнении с другими, имеющими последовать ей частями. Она в отношении к ним всё мне кажется похожею на приделанное губернским архитектором наскоро крыльцо к дворцу, который задуман строиться в колоссальных размерах [...] [Гоголь 1952].

По злой иронии судьбы, письмо это ознаменовало не начало, а конец писательской деятельности Гоголя. Как ни скрывался Гоголь в Риме от своих советчиков и поклонников, их благие пожелания увидеть продолжение уже законченного труда превратили Гоголя из блестящего писателя в несчастного этнографа и антрополога, бесконечно сомневающегося в своем таланте и интуиции и вынужденного собирать по крохам недостающие детали и подробности [Karlinsky 1976: 240-241]. Хотя трилогия висела тяжелым камнем и не давала жить и писать, и сам Гоголь, и его поклонники, продолжали надеяться на чудо. Кто в этой ситуации виноват больше – читатели с их непомерными ожиданиями, или сам Гоголь, поверивший в безграничность своих возможностей, сказать трудно. У Чехова же хватило сил и воли в 1890 году сбежать от перспективы стать вторым Гоголем не в Рим, а на малодоступный остров Сахалин [Прим. 3].

Примечания

1. Сравните с более ранним письмом Леонтьеву-Щеглову: "Пишу степной рассказ. Пишу, но чувствую, что не пахнет сеном" (П. 2, 166). В день окончания "Степи" Чехов пишет Плещееву: "Пока писал, я чувствовал, что пахло около меня летом и степью" (П. 2, 185).

2. Убив ребенка, Варька тоже «смеется от удовольствия», но разница в том, что отсмеявшись, она «через минуту спит уже крепко, как мертвая…» (С. 7, 12).

3. Хочу выразить огромную признательность Вере Зубаревой за то, что она сделала все, чтобы я написала эту статью, не сомневаясь в ее окончании. Александра Бурака, Радислава Лапушина и Анну Музу благодарю за дружбу, понимание и советы, а Дарью Рылькову за то, что она заставила меня задуматься над началом любого проекта.

Литература

1. Гоголь, Н.В. Полное собрание сочинений. 1952, том 12. Код доступа: http://predanie.ru/gogol-nikolay-vasilevich/book/69207-pisma-1842-1845-gg/#toc3

2. Зубарева В. К. Чехов в XXI веке: позиционный стиль и комедия нового типа. Idylwild, CA, 2015.

3. Ларионова М. Ч. «««В нашей литературе он степной царь…»: степь Гоголя и Чехова". 2012. Код доступа: http://domgogolya.ru/science/researches/1213/

4. Летопись жизни и творчества А. П. Чехова. Том первый. 1860-1888. Составители: Л. Д. Громова-Опульская, Н. И. Гитович. М., 2000.

5. Рылькова Г. С. О понимании «следов человеческого бытия» на примере «Каштанки» А. П. Чехова. // Творчество А. П. Чехова в свете системного анализа. Редакторы В. К. Зубарева и М. Ч. Ларионова. Idylwild, Ca. 2015.

6. Суворин А. С. Дневник. Текстологическая расшифровка Н. А. Роскиной; Подготовка текста Д. Рэйфилда и О. Е. Макаровой. М., 1999.

7. Чехов А. П. Полное собрание сочинений и писем в 30 т., М., 1974-1988.

8. Чудаков А. П. Поэтика Чехова. М., 1971.

9. Finke M. Metapoesis: The Russian Tradition from Pushkin to Chekhov. Durham,1995, 134-166.

10. Karlinsky S. The Sexual Labyrinth of Nikolai Gogol. Chicago/London, 1976.

11. Lapushin R. Dew on the Grass. The Poetics of Inbetweenness in Chekhov. New York, 2010.

12. Said Edward. Beginnings: Intention and Method. New York, 1975.

13. Senderovich Marena. Chekhov's Existential Trilogy / Anton Chekhov Rediscovered: A Collection of New Studies With a Comprehensive Bibliography, ed. Savely Senderovich, Munir Sendich. // Russian Language Journal, 1987: 77-91.

14. Senderovich Savely. Anton Chekhov and St. George the Dragonslayer (An Introduction to the Theme) /Anton Chekhov Rediscovered: A Collection of New Studies With a Comprehensive Bibliography, ed. Savely Senderovich, Munir Sendich // Russian Language Journal, 1987: 167-87.

ОСОБЕННОСТИ КОМПОЗИЦИИ ПОВЕСТИ А.П. ЧЕХОВА «СТЕПЬ»

Анна Иосифовна Фрумкина

Россия, Москва

frum69@mail.ru, riri35@yandex.ru

На литературном пути Антона Павловича Чехова «Степь» – явление знаменательное. Эту повесть (первую вещь, предназначенную для толстого литературного ежемесячника) он писал на предельном напряжении творческих сил – «лучше сделать не умею» (П. II, 187) – и считал своим шедевром. Некоторые читатели, в особенности из числа художественной интеллигенции (Плещеев, Гаршин, Салтыков-Щедрин, Короленко и др.), приняли ее восторженно, но рядовая журнальная критика, воспитанная на перипетиях социальных и семейных романов, отнеслась к повести холодно. Она была воспринята как ряд несвязных сцен [Арсеньев 1888: 258–259], и лирический стержень ее остался незамеченным. И по сей день в оценке построения «Степи», ее содержания и жанра существует большая разноголосица.

По мере привыкания к чеховской манере письма и роста чеховской славы критика перестала считать своеобразное построение повести несовершенным.

Многие критики полагали: единство повести поддерживается тем, что, как писал об этом сам Чехов, «через все главы… проходит одно лицо» (П. II, 173) и с точки зрения этого лица (мальчика Егорушки) читатель оценивает все происходящее. Иные находили, что это сближает «Степь» с детскими повестями Чехова. Другие возражали, что в «Степи» нет настоящего развития характера мальчика. Более того, нашлись исследователи, которые заметили, что поэтические пейзажи и медитации, встречающиеся в повести, не всегда могут быть доступны детскому взору и сознанию, и приписали их «скрытому повествователю».

А.П. Чудаков в своей книге «Поэтика Чехова» достаточно подробно разбирает и классифицирует различные мнения о жанре «Степи» и способе ее построения. Он справедливо отмечает, что повествователь вовсе не везде «прячется» за путешествующего Егорушку. Есть места, где он прямо выявляет себя текстуально (эти случаи в повести немногочисленны, они приводятся и в нашем разборе). «Аспект центрального героя в «Степи, – пишет А.Чудаков, – графически не дал бы непрерывной линии… Время от времени обстановка изображается через восприятие других персонажей – Ивана Ивановича, всех пассажиров брички вместе, подводчиков ("Подводчикам свет бил в глаза, и они видели только часть большой дороги"). Кроме того, перерывы образуются благодаря лирико-философским монологам повествователя, занимающим целые страницы. И, в-третьих, помимо прямого вмешательства повествователя, в повести используется еще один способ, позволяющий выйти за пределы восприятия Егорушки. Этот способ – включение аспекта изменившегося сознания героя, мыслей выросшего Егорушки или представлений, какие у него могли быть, обладай он "богатой фантазией"» [Чудаков 1971: 117].

Чудакову принадлежит также бесспорное наблюдение: при изображении самых высоких сфер человеческого духа Чехов допускает только поэтическое слово, а не декларативное. «Речь повествователя ритмически организуется. Слово обрастает дополнительными смыслами, по своей семантике приближаясь к стиховому» [Чудаков 1971: 274].

А.П. Чудаков фактически присоединяется к мнению некоторых современных Чехову критиков; он считает, что «Степь» скомпонована из относительно самостоятельных новелл, объединенных достаточно условным образом Егорушки, что главной новацией Чехова является введение в композицию повести «случайностного» элемента. Чудаков также замечает, что мысли и наблюдения повествователя имеют в повести большее значение, чем детали, схваченные взором мальчика, но исследователь не объясняет соотношения между этими двумя субъектами восприятия и причины появления именно героя-ребенка в роли связующего звена всей повести.

В отличие от Чудакова, мы рассматриваем повесть «Степь» как центростремительный, замкнутый тип построения с «началом» и «концом», с подъемом, кульминацией и спадом. Кажущаяся непрерывность видения может создать впечатление, что в поле зрения читателя наряду с необходимым входит случайное. На самом деле это лишь иллюзия отсутствия отбора, связанная с тем, что способ соположения существенного в этой повести иной, чем в прежних повествовательных формах.

В поэтике и лирической проблематике «Степи» все основные черты зрелого творчества Чехова впервые проявились ярко и полно. Вместе с тем построение повести весьма необычно и имеет мало аналогов во всей мировой литературе и даже среди произведений самого

Чехова. Тем важнее с историко-литературной и с теоретической точек зрения разобраться в ее архитектонике.

В настоящей статье мы ставим своей целью наметить основные подходы к тому. что можно назвать «загадкой» уникальной повести Чехова.

«Степь» – произведение высокосовершенное и цельное. Причем цельность и единство повести – это лирическое единство, т.е. не «единство действия», а единство плана выражения. Основу – раму – сквозную тему ее композиции составляет поездка мальчика Егорушки из уездного города N в губернский город Z для поступления в гимназию. Егорушка в этой поездке лицо страдательное, он не заинтересован в ней и не имеет своей цели в повести. Также пассивны подводчики и другие лица, «случайно» и ненадолго встреченные в пути Егорушкой; всякие их целенаправленные практические действия, например перипетии о. Христофора и Кузьмичева на пути к выгодной продаже шерсти, тщательно исключены из композиции повести, оставлены в «засценическом действии».

Повествование слагается из смены впечатлений и случайных приключений Егорушки (столкновение с Дымовым, встреча с графиней и т. п.), но композиция повести держится не ими, а сложной целостностью восприятия.

При чтении повести создается впечатление, что в ней описано без изъятия все, что Егорушка сумел увидеть и перечувствовать в степи. Единство и «непрерывность» видения – то формальное основание, которое объединяет все пейзажи, размышления и происшествия, вошедшие в повесть. Что поддерживает это впечатление?

Во-первых, прямое развитие повествования, без параллельных (во времени) рукавов, без отступлений в прошедшее и будущее Егорушки. Во-вторых, в тех случаях, когда длинная вставная новелла (рассказы о разбойниках – гл.VI , рассказ о сватовстве Константина Звоныка – гл.VI) или большой монолог (монолог о. Христофора в гостинице – гл. VIII) грозят оторвать наше внимание от прямого движения повествования, повествователь то и дело перебивает речь персонажа деталями, возвращающими читателя к месту и времени основного действия, так что единство времени и пространства сохраняется. Самый яркий пример этого – упоминания о костре, который то разгорается, то гаснет на протяжении рассказов о разбойниках. Ту же роль – закрепителя единства пространства и времени – играют дверь, визжащая на блоке в постоялом дворе, слуга в белой рубахе, несколько раз входящий в комнату во время болезни Егорушки, «три знакомые бекаса», не раз прилетавшие к ручью, и многое другое из того, что встречается Егорушке в пути.

Существенным является и то, что большая часть впечатлений и воспоминаний Егорушки (кроме воспоминаний о прошлом, вызванных острогом и кладбищем на самых первых страницах повести) получена в дороге, так сказать, совместно с читателем. Например, пять упоминаний белых цветов вишни, крестов и памятников на кладбище, обнесенном булыжником, закрепляют этот образ в нашей памяти. Когда через много страниц воспоминания о кладбище всплывают в мыслях Егорушки, это уже отчасти «общие» с читателем воспоминания.

Такую же роль играют повторяющиеся предварительные упоминания о событии: читатель много раз вместе с Егорушкой слышит имя Варламова, узнает о его силе, власти, тяжелом характере и пр.. Их (т.е. читателя и Егорушки) совместное любопытство подчеркнуто прямым вопросом: «Кто же, наконец, этот неуловимый, таинственный Варламов, о котором так много говорят, которого презирает Соломон и который нужен даже красивой графине?» (С. VI, 49). И когда Варламов появляется, читатель разделяет с Егорушкой его пристальное внимание к Варламову, ожидание «чудес» и уже подготовлен к итоговой фразе рассказчика: в нем «чувствовалось сознание силы и привычной власти над степью» (С. VI, 89).

В повествовании два грамматических времени: прошедшее, к которому относится все основное «жанровое» изложение и «стихотворение в прозе» – «Песня травы», как мы назвали его для удобства изложения, и настоящее. К настоящему времени относятся самые яркие описания дневной и ночной степи – большая часть «стихотворений в прозе» и их обрамление, а также всякого рода обобщения философского и юмористического характера. Настоящее время – это время лирическое, оно максимально приближает нас к личности автора и его личному впечатлению или, наоборот, осуществляет приближение, обращаясь к обобщенному опыту «каждого». Вместе с тем эти написанные в настоящем времени включения заполняют собой «пробелы» повествовательного времени, поддерживают ощущение его «непрерывного» течения. Например, развернутое описание знойной июльской степи (днем) в первой главе, включающее в себя «стихотворения» «Коршун» и «Тополь», следует за ремаркой «наступило молчание», а описание ночной степи (гл. III, «стихотворение» «Ночная степь») вплетено в мысли засыпающего Егорушки. Эти включения замещают куски повествования, в которых Егорушкина впечатлительность как бы приостанавливается на неопределенное время.

Пустоты времени заполняются не только пейзажами, но и речами некоторых персонажей, имеющими тенденцию к бесконечному повторению (Пантелей, о. Христофор). Кроме того, «пропущенное» время прячется в паузах между главами II–III, VI–VII.

Единство ощущения пространства создается тем, что повесть пронизана (как бы прочеркнута пунктирами) множеством повторяющихся впечатлений Егорушки от предметов, разговоров, известий и воспоминаний о них. Впечатление, очень рельефно данное в развернутом пейзаже или необычном определении, может быть в редуцированной форме повторено еще и еще раз.

Это детали описания местности: «лиловые холмы», «лиловая даль», «загорелые холмы» и т.д.; большая группа степных растений: бурьян, молочай, конопля, сжатая рожь, тополя; предметов: булыжник, каменные бабы, телеграфные столбы и т.п.; степных птиц: чибисы, коростели, стрепеты, коршуны – и насекомых. Группы эти встречаются в самых разных по составу вариантах, описываются при неодинаковом освещении (предрассветном, утреннем, дневном, ночном). Поэтому они, переливаясь из страницы в страницу, производят впечатление единства, а не однообразия. Но будучи впервые, при определенном освещении (например, при томительном зное дня), описаны очень подробно, они в дальнейшем течении рассказа рисуются всего несколькими штрихами: «снова поля, холмы, грачи». С одной стороны, этот прием увеличивает вместимость произведения, это один из способов лаконичного изложения. А с другой – так образуется подобие читательского уже привычно скользящего внимания столь же равнодушному, «пригляdevшемуся» к надоевшему пейзажу взгляду Егорушки.

В конце «степной» части повести и по приезде в город происходит даже своеобразный смотр людей и вещей степи: сон–бред Егорушки, последняя встреча с бричкой во дворе гостиницы и т.п. Этот прием подчеркивает замкнутость системы – внутреннее единство повести.

Описание дороги позволяет представить себе направление движения и широту степи. Например, целая «сказка» о том, как бричка все уезжала и подъезжала по дороге к ветряку Болтвы, похожему на человечка, и в конце концов, так и не приблизившись, оставила его далеко позади. Множество раз «человечек» мелькает на первых страницах повести и машет крыльями, вот уже совсем был близок – и снова мимо, так что читатель готов воскликнуть вместе с путниками: «Каков колдун!».

«Расширяется» степь от острого взгляда подводчика Васи, который видит играющих лисиц и зайцев, умывающихся лапками. Он же замечает появление прохожего в ночной темноте (сцена у костра – гл. VI). Изображение постепенного приближения и отдаления шагов прохожего, разговоры Кирюхи и Васи «недалеко в балочке», дальний огонек преображают черноту за световым кругом в пространство ночной степи, образуют простор, имеющий длину (дальний огонек на дороге) и ширину (шаги «по степи»).

Указывая на «единство восприятия», характерное для лирической композиции чеховской повести, мы до сих пор (для предварительной простоты изложения) определяли его как единство впечатлений героя повести – Егорушки. Однако в действительности лирический субъект восприятия в «Степи» сложен и многопланов, и это чрезвычайно существенно для уяснения архитектоники повести.

Строй повести при внимательном рассмотрении обнаруживает три взаимосвязанных плана восприятия.

1). План Егорушки дает формальную мотивировку «случайному» следованию событий, поддерживает высший (общий) поэтический план повести детской свежестью восприятия прекрасного и верой в возможность неожиданного, сказочного (великаны, идущие за возом (С. VI, 96) и небывалого («ему стало казаться, что …пела трава» (С. VI, 28). Способность Егорушки превращать незначительные эпизоды в события, увлекающие читателя (встреча с мальчиком Титом, разглядывание кузнечика и пр.), поддерживает динамизм повествования.

Затем повесть передает ощущение жизни, освобожденное от житейской практики, движения души, свободно отраженные в природе. В рамках реализма только личность ребенка, поставленная в центр повествования, может оправдать такое выключение из житейски детерминированного будущего и прошедшего, такую интенсивную жизнь в настоящем – особенность, без которой лирическая повесть не может состояться. Наконец, в размышлениях Егорушки заземляется полет лирико-философской мысли автора и всех взрослых персонажей – заземляется и окрашивается легким юмором. Благодаря этому повествование избегает философского итога, абсолютизации авторской мысли и в то же время имеет лирический итог, лирическую завершенность.

2). План рассказчика (повествователя) совместно с планом Егорушки формирует композиционный слой повести, который может быть назван жанрово-бытовым. Именно рассказчику принадлежат некоторые поэтические и юмористические обобщения внутри «жанровых» эпизодов. Рассказчик – лицо, полускрытое за спиной путешествующего Егорушки. Обычно их голоса переходят один в другой, переливаются в одной и той же фразе. Но иногда голос рассказчика, как отмечает и А. Чудаков, явственно отделим от голоса Егорушки. «Теперь Егорушка все принимал за чистую монету и верил каждому слову, впоследствии же ему казалось странным, что человек, изъездивший на своем веку всю Россию, видевший и знавший многое, человек, у которого сгорели жена и дети, обесценивал свою богатую жизнь до того, что всякий раз, сидя у костра, или молчал, или же говорил о том, чего не было» (С. VI, 80). Или: «Русский человек любит вспоминать, но не любит жить; Егорушка еще не знал этого, и прежде, чем каша была съедена, он уже глубоко верил, что вокруг котла сидят люди, оскорбленные и обиженные судьбой» (С. VI, 71).

В лирических размышлениях «рассказчика» дан обобщенно-философский план «каждого» человека («всякого, любого»). Формально это выражается частым употреблением неопределенно-личной формы глагола. Для последующих выводов важно отметить, что необъятный и вечный космос именно «рассказчику» представляется подавляюще равнодушным сравнительно с короткой жизнью человека и наводит его на размышления о смерти: «Когда долго, не отрывая глаз, смотришь на глубокое небо, то почему-то мысли и душа сливаются в сознание одиночества. Начинаешь чувствовать себя непоправимо одиноким, и все то, что считал раньше близким и родным, становится бесконечно далеким и не имеющим цены. Звезды, глядящие с неба уже тысячи лет, само непонятное небо и мгла, равнодушные к короткой жизни человека, когда остаешься с ними с глазу на глаз и стараешься постигнуть их смысл, гнетут душу своим молчанием; приходит на мысль то одиночество, которое ждет каждого из нас в могиле, и сущность жизни представляется отчаянной, ужасной» (С. VI, 72).

3). Третий план повествования – чисто поэтический. Объектом повествования в нем является по большей части степь и ее «атрибуты», которые при посредстве олицетворений, уподоблений и других специфических поэтических приемов приобретают свойства живых, говорящих и действующих лиц. Глубина прозрения и необычный стиль этих описаний, нередко поданных как самовыражение Степи, заметно отличают их от жанрово-бытового слоя, от стиля «рассказчика», апеллирующего к опыту «каждого человека», и от наивного взгляда Егорушки, хотя зачастую они переплетаются с тем и другим в тексте. Этот третий пласт выражения мы условно назовем планом художника. В плане художника (в противоположность плану рассказчика-«жанриста») природа перекликается с настроением человека, «космическое» время сливается с «человеческим». Человек и «космос», степь и жизнь, представляются здесь уже едиными и близкими в своей судьбе, а не отторгнутыми друг от друга. Наиболее ясно план художника различим в ритмоидах и «стихотворениях в прозе», встречающихся в лирической ткани повести.

Текст повести имеет много формальных примет поэтического: помимо нескольких «стихотворений в прозе», он включает большую группу поэтических вкраплений, которые уместно назвать подобиями, – в них поэтический смысл изображения поддерживается на ритмическом и звуковом уровне; наконец, это предметно-изобразительные и тематические повторы, внелогическим образом скрепляющие текст. Но о поэтической организации повести можно говорить и в более широком смысле.

На перекрестке всех дорог, где сходятся все реальные и условные лица, на стыке разных планов, где «стихотворения в прозе» внезапно переходят в бытовые диалоги, а мысли мальчика – в рассуждения старика, где серый забор мирно соседствует с «загорелыми» холмами, а сказочные великаны уживаются с мужиками из Глинова, - на этом главном перекрестке, называемом читательским впечатлением от «вещи в целом», формируется высшая поэтическая реальность повести, ее «содержание». Оно объединяет весь текст произведения от первого слова – заглавия «Степь» до последнего (в повести) – «жизнь». Субъект этого содержания – автор – лицо не литературное, а исторически реальное. Способ изложения – лирический, т.е. имеющий целью непосредственное включение читателя в мироощущение автора.

Вместо привычного фабульного движения мы находим в повести подобие «музыкального» построения – соразмерное сочленение и развитие мотивов, их ассоциативный монтаж. Это справедливо и для построения отдельных «степных» (т.е. «поэтических») глав, и для макроструктуры повести.

Как в первой главе, так и во всей повести одни части – поэтические с вкраплением или отблеском жанрового, другие – жанровые с вкраплением или отблеском поэтического. Все эти части повести приблизительно равновелики или составляют известное соответствие друг другу. Поэтому те сцены, которые кажутся случайными и не столь уж много могут добавить к символической цепочке *человек – степь – жизнь*, например, сцена в церкви, встреча с Титом и т.п., вступая в это ритмически организованное целое, наравне с другими приобретают права единственности и необходимости.

Чехов всегда сохраняет приметы бытового видения вещи (в данном случае обжитой степи и ее деталей), он никогда не переходит к той чисто символической, строго замкнутой в себе и потому несколько абстрактной системе, к которой тяготели Метерлинк или поздний Ибсен. Его жанр – пограничный. Эпизоды повести присоединяются друг к другу по способу ассоциативного монтажа, в их выборе – хотя несомненно можно проследить его основную направленность – свобода большого поэта, опирающегося на внелогическую («подтекстовую») связь. Ассоциативные сближения никогда полностью не совпадают с авторским видением, они видоизменяются в зависимости от личного опыта каждого читателя. Тем не менее возможно проследить основные «музыкальные» темы и мотивы повести. Их движение дает повести содержательность и глубину и делает ее *структурой* (поскольку случайное сцепление прекрасных сцен не есть еще произведение искусства).

Главные темы «Степи» – жизнь и смерть. Человек и вечный космос. Эти темы возникли в мыслях Егорушки на рассвете при выезде из родного города («а бабушка спит, спит…»), потом наступает утро – юность дня, все оживает, но вскоре жара и однообразие гасят эту радость, становится скучно, возникает вопрос о смысле жизни («стихотворение» «Коршун»), об одиночестве красоты в этом мире и бремени этого одиночества («Тополь»). Летний полдень вступает в тему сценой с кузнечиком (равнодушие тварей к жизни и смерти) и противоположным пониманием смысла жизни у фанатика дела Ивана Ивановича – и у благодушного «счастливца» о. Христофора – ни одно дело не могло, «как удав … сковать его душу» (это их разное представление о жизни уже сквозит в первой сцене повести – сцене отъезда из города N). На постоялом дворе у Мойсея Мойсеича спор о смысле жизни разыгрывается вовсю. Здесь встречаются шут из корысти Мойсей Мойсеич, трагический шут Соломон – фанатик бессребреничества, умный, но смешной и злой человек, отчасти похожий на «нечистого духа», известные нам путешественники, красивая графиня, «чем-то» похожая на прекрасный тополь, ее алчный управляющий, и надо всеми нависает авторитет еще неведомого Варламова. Впечатление житейского «счастья» о. Христофора наполовину обесценивается его бессмысленной приниженностью в сцене с графиней.

Путники снова в степи. Наступает прекрасная степная летняя ночь. В разговорах по выезде продолжается тема о человеческом «счастье». В Егорушкиных мечтах жизнь красивой графини представляется сказочной. Мысли его путаются. Начинается описание ночи – поэма «Ночная степь». Душа человека перекликается с природой, в своем расцвете она охватывает все сущее и стремится к творчеству, к воплощению. Это кульминация повести – необычное, внеобыденное решение темы (план художника).

Дальше идет постепенный спад темы, вступают в рассказ ее житейские, нетворческие варианты (в масштабе чувств «каждого человека»), явственнее становится тема смерти: наступает следующий вечер и созерцание неба наводит на мысль об одиночестве, которое ждет каждого из нас в могиле. Егорушка вспоминает бабушку, но «лично для себя он не допускал возможности умереть и чувствовал, что никогда не умрет…» (С. VI, 73). После этого столь утешительного размышления тема смерти не обрывается. «А Пантелей, которому пора уже было умирать, шел внизу и делал перекличку своим мыслям» (С. VI, 73). Это были мысли о гибели его семьи. Затем следует привал у двух крестов, поэтические медитации о душе неизвестного человека в одинокой могиле, романтические рассказы о гибели купцов и, наконец, размышления о том, что жизнь страшна и чудесна, как небылицы.

После небольшого бытового абзаца следует сцена «явления» счастливца Константина. И его любовное счастье в своей полноте так же соседствует с тоской, как и ночная полнота степной жизни. «Всем … захотелось тоже счастья» (С. VI, 85). Сонные мысли Егорушки о счастье связаны с графиней: с ее красотой, любовью, богатством. Они окрашены добрым авторским юмором. Появление Варламова – «властелина степи» – резким бытовым штрихом поворачивает тему: у Варламова жизнь тоже полна до краев, но не счастьем, не любовью, а властью.

Тема «смерть – жизнь – красота – счастье» завершена. И надо заметить, что каждый раз выход из неразрешимой и, казалось бы, трагической для человека коллизии найден в детских ощущениях Егорушки, в его наивности и родстве с природой.

Особое ответвление главной темы составляет развитие стихийного бунта: сила жизни, не нашедшая себе выхода в счастье и творчестве, выливается в бессмысленное разрушительное буйство. Эта подтема нашла воплощение в степной грозе и в характере Дымова. Во второй главе путники радуются предгрозовой свежести. Но в седьмой и восьмой главах уже видно, что этот путь не ведет к гармонии и полноте бытия. Эта тема появляется сначала под сурдинку – перед вечером первого дня путникам почудилось предгрозье. Все оживились, забеспокоились, но то была ложная тревога. Конфликт с Дымовым развивается постепенно с середины четвертой главы. Высшая точка сопоставления «Дымов – гроза», кульминация подтемы – в седьмой главе. Но этот второй взлет по сравнению с главной поэтической кульминацией повести (поэма «Ночная степь». гл. VII) представляет некоторое снижение и постепенный переход к «жанру». Структурно сцена грозы – это менее системный текст, чем указанные «стихотворения в прозе»: в ней слабее поэтическая организация.

Такова очень грубая схема движения поэтической мысли в «Степи».

Время и пространство повести не ограничены «реальным» движением вослед Егорушке. Система меняющихся грамматических времен, метафоры и сравнения обобщают время действия повести и приравнивают его к другим эпохам жизни человечества.

Правда, есть две-три приметы конкретного исторического времени, например железные дороги, пароходы, фабрики. Но во всех этих: «Когда долго, не отрывая глаз смотришь на глубокое небо…», «…едешь и вдруг видишь…» – время становится неопределенным, и непонятно, едешь ли ты в «ветхозаветные» времена, когда росли «детки Иакова» (из речей Мойсея Мойсеича), или в легендарные, когда жили богатыри и разбойники. Или даже в «райские», когда занятия ангелов ясно были видны человеку («ангелы-хранители, застилая горизонт своими золотыми крыльями, располагались на ночлег; день прошел благополучно, наступила тихая, благополучная ночь, и они могли спокойно сидеть у себя дома на небе» (С. VI, 72). Души блуждают по земле, тени ходят по равнине, как облака по небу, в необъятной степи звезды равнодушны к человеку. И это так же сильно ощущается, как на море, и создает особое, созерцательное, поэтическое настроение…

Почти невозможно охарактеризовать коротко сложное мироощущение художника, вызвавшее к жизни такое глубокое, со многими взаимоотражениями реальностей произведение, как «Степь». Мы вынуждены ограничиться указаниями на три основные линин лирического сюжета: знойная степь с ее расцветом, красотой и одиночеством; гроза с ее бессмысленным, но захватывающим буйством и обыденная жизнь с гимназиями, деньгами и покосившимся серым забором, затеняющим грустью финал повести и будущее Егорушки.

Но неопределенная грусть финала («Какова-то будет эта жизнь?» – последние слова «Степи») и мелодия тоски и одиночества не определяют своеобразия повести в ряду других произведений Чехова и не дают ключа к пониманию ее главного смысла. Самая заметная черта «Степи» – приглушение резких, потенциально драматических конфликтов, отсутствие уродливого и страшного… Не совсем еще потерял совесть Дымов, не столкнулись при нас Соломон и Варламов, подобрело при расставании инквизиторское лицо Ивана Ивановича и т. д. И, минуя все бездны страшного, «Степь» сверкает яркой праздничностью и чрезмерной – до тоски – полнотой расцвета (как встречный счастливец в белых одеждах). Это радость человека (и художника), который полностью растворил в себе мир и ощущает себя не одиноким, а единственным, потому что все внутри него. В глубине этой радости светится стихийное ощущение своей неуничтожимости, иллюзия, что такая гармония душевных и телесных сил не может, не должна исчезнуть с земли. Таков лирический итог повести.

Литература

1. Арсеньев К. Современные русские беллетристы. // Вестник Европы, 1888, № 7. С. 258–259.

2. Чудаков А.П. Поэтика Чехова. М., 1971.

II.

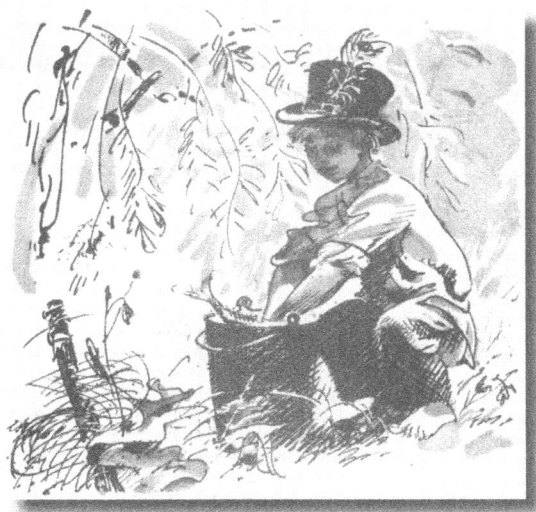

рис. С. Монахова

RETHINKING CHEKHOV'S «STEPPE»:
MORAL LESSONS AND THE LACONISM OF FRAGMENT

Carol Apollonio
Duke University
flath@duke.edu

Chekhov famously says that he doesn't answer questions, only poses them. He doesn't actually do that, though, in any overt way; rather, he simply offers a view of the world in which, based on the elements of the story, we intuit the questions that need to be asked. In this way, not only the questions, but also the terms of the conversation, depend on the reader. In the famous lyrical passage in Chapter IV of *The Steppe*, the poet–or the little boy, or the narrator, or Chekhov himself–listens as the title character, suffering from an excess of feeling and an awareness of her beauty, calls out for a bard:

> И в торжестве красоты, в излишке счастья чувствуешь напряжение и тоску, как будто степь сознает, что она одинока, что богатство ее и вдохновение гибнут даром для мира, никем не воспетые и никому не нужные, и сквозь радостный гул слышишь ее тоскливый, безнадежный призыв: певца! певца! (С. VII, 46)

The story represents Chekhov's answer to this appeal, an answer that is indeed musical and lyrical in nature. It is not the final answer, though. *The Steppe* itself–the story–calls out for a reader (an implicit "читателя! читателя!"). What we read is only half of a dialogue; the other half is the questions that emerge in our mind in response to the text's specifics. There are as many questions as there are readers, but inevitably many of them will raise issues of right and wrong. Such questions pose a particular kind of challenge. On the one hand, Chekhov asserts categorically that he does not offer moral lessons; on the other, his works teem with what we could call moral potential. They call out not just for a reader, but also for a philosopher. In seeking ways to find and pose the moral questions in Chekhov's text, we should keep in mind that moral thinking is not absolute; concepts of right and wrong emerge in human relationships and human stories, rather than in static sets of rules or precepts.

What are the questions of *The Steppe*? During Chekhov's period of writing (the 1880s and 1890s), the dominant trend in criticism was utilitarian, tendentious, political, and moralistic. Critics demanded explicit engagement with the injustices of the day and expected that writers would offer solutions to them. The lack of an overtly stated political message in Chekhov's *The Steppe* and the sense of leveling among disparate elements and motifs of the text annoyed contemporary liberal critics. Such a reader was N.K. Mikhailovsky, who served on the editorial board of *Severny vestnik*, where the story was published in March 1888. Upon reading the proofs, Mikhailovsky writes to Chekhov on 15 February:

> As I read *The Steppe*, I kept thinking what a sin you committed by tearing yourself into shreds, and what a completely terrible, unforgiveable sin it will be if you continue to tear yourself up even now. As I read, I envisioned a giant walking along a road, himself not knowing where and why, flexing his bones and, unaware of his immense strength, not even thinking about it, tearing up a seedling, or uprooting a tree from the ground, all with equal lightness of touch and not sensing any difference between these actions. [– my translation. CA]

> Читая «Степь», я все время думал, какой грех Вы совершали, разрываясь на клочки, и какой это будет уж совсем страшный, незамолимый грех; если Вы и теперь будете себя рвать. Читая, я точно видел силача, который идет по дороге, сам не зная куда и зачем, так, кости разминает, и, не сознавая своей огромной силы, просто не думая об ней, то росточек сорвет, то дерево с корнем вырвет, все с одинаковою легкостью и даже разницы между этими действиями не чувствует. [Mikhailovskii 1888: 216-17]

Mikhailovsky was vigilant of Chekhov's moral stance; he certainly must have hoped that in this transition to a thick journal the writer would publically renounce the unsavory political views of his former associates in the ephemeral press. In a subsequent letter to Chekhov at the beginning of March (1888), Mikhailovsky writes "не индифферентны Ваши рассказы в "Новом времени",–они прямо служат злу" [Mikhailovskii 1888: 217-18]. The critic bases his judgments here not on the earlier stories' content, for no less than *The Steppe* they lacked an identifiable political or social message, but on association: that they were published in *Novoe vremia* by ultra-conservative editor Aleksei Suvorin. Given the mismatch between their points of view, it is not surprising that this exchange marks the end of the (known) correspondence between the writer and the critic. But the orientation to *relationship* as a source of moral significance–guilt by association–is not limited to primitive contemporary readers like Mikhailovsky. It infuses the world of Chekhov's texts, and emerges in the interaction between the texts and their readers. Association (connection, contiguity, interaction, relationship) an offer some clue to grappling with the morality of Chekhov's apparently amoral prose.

In prose works, redundancy and superfluous elements can contribute to a sense of verisimilitude, a key value in realism. But poetic and lyrical elements dominate in Chekhov's works. In his authoritative discussion of "laconism," Peter Bitsilli argues that nothing in a Chekhov story is superfluous; there is no redundancy, and every word contributes uniquely to the wholeness of the text overall. Bitsilli's reading emphasizes the poetic structure of Chekhov's narratives, showing how different textual levels interact to convey a common unifying principle. For example, landscape description, by reflecting the emotional states of characters, contributes to the plot, and both plot and landscape serve the overall spirit of the text. In this system of interconnected elements, "nothing can be replaced by anything else; otherwise, the entire system collapses" [Bitsilli 1983: 35]. This holistic unity emerges in relationship between the individual pieces of the text and the whole sum of its parts.

Bitsilli's analysis is structuralist. It has no need for principles, viewpoints, or references from outside the text [Note 1]. Meanwhile, though, the reader seeks real-world relevance — a prosaic, rather than a poetic value. We crave to read not only aesthetically, but also ethically. This may be inevitable; there is something about narrative in general that implies moral instruction:

> Narrative ethics explores the intersections between the domain of stories and storytelling and that of moral values. Narrative ethics regards moral values as an integral part of stories and storytelling because narratives themselves *implicitly or explicitly* ask the question, "How should one think, judge, and act — as author, narrator, character, or audience—for the greater good? [Phelan 2014; *my emphasis*–CA.]

Primitive narratives–fables, political speeches, advertisements, positivistic and utilitarian criticism – state their message *explicitly*. Subtle narratives (Chekhov's stories) work *implicitly*. In the context of a politically committed criticism, the absence of an overt message in the story is only an invitation to find one on a deeper level. It will take the form of hints, shreds of conversation, maxims, exhortations, suggestions, examples, and questions that emerge through the story's references to themes of right and wrong, morality, justice, and judgment. As Chekhov embarks on his first major work for a thick journal, he is fully aware of the weight of two contexts–that of contemporary critical expectations and that of the literary tradition. In his public statements he pushes back against the demands of critics for explicit messages, proclaiming himself a free artist. In other words, he calls for poetic readers, not prosaic ones. Nevertheless, he structures *The Steppe* very consciously as a journey to education, implying some kind of didactic message. In fact this and his other stories do address the Russian "accursed questions," and do so with considerable rhetorical power. Themes of guilt and innocence, justice and injustice permeate *The Steppe*. Because they merge with the story's rich poetic elements, enjoy no hierarchical privilege in the text, and are presented with characteristic understatement and reticence, they can be easily missed. This non-privileged embeddedness of moral themes within in the text as a whole distinguishes Chekhov's treatment of ideas from that of his predecessors. As Alexander Chudakov observes,

> The [Chekhov] character is embellished with many secondary or 'unimportant traits—traits which are irrelevant to the idea and shed no light on it. As a result the impression is created that it is not so much the idea itself which is important, but its sphere of existence—the person himself, with all his traits extraneous and incidental to the idea. It is not so much the idea itself as it is its embodiment; it is not the quality of the suit, but the way it's worn and the person who wears it [Chudakov 1983: 200].

This is consistent with Chekhov's non-hierarchical principle conveying different points of view, examined by Radislav Lapushin in his analysis of the story [Lapushin 2012: 206]. Any ideological and moral message contained in the text enjoys no advantage by comparison with the other elements, rendering the reader's task both more challenging and more rewarding.

The craving for a moral message that some philosophers consider intrinsic to storytelling takes a unique form in Chekhov's writing. It is an often-noted fact that though the laconism of Chekhov's stories identified by Bitsilli gives a hermetic sense of completeness, the whole lacks–as both

Chekhov's characters and his readers note–an identifiable "general idea." One way to characterize the general idea is to call it an object of yearning, something implicit in the feeling of incompleteness that infuses every individual detail in the story. Borrowing the title of Nikolai Leikin's journal *Fragments* (*Oskolki*), where Chekhov published many of his early comic stories, we identify this principle as one of *fragmentation.* Everyone and everything is a fragment, lacking something. The young hero longs for his mother; his uncle strives to sell his wool; the steppe longs for a poet; Chekhov yearns for a reader who will understand his writing. The fact that the yearning experienced by Chekhov's characters generally takes an emotional form—tears, feelings of *toska*—may distract from the possibility that the object of desire might be intellectual and moral in nature. Indeed, the reader yearns for a positive message, for advice and guidance. Chekhov's small protagonist serves to dramatize this yearning. Although the story lacks direct authoritative statements of such a message, *The Steppe* actually abounds in them, as the boy's elders (his uncle, Father Christopher, and Pantelei), all offer moral maxims and commands—in an abundance of utterances in the imperative mode. The fact that Egorushka's journey takes the explicit form of a journey to education only reinforces this sense of *The Steppe's* strong ethical core.

The Steppe is fragmentary; it offers glimpses, scenes, and episodes; its plot seems incidental and contingent in its logic. Generations of readers have objected to this apparent weakness in construction; even as astute a modern reader as Ronald Hingley calls *The Steppe*, by comparison with such other works as "A Boring Story" and "Ward Number Six," "just a sequence of charming sketches" [Hingley 1989: 97]. The reader is presented with a mass of episodic material in need of a unifying perspective, the notorious "overall idea" that critics demanded of the writer, and that Chekhov's first-person narrator names as a central problem in *The Steppe's* companion piece, *A Boring Story* (1889). To the writer's contemporaries, the missing piece was political and ideological.

Other readers have identified the fragmentary nature of the plot, and have sought the missing piece on various other levels–plot, poetry, religious motifs, character. Chekhov's characters are seen as weak and lacking agency: Thomas Winner, for one, compares Egorushka, the nine-year-old protagonist of *The Steppe*, with picaresque heroes like Don Quixote or Gulliver, and finds him passive and weak [Winner 1966: 46]. Other readers such as Peggy Burge and Mark Swift trace textual echoes of biblical texts (primarily Ecclesiastes) to identify the missing link as religious; Michael Finke incorporates the references to Ecclesiastes in his reading of the story as telling of its own creation (its "metapoesis") [Finke 1995: 134-66]. Marena Senderovich applies the figure of a mosaic to Chekhov's poetics, "in which discrete parts are subordinated to certain larger patterns. [...] One must find a point of view which encompasses the works as unified aggregates" (M. Senderovich 1987: 77). She discovers the larger pattern by looking beyond the story's boundaries, juxtaposing *The Steppe* with two other works: "An Attack of Nerves" and "A Boring Story." Taken together, the three stories comprise Chekhov's never-written but intended novel, which Senderovich describes, convincingly, as the writer's "Existential Trilogy." Egorushka's lack of agency and his orientation on his own immediate material and sensual experience place him squarely in Kierkegaard's "esthetic" mode of experience, that is, that of a person "wholly submerged in the immediacy of being" [M. Senderovich 1987: 84]. Indeed, for Kierkegaard, this mode is characteristic of childhood. In this reading, "An Attack of Nerves" represents an instantiation of the "ethical" mode, whereby a character is given freedom of choice to solve a problem of existence; "A Boring Story" represents the "religious" mode by showing a character at the end of life, longing for the lost Absolute (85). When viewed as an isolated story, *The Steppe* seemed episodic; when read together with these two other stories, it turns out to be part of a complete, existential novel, autobiographical in nature and universal in import.

In his reading of *The Steppe*, Radislav Lapushin focuses on the relationship between fragment and whole within the story, juxtaposing a multitude of different points of view. Every element, including animals and plants, and even inanimate objects, possesses "a voice and perspective of their own in Chekhov's artistic universe" [Lapushin 2012: 205]. Taken individually, these elements are isolated in their subjectivity and threatened with atomization. Through lyricism and musicality, Chekhov creates what Lapushin calls a "poetics of reconciliation" of points of view that unites all of them, "blurring the borders between the observer and the object of observation, between the poetic and the mundane, universal and personal, animate and inanimate, human and non-human" [Lapushin 2012: 210].

If a relationship between fragment and whole is assumed to be dominant in Chekhov's poetics, any moral message of *The Steppe* should reflect this dynamics. We might begin by suggesting, along with ethicists, that a moral truth can emerge only in relationship, rather than in any direct statement of some universal principle. An absence of directly stated moral messages, or even of moral questions, does not mean that a work of literature lacks a moral identity. It might in fact mean that it is addressing moral issues in ways that only literature can, by presenting characters with relationships, dilemmas and choices fraught with good or harmful consequences. Indeed, ethics entails "putting yourself in another's place"—be it that of another human being, a blade or grass, or a corncrake, as Radislav Lapushin, quoting a letter by Chekhov, puts it. The key is empathy and emotional connection. To cite the results of a recent study of the role played by empathy in moral judgments, "There is a key relationship between moral judgment and empathetic concern […] Diminished emotional responses, specifically, reduced empathic concern, appear to be critical in facilitating utilitarian responses to moral dilemmas of high emotional salience" [Delaney 2013].

The Steppe abounds in references to right and wrong, guilt and justice, references that can be read as fragments of the larger, unspoken theme. The theme can be explored on several levels, by paying attention to the interactions between the individual elements of the story. Take the question of plot, for example. *The Steppe* strikes the reader first and foremost as a masterful description of the steppe, held together with the rudimentary, schematic trope of the journey. A child is taken away from his home to a strange town, where he is to be educated. But the boy's journey is far more than a simple movement through space; it is an education in itself–as Chekhov wrote in a letter, "an encyclopedia of the steppe" (П. II, 173) –providing moral, social, cultural, political, emotional lessons along the way.

Chekhov's art works through subtle hints; but at certain points the theme of justice and guilt makes itself known. As the plot develops, these hints gain weight and power through repetition, creating a rising moral tension that will culminate in what can be read as a scene of the Last Judgment. Monitoring Chekhov's use of the imperative mode can illuminate how this works. In Chapter II, the travelers stop by a spring to take a nap. Egorushka's uncle Ivan Ivanych Kuzmychov tucks a pouch (which we later learn is full of thousands of rubles) under his head to serve as a pillow, and places his little nephew on guard:

"I'm going to sleep; you keep watch and make sure no one steals this bag from under my head."

Я буду спать, а ты поглядывай, чтобы у меня из-под головы этого мешка не вытащили (С. VII: 22).

Then Deniska, the coachman, restates the motif:

"Watch and make sure no one steals the horses!"
– Поглядывай, чтоб кто коней не увел! (С. VII: 23)

These admonitions give both the child and Chekhov's reader the sense that there are thieves about. Then both of the guardians fall asleep, leaving the boy fully responsible, not only for the money at hand, but also for the success of the uncle's and Father Christopher's venture and, as it turns out, for his own future.

Does Egorushka feel the full weight of this responsibility? Do we readers even notice? Only later do we learn what is in the pouch. At this first rest stop, the motif of theft is only a subtle hint that brings with it no immanent sense of danger. But as soon as the boy's guardians fall asleep, the steppe takes up the theme of guilt and innocence. As Egorushka watches his sleeping guardians' faces, the grass begins to sing to him:

[...] he began to imagine that it was the grass that was singing; dying, already dead, in its song without words, but plaintively and passionately, it tried to convince some invisible listener that it was *not to blame*, that the sun was burning it *for no reason*; it claimed that it passionately thirsted for life, that it was young and would have been beautiful but for the stifling heat and drought; *it was not guilty, but still begged someone for forgiveness* and lamented that it was in unbearable pain, sad and sorry for itself..." (my emphasis).

[...] ему стало казаться, что это пела трава; в своей песне она, полумертвая, уже погибшая, без слов, но жалобно и искренно убеждала кого-то, что она ни в чем *не виновата*, что солнце выжгло ее *понапрасну*; она уверяла, что ей страстно хочется жить, что она еще молода и была бы красивой, если бы не зной и не засуха; *вины не было, но она все-таки просила у кого-то прощения* и клялась, что ей невыносимо больно, грустно и жалко себя...(С. VII, 24—my emphasis).

This is the Chekhovian version of the eternal Russian accursed question ("Who is to blame?" (Кто виноват?). Though the grass lacks human language, Egorushka hears it sing of guilt, of injustice, and of the need for forgiveness. When he finally identifies the source of singing, a peasant woman sowing, it is not at all clear that the morally potent words he imagined were in fact what she was singing. In this scene, and in others to follow, the questions move beyond human conversation and action, and infuse the whole natural environment. We readers find ourselves in a position like that of the young protagonist--seeking words to express the inexplicable moral significance in the song—that is, in *The Steppe* itself—story and place, and by analogy, in the world as a whole.

Uncle Ivan Ivanych's and Deniska's mentions of the possibility of thievery convey the impression that the steppe abounds in danger. The motif of theft recurs throughout the text, gaining force with each repetition. In Chapter IV, as the travelers leave the inn, under the fresh impression of their encounter with the beautiful Countess Dranitskaya, Yegorushka's uncle comments:

> "But that Kazimir Mikhailych really plunders her; Remember, three years ago, when I bought some wool from her, he scooped up three thousand on my purchase alone."
>
> — Да и здорово же обирает ее этот Казимир Михайлыч! В третьем годе, когда я у нее, помните, шерсть покупал, он на одной моей покупке тысячи три нажил (С. VII, 44)

The theme intensifies later, when Egorushka, left by his guardians to the protection of strangers, sits with the cart drivers around the fire as they tell horrifying stories of homicide and theft on the high road. These stories, and the two roadside crosses marking graves of murdered and robbed men, increase the feeling of danger, the need to be on guard, and the responsibility, that his uncle's and Deniska's admonitions planted in the boy's mind.

The rich descriptive details of what Egorushka sees around him throughout his journey mutes the theme of danger and transgression, subsuming it within his overall poetic text. This is one of Chekhov's most obvious departures from the literary tradition he inherited; Dostoevsky and Tolstoy placed guilt and injustice at the center of their works, and always anchored them in human experience. Chekhov also reinforces an impression of the theme's apparent insignificance through his plot; after all, the journey across the steppe, in spite of the boy's tears (at beginning and end), has a happy ending: nothing is stolen, the boy is safely delivered to the town, and Uncle Ivan Ivanych and Father Christopher both make a tidy profit on the wool. This does not mean, though, that *The Steppe* lacks morally fraught action. Whereas theft remains only a threat that never materializes, we witness physical violence both at the hands of human beings and as a natural phenomenon. *The Steppe* features repeated, intensifying episodes of "beating." First Egorushka witnesses the carter Dymov's murder of the innocent grass snake. At this point the boy's material and spiritual guardians are gone, and he is in the company of the cart drivers. Egorushka's vantage point is the highest in the entire steppe—which, along with his privileged social position as the member of a higher class, implies power and responsibility— as he looks down from the tall bale of wool atop his cart and witnesses an act of raw unmotivated human violence and evil:

> One of the cart drivers who were walking far ahead, dashed off from his place and started beating against the ground with his whip. This was a large, broad-shouldered peasant of around thirty with red curly hair, evidently a very sturdy and strong man. Judging from the movements of his shoulders and of the whip, and by the zeal expressed by his manner, he was beating some living creature.

> Один из подводчиков, шедших далеко впереди, рванулся с мест, побежал в сторону и стал хлестать кнутом по земле. Это был рослый, широкоплечий мужчина лет тридцати, русый, кудрявый и, по-видимому, очень сильный и здоровый. Судя по движениям его плеч и кнута, по жадности, которую выражала его поза, он бил что-то живое (С. VII, 52).

Then we learn what has happened. One of the cart drivers calls out:

> "Brothers, Dymov has killed a snake! For real!"
> --Братцы, Дымов змея убил! Ей-богу! (С. VII, 52).

After transgression comes judgment and commandment:

> "Jailbait!" shouted [Vasya] in a hollow, plaintive voice. "Why did you kill the little snake? What did he do to you, you cursed brute? Look, he killed a little snake! What if someone did that to you?"

> Каторжный! – закричал он [Вася] глухим, плачущим голосом. – За что ты ужика убил? Что он тебе сделал, проклятый ты? Ишь, ужика убил! А ежели бы тебя так?
> –Ужика нельзя убивать, это верно…бормотал Пантелей. –Нельзя. (52)

Against the markedly Old-Testament setting of the story as a whole (Swift, Finke), the episode itself, and the statements that follow carry strong moral force. Judgment here is voiced by human witnesses, and noticed by the observant child. The question, "Why did he kill the snake?" gains force in a trifold repetition. Egorushka repeats Vasya's question to his carter, the Old Believer Pantelei, who repeats the commandment:

> Egorushka: "Grandpa, why did he kill the snake?
> [Егорушка]–Дед, ну за что он убил ужика? […]
> [Egorushka]: "Grandpa, but why did he kill?"
> [Егорушка]–Дед, ну за что убил?
> [Pantelei]: "Man is stupid, his hands get itchy, that's why he kills. But one must not kill a grass snake."
> [Пантелей]–Глупый человек, руки чешутся, оттого и убил, – ответил старик. –А ужа бить нельзя. (С. VII, 52).

Egorushka's questions move from the specific to the general. First he asks "Why did he kill the snake?" but then, "Why did he kill?" The old man's use of the word "man" rather than Dymov's name also conveys the sense of a universal commandment. "Man is stupid, his hands get itchy, that's why he kills. But one must not kill a grass snake."

As with the theme of theft, the theme of gratuitous violence and bullying intensifies as the journey progresses. Dymov's violence increases in power with each new scene; he moves on from animal victims to human ones. Egorushka, meanwhile, grows from observer and questioner to victim, but then he begins to gain his voice, to gain an ability to express moral judgment (perhaps taking on the role of the steppe's *prosaic* bard and exposer of right and wrong). As Yegorushka enjoys an innocent swim in a river, Dymov grabs him by the leg, jerks him up to the surface, and reaches for his neck. Now Egorushka gains a voice of his own, and can shout out his condemnation:

> Fool! I'll punch you in the face! […] Scoundrel! Son of a bitch!
> Дурак! Я тебе в морду дам! (С. VII, 57) […] Мерзавец! Сукин сын! (С. VII, 58).

The human drama unfolds against the background of an increasing, parallel tension in the natural landscape. Throughout the journey, the steppe has been dry and thirsty. Everything in the steppe, including the human travelers, feels this thirst, which culminates in the magnificent storm of Chapter VII (a storm that will recur at key moments in Chekhov's future works, from "A Boring Story" to *Uncle Vanya*). The sense of foreboding in nature leads

Dymov to ever more aggressive acts against his companions, including the gentle Emelian. Now Egorushka speaks out not just for himself, but also for other victims of Dymov's violence. He serves as the voice of judgment, calling for revenge:

> "You are the worst of all! I can't stand you! [...] In the next world you will burn in Hell! I will complain to Ivan Ivanych! Don't you dare insult Emelian!"
>
> —Ты хуже всех! Я тебя терпеть не могу! [...] На том свете ты будешь гореть в аду! Я Ивану Иванычу пожалуюсь! Ты не смеешь обижать Емельяна! [...] Бейте его! Бейте его! (C. VII, 82-3)

For Egorushka this moment releases his pent-up longing for his mother, and he finally is able to cry out aloud for her ("Mama! Mama!" (C. VII, 83). Forsaken and cast to the whims of fate, Egorushka perceives everything around him to be "devoid of people and terrifying" (нелюдимым и страшным (C. VII, 83). For his part, possibly anticipating potential consequences from Egorushka's guardians, who, like the boy, are of a higher social class, Dymov at last feels contrite. He approaches the boy and apologizes in the only way he can, by inviting Egorushka to take revenge by beating him, using the imperative: «На, бей!». This elicits another flash of lightning (at that moment: в это время), but Dymov repeats the command: «Ничего, бей!» (C. VII, 84). Yegorushka makes the correct moral choice: he does not resist violence with violence, and refrains from hitting the abuser. In this way, the boy yields to a higher judge. And indeed, the moment Egorushka relinquishes the opportunity for revenge, the storm finally breaks forth, brandishing the four elements (earth, water, wind, and lightning-fire) and dwarfing the petty human drama that moments before had seemed so momentous:

> Вдруг рванул ветер и с такой силой, что едва не выхватил у Егорушки узелок и рогожу; встрепенувшись, рогожа рванулась во все стороны и захлопала по тюку и по лицу Егорушки. Ветер со свистом понесся по степи, беспорядочно закружился и поднял с травою такой шум, что из-за него не было слышно ни грома, ни скрипа колес. Он дул с черной тучи, неся с собой облака пыли и запах дождя и мокрой земли. Лунный свет затуманился, стал как будто грязнее, звезды еще больше нахмурились, и видно было, как по краю дороги спешили куда-то назад облака пыли и их

тени. Теперь, по всей вероятности, вихри, кружась и увлекая с земли пыль, сухую траву и перья, поднимались под самое небо; вероятно, около самой черной тучи летали перекати-поле, и как, должно быть, им было страшно! Но сквозь пыль, залеплявшую глаза, не было видно ничего, кроме блеска молний (С. VII, 85)

The storm draws into itself all the human drama and tension of the preceding scene. Nature dwarfs not just the theme of guilt and transgression introduced in the story up to that point, but every other theme as well. Now Egorushka is no more a child than we, when we find ourselves alone and unprotected in a world of violence and danger that we do not understand, and at the mercy of primeval nature. The boy is I; the steppe is the entire world, and judgment comes from somewhere greater than all imagination. Unlike Tolstoy, Chekhov leaves unsaid the Lord's claim to the last word: "Vengeance is Mine, I will repay"[Romans 2:19]). But surely, given its place as the culmination of Chekhov's drama of human violence and transgression, the thunderstorm can be read as an enactment of the Last Judgment (страшный суд).

Notes

1.	A line of thought well worth pursuing is how structuralist readings exclude moral questions, and whether that exclusion in itself is morally fraught.

2.	The other one is the fire scene at the center of the 1896 story "Peasants" (Мужики). See my unpublished paper on the subject, and George Pahomov's "Religious Motifs in Chekhov's 'Muzhiki.'"

Bibliography

1.	Bitsilli, Peter M. Chekhov's Art: A Stylistic Analysis, tr. Toby W. Clyman and Edwina Jannie Cruise (Ann Arbor: Ardis, 1983).

2.	Burge, Peggy, "Cechov's use of Ecclesiastes in 'Step'," Anton P. Cechov - Philosophische und Religiose Dimensionen im Leben und im Werk (Munchen: Verlag Otto Sagner, 1997), 399-514.

3.	Chekhov, Anton, "Step'", http://feb-web.ru/feb/chekhov/texts/sp0/sp7/sp7-013-.htm (accessed 8 November 2015). Also, Полное собрание сочинений и писем, Соч. Т. VII, 13-104.

4.	Chekhov, Anton, The Steppe, trans. Constance Garnett (New York: Hippocrene Books, 1987).

5. Chudakov, Alexander. *Chekhov's Poetics*, Trans. Edwina Jannie Cruise and Donald Dragt (Ann Arbor: Ardis, 1983).

6. Delaney, Patricia, "Study: Empathy a Key Factor in Moral Judgments," News and Public Affairs, Boston College (May-June, 2013) (report on a study by Liane Young and Ezequiel Gleichgerrcht)https://www.bc.edu/offices/pubaf/news/2013-may-jun/empathy-a-key-factor-in-moral-judgment.html (Accessed 11 November 2015).

7. Finke, Michael, Metapoesis: *The Russian Tradition from Pushkin to Chekhov* (Durham: Duke University Press, 1995).

8. Hingley, Ronald, *A Life of Anton Chekhov* (Oxford: Oxford UP, 1989)

9. Mikhailovskii, N.K. Letters to Chekhov, 15 February and the beginning of March 1888. http://az.lib.ru/m/mihajlowskij_n_k/text_0430.shtml (accessed 21 September 2016).

10. *Perepiska A.P Chekhova. V dvukh tomakh.* T. 1 (M: Khudozhestvennaia literatura", 1984. Vstupitel'naia stat'ia M. P. Gromova. Sost. i kommentarii M.P. Gromova, A.M. Dolotovoi, V. V. Kataeva. From *Slovo*, sb. 2, 218-18.

11. Lapushin, Radislav, "'Put Yourself in the Place of a Corncrake': Chekhov's Poetics of Reconciliation," *Chekhov for the Twenty-First Century*, ed. Carol Apollonio and Angela Brintlinger (Bloomington, Ind.: Slavica, 2012), 197-210.

12. Pahomov, George, "Religious Motifs in Chekhov's 'Muzhiki,'" *Zapiski russkoi akademicheskoi gruppy v SSHA* 25 (1992-93): 111-19.

13. *Perepiska A. P. Chekhova.* V dvukh tomakh. Tom pervyi. Ed. M. P. Gromov, A.M. Dolotova, V. V. Kataev (Moskva: "Khudozhestvennaia literatura", 1984). http://az.lib.ru/m/mihajlowskij_n_k/text_0430.shtml (accessed 8 November 2015)

14. Phelan, James, "Narrative Ethics," *The Living Handbook of Narratology*, Created: 21. November 2013, Revised: 9. December 2014 (http://www.lhn.uni-hamburg.de/article/narrative-ethics). Accessed 20 September 2016.

15. Schwan, David, review of *Empathy and Morality*, ed. Heidi L. Maiborn (Oxford: Oxford UP, 2014), *Metapsychology* (online reviews) March 3rd 2015 (Volume 19, Issue 10): http://metapsychology.mentalhelp.net/poc/view_doc.php?type=book&id=7349 (accessed 8 November 2015)

16. Senderovich, Marena, "Chekhov's Existential Trilogy," *Anton Chekhov Rediscovered: A Collection of New Studies With a Comprehensive*

Bibliography, ed. Savely Senderovich, Munir Sendich (East Lansing, Michigan: *Russian Language Journal,* 1987), 77-91.

17. Senderovich, Savely, "Anton Chekhov and St. George the Dragonslayer (An Introduction to the Theme, *Anton Chekhov Rediscovered: A Collection of New Studies With a Comprehensive Bibliography*, ed. Savely Senderovich, Munir Sendich (East Lansing, Michigan: *Russian Language Journal,* 1987), 167-87.

18. Swift, Mark. *Biblical Subtexts and Religious Themes in Works of Anton Chekhov*. Middlebury Studies in Russian Language and Literature (New York: Peter Lang, 2004).

19. Winner, Thomas. *Chekhov and his Prose* (New York: Holt, Reinhart and Winston, 1966).

FOLK MOTIFS AND RITUALS IN CHEKHOV'S "STEPPE"

Kristin A. Bidoshi
Union College
bidoshik@union.edu

"…и мало-помалу на память приходят степные легенды, рассказы встречных, сказки няньки-степнячки…" (С. VII, 46).

This paper will explore the function of folk motifs and rituals in Chekhov's "Steppe" (1888). My approach is informed by Arnold van Gennep's and Victor Turner's studies on rites of passage [van Gennep 1960, Tuner 1969]. Literature on rites of passage explores the ways ritual constitutes the social fabric of a group. In *The Rites of Passage*, van Gennep famously argued that rites associated with birth, puberty, marriage and death are dramatized expressions of the social order which act to strengthen the integration of both initiates and spectators into that order. Van Gennep identified three main stages of initiation rituals: separation, transition and reintegration. Rituals most often highlight a member of society who is temporarily in a liminal state, that is, a person in between social stages and his resulting anxiety over his position [Van Gennep 1960: 18.] This paper will highlight the ritualistic nature of Egorushka's progress in Chekhov's "Steppe". In particular, I will reveal the function of the rites of passage in this novella. I will focus on the significance of life-cycle rituals related to sexual awakening, marriage and death, ritually marked boundaries (village boundary and the crossroads), dangerous other worldly beings (the wizard and *rusalka* among others), apotropaic devices (nets, crosses, seeds) and other practices of folk belief. My focus on folkloric elements in the text is not meant to be at the expense of other readings of the text; the beauty of Chekhov's works lies in the multiplicity of meanings that can be ascribed to them. Michael Finke, in his analysis of "Steppe" in *Anton Chekhov Rediscovered* observed, "There are [two] points we would like to make... First, the question of subtexts in "Steppe" – the Old and New Testaments, Gogol's *Dead Souls*, Goncharov's *Frigate Pallad*a, works of Classical Antiquity and *traditions of Russian Folklore*—is a rich one, and deserves much greater attention than we are able to give it" [Senderovich 1987: 128].

"Steppe" represents Chekhov's innovative contribution to the coming of age genre, one that draws on the conventions of folk and religious traditions and synthesizes them in its account of the rites of passage of its child protagonist. The rituals that accompany this passage differ from culture to culture, but are universal. Anthropologist Arnold van Gennep was the first to refer to rituals that mark an individual's passage through various stages in the life cycle as "rites of passage" [Myerhoff 1982: 115]. Borrowing from van Gennep's and Victor Turner's concept of liminality (liminal personae or threshold people) and marginal entities, this paper seeks to unpack the meaning of the folk motifs and rituals Chekhov employs [van Gennep 1960, Turner 1969].

In *The Rites of Passage*, van Gennep posited that the liminal or marginal moment marks the intermediate stage in the three-step process of ritual initiation (separation, transition, and incorporation). Liminality occurs when people are in transition from one culturally defined stage in their life-cycle to another" [Shields 1991: 83]. More recently, Victor Turner has expanded upon van Gennep's definition by adding a synchronic dimension to the concept. Liminality, according to Turner, is not only a transition between states, but it is a state in itself as there are individuals, groups and social categories for which the liminal moment turns into a permanent condition. Liminality can also have definite spatial connotations; liminal spaces are those on the margins of society [note 1]. The following is an analysis of Egorushka's ritualized movement, his journey across the liminal location of the steppe, the natural beauty of which forms a place of desire and pilgrimage where boundaries are crossed, and identities and states are in transition.

Marena Senderovich in her essay "Chekhov's Existential Trilogy" was the first to analyze the series of successive symbols in "Steppe", "An Attack of the Nerves" and "A Boring Story"; she concludes that all three stories present the problem of a life crisis. Senderovich writes: "They portray three boundary situations, presenting three fundamental existential phases: (1) ["Steppe" portrays] Entry into life, when a man is thrown into this world without his consent, drawn from the safe, womb-like world of his mother's house in to an open and threatening world. It is the first crisis of existence, at the beginning of the path of life. ["An Attack of the Nerves" portrays] (2) A man [who is] forced to travel that path without regard to his personal desire... (3) Finally, ["A Boring Story" depicts] the last crisis, the last compulsory act of life occurs on this side of the grave, on the threshold of non-existence." [Senderovich 1987: 82].

Chekhov's story begins as his three protagonists leave the security of their village. Father Christopher and Uncle Kuzmitchov agreed to take the nine year old Egorushka on their journey to sell wool to the wealthy merchant Varlamov. The innocent boy is along for the ride, eventually to be dropped off at school, far away from his mother, the only family he has [note 2]. Chekhov signals the boy's separation from his old life and sets the tone for the evil that Egorushka will experience in the story's initial images. Consider, for example, the prison, foundry and cemetery, each of which is located outside of the village, so as not to tempt evil spirits from interacting with the living. The cemetery, clearly representative of the world of the dead, for example, doubles as a frightening reminder of Egorushka's impending loss of innocence and awakening sexuality as the cherry stains on the white crosses and tombstones remind him of blood. Chekhov writes, "Егорушка вспомнил, что, когда цветет вишня, эти белые пятна мешаются с вишневыми цветами в белое море; а когда она спеет, белые памятники и кресты бывают усыпаны багряными, как кровь, точками" (С. VII, 14) [note 3].

This frightening image of the fearsome but inevitable impending change is connected to the dramatic transformation that occurs at the onset of puberty. For the girl, of course, the first menstruation marks a dividing line between childhood and womanhood. V.F. Demich, a nineteenth century researcher of Ukrainian folk medicine, documented the common practice of using white and red flowers and berries to treat menstrual disorders [Demich 1889: 7]. According to Russian ethnographer V. B. Kolosova, "Modern field studies show that the same principle is still in force: for example, in the Chernivtsi region of Ukraine, women use a plant known locally as *bilyi kamenets* (which has small white flowers) to cure leucorrhoea, a white vaginal discharge" [Kolosova 2005: 44] [note 4]. The image of the red cherries in Chekhov's text is associated with life creating blood in the context of the reproductive life-cycle of menstruation and childbirth. From the very beginning of his story, Chekhov links Egorushka's infantile confusion and awaking sexuality with spatial disorientation and danger.

The central image in Chekhov's text is the menacing windmill that dominates the steppe. Chekhov writes, "Скоро показался и хутор Болтвы, а ветряк всё еще не уходил назад, не отставал, глядел на Егорушку своим лоснящимся крылом и махал. Какой колдун!" (С. VII, 20) [note 5]. Through its association with grain and water, the mill is traditionally a symbol of fertility and, by extension, of the Feminine. Richard Vowles offers a succinct discussion of the symbolic literary representations of the mill [Vowles 1962: 111-119], while Beryl Rowland, who has researched the image of the mill in popular metaphor from Chaucer to the present day concludes that, "the grinding of grain into life-giving flour is analogous to the procreative act" [Rowland 1969: 72]. In Chekhov's text, the mill is another reminder of Egorushka's impending transition to adulthood. The image of the *waving* mill is common in Russian riddles; consider, for example the following riddle illustrating the verb *махать* in V. I. Dal's *Толковый словарь*: "Птица – Юрица - На ветер глядит, Крыльями машет, Сама ни с места [мельница]" [Даль 1935: 314] [note 6]. In Russian Folklore, the windmill is traditionally a shelter for "unclean" *нечистые* forces. Even the structure of the mill seems to point to its being endowed with miraculous properties; there is a striking resemblance of the windmill hut to that well known hut on chicken legs, the home of *Baba Yaga*. The mill wheel also has a mythic ubiquity comparable only to that of the loom as a symbol of fate and death [note 7].

As Egorushka moves further away from his own space (*svoi*) and into the strange (*chuzhoi*) space of the steppe, he encounters several spirit "masters" who control the natural world. Russian Ethnologist Alexander Afanasyev interprets these spirit masters as mythical personifications of nature; he writes, "[they were] the prime players of long-forgotten myths, whose amours and quarrels were the cause of the rain-showers, thunderstorms, earthquakes and winds that created and destroyed landscapes, changed seasons and made crops grow" [Warner 2002: 35]. In Chekhov's short stories "Ведьма" [The Witch] and "На пути" [On the Way], both published in 1886, frost and snowstorms become symbols of restless souls or the spirit. Several spirit masters appear in Chekhov's "Steppe". Bored and isolated from his fellow travelers (all of whom had fallen asleep), Egorushka finds himself alone in the midday heat, in another world altogether. Chekhov writes, "Егорушка, задыхаясь от зноя, который особенно чувствовался теперь после еды, побежал к осоке и отсюда оглядел местность. Увидел он то же самое, что видел и до полудня: равнину, холмы, небо, лиловую даль… Около изб не было видно ни людей, ни деревьев, ни теней, точно поселок задохнулся в горячем воздухе и высох. От нечего делать Егорушка поймал в траве скрипача, поднес его в кулаке к уху и долго слушал, как тот играл на своей скрипке. Машинально Егорушка подставил рот под струйку, бежавшую из трубочки; во рту его стало холодно и запахло болиголовом…"(С. VII, 23) [note 8]. Chekhov calls upon Russian folklore to signal Egorushka's liminal state. Significantly, the sights and sounds he encounters set the stage for the ultimate battle to come. The grass-hopper plays on his instrument, a violin, also associated in Russian folklore with the appearance of the devil [note 9]. The strong scent of hemlock, a highly poisonous plant known to cause paralysis and suffocation, and recognized in Russian and German folklore as the devil's plant, surrounds the water pipe from which Egorushka takes a drink [note 10]. Dangerous folkloric beings appear to Egorushka during this liminal time. While alone, suddenly, from "underground, as though an unseen spirit were hovering over the steppe and singing", Egorushka hears and then sees a long-legged peasant woman with white dust flowing down from her, sowing the fields. Chekhov writes, "то сверху, то из-под земли, точно над степью носился невидимый дух и пел" (С. VII, 24). This female midday spirit (полудница) is well known in Russian folklore; she appears around noon on hot summer days, takes the form of whirling dust clouds, carries a scythe and is in fact, the personification of sun stroke [Капица 2000: 113]. During harvest time, she is said to float along the lanes of rye in search of workers who should be resting. She is also said to lure children into the rye, causing them to lose their way, and ultimately killing them. Typically, she appears in a "borderline" context between nature and culture (that is outside the boundaries of the settled village, yet in the cultivated field) as protector of the grain, a life-giving source and image of fertility, but also potential destroyer of it. In Chekhov's story as in several of the folktale versions, she is accompanied by her son, the field demon, the *Полевик or Полевой* [Polevik / Polevoi], a bare foot boy wearing only a long shirt who comes at midday to attack people with sun stroke [Капица 2000: 109]. The *Polevik* of folktales is not easy to see, moves very quickly, lives in the field, hides in haystacks and is especially fond of attacking and strangling sleeping men. Chekhov's Tit, we read, is a "маленький мальчик в одной сорочке и без шапки" (С. VII, 25) [note 11]. Just after his interaction with these two creatures, Egorushka succumbs to the heat as he "feels the sun beating down on him" and drifts off to sleep. Chekhov writes, "Какая-то сила бесшумно влекла его куда-то, а за ним вдогонку неслись зной и томительная песня. Егорушка склонил голову и закрыл глаза..." (С. VII, 26) [note 12].

Egorushka encounters several other folkloric beings along his journey across and deeper into the vast steppe. The liminal nature of these beings is highlighted in each of Egorushka interactions. As the group of young men is swimming in a river, for example, they come upon a *русалка* [*rusalka*]. Chekhov writes, "Подводчик Степка, на которого только теперь обратил внимание Егорушка, восемнадцатилетний мальчик-хохол, в длинной рубахе, без пояса и в широких шароварах навыпуск, болтавшихся при ходьбе как флаги, быстро разделся, сбежал вниз по крутому бережку и бултыхнулся в воду. Он раза три нырнул, потом поплыл на спине и закрыл от удовольствия глаза. Лицо его улыбалось и морщилось, как будто ему было *щекотно, больно и смешно*" (С. VII, 56) [note 13].

Chekhov's careful choice of words in describing the *ticklish, painful and funny* feeling that Stopka experiences presumably points to the presence of a *rusalka* in the river. *Rusalki*, of course, are believed to be the souls of unbaptized or stillborn babies and drowned maidens who fall on unsuspecting victims from behind and tickle them to death. No longer members of the community, the *rusalki* "lure the individual out of the community and into the depths of the forest—and grave" [Hubbs 1988: 31]. According to Linda Ivanits, "In spite of their alluring beauty, peasants entertained no doubts that *rusalki* were connected with the unclean force – it was even believed that they received their beauty and eternal youth directly from the devil" [Ivanits 1992: 75]. The *rusalki*, young women of marriageable age who suffered an accidental or violent death (either by murder or suicide), were denied the appropriate funeral rites, lingered at their place of death and were trapped in a perpetual liminal state. Warner writes, "the *rusalka* wore her hair unbraided and uncovered, a state that the Russians associated with the supernatural – witches did not cover their hair either – or with liminality, for a bride's hair was unbraided on the eve of her marriage as was the hair of a dead woman in her coffin" [Warner 2002: 43]. Chekhov's Egorushka recognizes something in the water, but he does not succumb to it. Chekhov writes, "Сначала ослепительные искры, потом радуги и темные пятна заходили в его глазах; он поспешил опять нырнуть, открыл в воде глаза и увидел что-то *мутно-зеленое*, похожее на небо в лунную ночь. Опять та же сила, не давая ему коснуться дна и побыть в прохладе, понесла его наверх, он вынырнул и вздохнул так глубоко, что стало просторно и свежо не только в груди, но даже в животе" (С. VII, 57) [note 14]. The act of washing, according to van Gennep, normally constitutes a rite of separation from previous surroundings; washing purifies the initiate as part of his old self is extinguished in preparation for creation of a new identity.

It is at this same time though, that Egorushka had a frightening and highly unusual encounter with Dymov. Chekhov writes, "Он нащупал что-то острое и противное, может быть, и в самом деле рака, но в это время кто-то схватил его за ногу и потащил наверх. Захлебываясь и кашляя,

Егорушка открыл глаза и увидел перед собой мокрое смеющееся лицо озорника Дымова. Озорник тяжело дышал и, судя по глазам, хотел продолжать шалить. Он крепко держал Егорушку за ногу и уж поднял другую руку, чтобы схватить его за шею, но Егорушка с отвращением и со страхом, точно брезгуя и боясь, что силач его утопит, рванулся от него и проговорил: - Дурак! Я тебе в морду дам!" (С. VII, 57) [note 15]. Not too long after this encounter Egor falls violently ill during the storm. On one level, this passage clearly contains several references to Egorushka's early sexual awakening. The sensual pleasure he receives while in the water, directly connected with his vision of *"some dull green"*, that is, the *rusalka*, marks the most pleasant moment of Egorushka's journey, the swim. In this sense, in the dark domain of water, Egorushka accepts the force of the feminine, the *rusalka*. While at the same time his encounter with Dymov, Egorushka's mock drowning, foreshadows his impending crisis during the thunderstorm.

Savely Senderovich has noticed that "In Chekhov's works, erotic motifs are always associated with anti-erotic ones. Encounters with sensuality, or the discovery of it in oneself, are frightening and disheartening, and may lead to a hysterical reaction as in "The Witch", "Misfortune", "An Attack of Nerves", "Steppe", "The Woman's Kingdom"... [Senderovich 1987: 181]. In "Steppe", for example, Egorushka's brief encounter with the *rusalka* and his childish dreams of marrying the Countess are contrasted with his encounter with a *Баба-Яга* [Baba Yaga] like figure, at the height of his crisis, just after the storm. Chekhov writes, "Егорушка вошел в избу. Его встретила тощая, горбатая старуха, с острым подбородком. Она держала в руках сальную свечку, щурилась и протяжно вздыхала" (С. VII, 88) [note 16]. *Baba Yaga*'s grotesque features mark her as sexually unappealing. She, like the *rusalka*, is a liminal character, mediating between human and supernatural, human and nonhuman. Moreover, *Baba Yaga* is overwhelmingly a *negative mothering figure* in children's tales as her function is to send those whose time has come to the other world. Joanna Hubbs has found that *Baba Yaga*'s association with nightmares and illness "reflects her role as the goddess of the underworld and the guide to initiation" [Hubbs 1988: 41]. Vladimir Propp associates *Baba Yaga* with the priestly mentors of tribal societies who guided young men into adulthood through a process of symbolic death and resurrection [Propp 1986: 46]. In his insightful study *Baba Yaga: The Ambiguous Mother and Witch of the Russian Folktale*, Andreas Johns has noticed that for the boy, *Baba Yaga* is essentially a villain, but for the young adult male, while she is still a villain, she is also a donor [Johns 2004: 265] [note 17].

In Chekhov's story, the old hunchback offers Egorushka food and shelter. Specifically, she provides the boy with melons full of seeds, a symbol of fertility [Cavendish 1995: 240]. The metallic taste left from the melons, though, is a clear reference to the folktales in which *Baba Yaga*, as bad mother, gives those children she's kidnapped inedible food, most often iron bread [Johns 2004: 267] [note 18]. Hubbs has found that in the folktale "Ivashko and the Wise Woman", "The hut of *Baba Yaga* becomes the puberty initiation hut in which the importance of food to the child is related to his emergent sexuality" [Hubbs 1988: 48]. Egor's encounter with *Baba Yaga* is short but significant in that it illustrates the predominance of female initiators and helpers along his journey. Egorushka's other donor, the Jewish mother who is called a "bear" by her husband, exemplifies the good mother who offers protection, in the form of a honey cake [note 19]. In Chekhov's story Egorushka is protected from the female spirits (the *rusalka*, and even *Baba Yaga*) while in possession of the honey cake.

Baba Yaga, as Johns has observed, mediates the opposition of male/ female, own/foreign, self/other and nature/culture as she appears most frequently in tale types that symbolically represent a child's development and the mother-child relationship (AT 314A*, 327, 480) [Johns 2004: 271]. Johns continues, *Baba Yaga*, as representative of both culture and nature, "resembles the devil in European folk tradition" [Johns 2004: 271]. In Chekhov's story, she signals the final stage in Egorushka's separation from his old life. Symbolic of this is his loss of the talisman, the honey cake, to a stray dog travelling with Varlamov's men. For it is only when he loses the honey cake that Egor is finally separated from his old life. No longer protected from the evils of the outside world, Egor's delirium links up the successive images of the windmill, Tit, Dymov and Varlamov. Chekhov writes, Егорушка лежал на тюке и дрожал от холода… Едва он закрыл глаза, как опять увидел Тита и мельницу. Чувствуя тошноту и тяжесть во всем теле, он напрягал силы, чтобы отогнать от себя эти образы, но едва они исчезали, как на Егорушку с ревом бросался озорник Дымов с красными глазами и с поднятыми кулаками или же слышалось, как он тосковал: «Скушно мне!»… Проезжал на казачьем жеребчике Варламов…" (С. VII, 91-92) [note 20]. Chekhov links the images of Tit, Dymov and Varlamov on the one hand to represent the three different stages along a boy's journey to adulthood: young boy, young man, older man. On another level, as liminal constructs themselves, they are corrupting forces. Tit, as noon time spirit, corrupts and in Russian folklore is said to be connected to unclean forces. Dymov, whose name is clearly from *дым* [smoke] is also linked by association to the Russian folkloric devil. In European folklore the appearance of the devil is usually preceded by a sulfurous smell in the form of "smoke": Chekhov in fact uses this motif in at least two other of his short stories, namely "Сапожник и нечистая сила" and "Черный монах" [Peterson 1998, 75] [note 21]. Dymov is described nine times in this text as a *озорник*; a word usually associated with naughty children, it also means mischievous, prankster, and hellion. Certainly his actions—killing a snake, swearing rudely, grabbing a spoon away and throwing it into the fire, and of course, "joking around" with Egorushka in the water—point to his mischievous character. Dymov is a trickster figure, endowed with the traits of a cheat and bully [note 22]. The final image in this sequence is the image that permeates the steppe, the devil Varlamov. Chekhov writes of this man of small stature, "Этот человек сам создавал цены, никого не искал и ни от кого не зависел; как ни заурядна была его наружность, но во всем, даже в манере держать нагайку, чувствовалось сознание силы и привычной власти над степью"(С, VII, 80) [note 23].

In Russian folk belief Varlamov is clearly connected to the devil. In Chekhov's text, Varlamov is frequently associated with wool--the men set off on a journey to sell wool to Varlamov, and on several occasions Varlamov's sheep are mentioned as an indication of his wealth. The word Chekhov uses is *шерсть*; consider, though the other word for wool, namely *волосень* (a long strand of sheep's wool). V. I. Dal's definition of *шерсть* provides a direct link to the word *волосы*. The entry in *Толковый словарь* reads: "ШЕРСТЬ ж. волос животного; шерстинье ср. зап. самое общее названье: волоса человека и животн." [Даль 1935: 649] [note 26]. *Волосень* also means "*woolen yarn* or a devil or an evil spirit – into which the pagan god of death was degraded upon the rise of Christianity" [Toporov 1998: 41, 66]. Un-spun wool and other materials for spinning, and the products of this activity (thread, yarn), in Russian folklore, therefore bear important symbolic meanings related to the basic aspects of human existence – birth, fate, and death. Spinning marks the connection between the world of the living and the world of the dead as it indicates the transition, the link and the liminal space between the two worlds [note 24]. In her article "Connecting Threads", Mirjam Mencej discusses the notion that in Russian folk belief, a human life from birth onwards was, according to traditional conceptions, conceived of "as a continuous winding of bands of thread or body tissue and fortunes around a person, whereas death, on the contrary, was conceived as an unwinding" [Mencej 2011: 68]. She writes, "Un-spun wool bears a symbolic reference to the otherworld, spinning and its result, a thread, seem to be trade-marks of an existence in this world. Spinning is also connected with making a person; to spin and weave wool is to create a human being" [Mencej 2011: 68]. In Chekhov's text, Egorushka, while sitting on a heap of wool and bored out of his mind, attempts to twist the wool into thread; he is unsuccessful [note 25].

Волосень is also etymologically connected with the name of the Slavic God Volos/Veles. Vyacheslav Ivanov and Vladimir Toporov have reconstructed the mythical battle of Veles and Perun through a comparative study of various Indo-European mythologies and a large number of Slavic folk stories and songs [Иванов 1974: 4-6]. They postulate the existence of a primary myth concerning a cosmic struggle between the two gods that echoes the ancient Indo-European myth of a fight between a storm god and a dragon. According to folk legend, at the first rumble of thunder, demons scattered in terror [Warner 2002: 20]. In Ivanov's and Toporov's reconstruction, Perun never actually destroy Veles, but simply returns him to his place in the world of the dead. Although, as Linda Ivanits points out, we know very little of Veles "aside from his position as chthonic deity originally associated with wild animals, later becoming the guardian of cattle, wealth, and oaths, and a god of the dead" [Ivanits 1992: 31]. In his seminal study of Veles, Roman Jakobson finds linguistic evidence in comparative mythology that links Volosь to the god of cattle; specifically Jakobson asserts that, "in Old Russian this name signified both a herd of cattle and wealth in general" [Jakobson 1985: 25]. Likewise, Warner has also found that another word associated with Volos, namely *skot*, meant "any kind of domestic cattle" and also had the secondary meaning of "riches of money, so that Volos probably functioned as the patron of traders, creators of the wealth of Rus" [Warner 2002: 15].

Of particular interest to us is the Slavic myth of the battle between Perun and Veles over a divine maiden who resides in Perun's world, but wishes to live with Veles. According to some variants of the myth, Perun summons a thunderstorm in order to fight Veles, who summons animals and trees to defend the woman; Perun's lightening ultimately kills the animals and trees whose bodies create islands. One of these islands, Buyan, is a liminal location between the world of the living and the dead, and serves as the residence of the divine maiden who is said to provide company and consolation to those who are lonely [Ralston 1872: 368-71] [note 27].

Chekhov's story echoes the mythic paradigm of the battle between Perun and Veles for the young maiden/widow. Chekhov links his Countess to the image of the lonely poplar tree, also commonly associated with a young woman in Russian and Ukrainian folklore [note 28]. In Chekhov's text we read, "А вот на холме показывается одинокий тополь; кто его посадил и зачем он здесь – бог его знает. От его стройной фигуры и зеленой одежды трудно оторвать глаза. Счастлив ли этот красавец? Летом зной, зимой стужа и метели, осенью страшные ночи, когда видишь только тьму и не слышишь ничего, кроме беспутного, сердито воющего ветра, а главное - всю жизнь один, один..." (С. VII, 17) [note 29]. It is highly likely that Chekhov knew of the image of the maiden/lonely poplar tree from Taras Shevchenko's poem "Тополя" (1839), the poet's version of the popular Ukrainian tale of a young Cossack who left behind his beloved as he traveled off to the high seas. As the tale goes, the Cossack's girl, suffering from inconsolable grief, waited for her beloved high on a hill "в степи, высматривала своего возлюбленного и превратилась в тополь" (on the steppe, looking out for her lover and turned into a poplar) [Костомаров 1994: 60]. "Тополя" appeared in Shevchenko's *Кобзар*, parts of which Chekhov read in 1887, before the publication of "Steppe" in 1888; according to his letters, Chekhov reports having purchased the book in 1894 (see П. II, 105-06 and П. V, 318). Moreover, in his August 3, 1887 letter to I.A. Belousov, Chekhov singles out two of his favorite poems in the collection, namely "Widow" and "A Ukrainian Night" (П. II, 106). The collection that Chekhov refers to is Belousov's *Из 'Кобзаря' Т. Г. Шевченко и украинские мотивы*, which contained Russian translations of Shevchenko's poems along with Belousov's original poetry. Shevchenko's "A Ukrainian Night" depicts a lone Poplar in a field and a grief ridden maiden who longs for her beloved [Белоусов 1887: 20]. The other poem Chekhov mentions, "Widow" is about a young Ukrainian widow who gives birth to a son, who then is educated and eventually goes into the Czar's service [Белоусов 1887: 17-18].

Egorushka – the unlikely hero of Chekhov's "Steppe", whose name and red shirt connect him to the red caped St. George the Dragon Slayer, dreams of marrying the Countess, who "for some reason" reminds him of the lone poplar tree [note 30]. Chekhov very deliberately links the Countess with the popular tree; his text reads, "Егорушка протер глаза. Посреди комнаты стояло, действительно, сиятельство в образе молодой, очень красивой и полной женщины в черном платье и в соломенной шляпе. Прежде чем Егорушка успел разглядеть ее черты, ему почему-то пришел на память тот *одинокий, стройный тополь,* который он видел днем на холме" (С. VII, 42) [note 31]. Senderovich reminds us that "in the Russian folk consciousness the figure of St. George the Triumphant took on projections of the ancient myth about the struggle of a thunder-god with a lower, hairy god" [Senderovich 1987: 175] [note 32]. Egorushka's crisis, the culmination of his jealously of the merchant Varlamov (Veles) and his child-ish dreams of marrying the Countess, occurs during the thunderstorm. The end of Egorushkaushka's childhood, the end of his first life, is marked by a breaking of the ties that link him to that world. Significantly, Chekhov sig-nals this in Egorushka's encounters with female folkloric beings connected to life-giving forces (*poludnitsa, rusalka, Baba Yaga*) [note 33]. Egorushka's illness signals the hero's symbolic death. Although ultimately cured of his illness by Father Christopher, Egorushka remains in a liminal state at the end of the story.

Van Gennep showed that place was an integral part of the rites of passage—he writes, "the passage from one social position to another is identified with a territorial passage, such as the entrance into a village or a house, the movement from one room to another, or the crossing of streets and squares" [van Gennep 1960: 192]. Chekhov's "Steppe" focuses on territorial passage to illustrate Egorushka's liminal position. Egorushka's passage is fraught with dangerous folk creatures and helpful donors; along his journey he performs rituals and utilizes apotropaic devices. Yet, his is an unrealized rite of passage, as Egorushka undergoes the process of separation, lives in a state of transition, but is not incorporated into the brotherhood of men. Even the campfire stories that Egorushka hears, which are meant to encode for him knowledge about the adult society he will presumably be entering, are fragments of that same story – of the difficulty of coming of age. Chekhov's zero ending frustrated his critics, but it is typical of the myth where neither Perun nor Veles is victorious, and the widow remains eternally trapped be-tween the two worlds.

Notes

1. See R. Shields' "Ritual pleasures of a seaside resort: liminality, carnivalesque, and dirty weekends".

2. The subtitle of Chekhov's work, "Story of a Journey", signals that the focus of the story will be on the protagonist's journey. In Rites of Pas-

sage, van Gennep discusses the child's separation from his mother as a rite of passage in Australian separation ceremonies. He writes, "The novice is secluded in the bush, in a special place, hut, etc. And the seclusion is accompanied by all sorts of taboos, primarily of a dietary nature. Sometimes the novice's link with his mother endures for some time, but a moment always comes when, apparently by a violent action, he is finally separated from his mother, who often weeps for him. His connection with his mother as her child is broken off, and he becomes henceforth attached to the men" [van Gennep 1960 : 75].

3. This and all following translations are mine. Egorushka remembered that when the cherries blossomed those white patches merged with the flowers into a sea of white; and that when the cherries ripened, the white tombstones and crosses were spotted with splashes of red like bloodstains.

4. According to Kolosova, "the opposition of white and red is also observed in the following charm for regulating menstruation: 'red rose, give me your redness, and take my whiteness'" [Kolosova 2005: 44].

5. Soon Boltva's farm appeared, yet the windmill still did not go away; it didn't retreat or leave him alone; with its shining sail, it watched Egorushka and waved. What a sorcerer!

6. The Bird – Juritsia – Looks at the wind, flaps its wings, but does not move from its place [mill]. The term Juritsia is an invented name of a non-existent bird. The name comes from "юр", an open windswept place [Даль 1935: 689].

7. See R. V. Vowles' "Strindberg and the Symbolic Mill".

8. Egorushka, gasping from the heat, which was now especially oppressive after the meal, ran to the sedge and surveyed the country. He saw exactly the same as he had in the morning: the plain, the low hills, the sky, the lilac distance … There were no people, no trees, no shade to be seen around the huts; the village was choked in the burning air and it was all dried up. Out of boredom, Egorushka caught a grasshopper, closed his hand and held it to his ear; he spent a long time listening to how it played its instrument (on its violin). Without thinking, Egorushka put his lips under the trickle that ran from the pipe; there was chilliness in his mouth and the smell of hemlock.

9. See Stith Thompson p. 323, 328. In Chekhov's "Black Monk" the devil's appearance is frequently preceded by violin playing [Peterson 1998: 76]. For a fascinating discussion of the figure of the folkloric devil in Chekhov's "Wood Demon", "Peasants", and "A Doctor's Visit", please consult Michael Finke's "The Hero's Descent to the Underworld in Chekhov"

[Finke 1994: 70-73].

10. According to Richard Folkard, in plant lore, the hemlock is related to the devil. The plant is poisonous and known to cause violent convulsions, ending in complete nervous system failure. Hemlock is considered to be 'sinister' in German and Russian folk belief, where it is known as a satanic herb, and funeral plant [Folkard 1884: 369-70]. Fresh hemlock has an extremely unpleasant odor.

11. ...a little bare-headed boy in nothing but a shirt.

12. Some force noiselessly drew him somewhere, and the heat and the agonizing song chased after him. Egorushka bent his head and shut his eyes.

13. The wagon driver Stopka, to whom Egorushka just turned his attention, a Russian boy of eighteen in a long shirt without a belt and full trousers that flapped like flags as he walked, quickly undressed, ran down the steep bank and plunged into the water. He dove three times, then swam on his back and shut his eyes in delight. His face was smiling and wrinkled up as if he were being tickled, hurt and amused.

14. Once again, that same force did not let him touch the bottom and stay in the coolness, but lifted him to the surface. He came up and sighed so deeply that he had a feeling of openness and freshness, not only in his chest, but also in his stomach.

15. He felt something sharp and unpleasant ... tore himself away with repulsion and fright, as though disgusted at being touched and afraid that the bully would drown him, jerked away from him and said: "Fool! I'll punch you in the face."

16. Egorushka went into the hut. He was met by a lean hunchbacked old woman with a sharp chin. She held in her hands a tallow candle, squinted and drawled out a sigh.

17. In a number of male centered tale types (such as AT 550 and 551) Baba Yaga is exclusively a donor.

18. According to Lev Barag, the folktale image of Baba Yaga was merged with the Iron Woman of Belorussian folk belief. Of particular interest to this interpretation is the belief that the Iron Woman was an old woman with iron breasts who caught children if they wandered into fields. In some regions, Baba Yaga appears in customs and beliefs surrounding the harvest. Likewise, Baba Gorbata (the Hunchbacked Woman) is a female being who is a mistress of the field [Johns 2004: 57].

19. Johns reminds us that "In some tale types such as AT 327C/F, animals (the female bear, snake, and fox) and Baba Yaga are allomotifs, occupying the same villain/donor role" [Johns 2004: 272].

20. Egorushka lay on the bales of wool and shivered with cold... As soon as he closed his eyes he once again saw Tit and the windmill. Feeling nauseous and heaviness all over his body, he gathered up all his strength to drive away these images, but as soon as they vanished the dare-devil Dymov, with red eyes and lifted fists, rushed at Egorushka with a roar or one could hear him mope 'I'm bored' ... Varlamov rode by on his Cossack stallion... The Russian original тосковал which I rendered here as "mope" is difficult to translate into English as the root is from the noun тоска. Very loosely, the word encompasses all of the following moods: misery, despair, ache, grief, yearning, boredom. Chekhov's short story of the same name is usually translated into English as "Misery".

21. See for example, Thompson's Motif Index of Folk Literature Vol 3. P. 315.

22. E. M. Meletinskii, author of the Мифологический словарь, defines the trickster as a demonically-comic hero, endowed with the traits of a cheat and bully. He is a being that commits 'illegal actions' and is not subject to the general rules of conduct. For the original Russian text, please see: http://www.bibliotekar.ru/mif/195.htm

23. This man set the price himself, he was not looking for anyone, and did not depend on anyone; however ordinary his exterior, in everything else, even in the manner of holding his whip, one felt the recognition of his power and habitual authority over the steppe.

24. Mirjam Mencej writes, "The result of spinning – (balls of) thread, spun yarn – symbolizes a link between the world of the living and that of the dead, as we have seen in folk legends about supernatural beings and restless dead, then it is noteworthy that we find the same idea explicitly represented in folk notions of a bridge which souls have to pass on their way to the otherworld – which can be depicted in the form of a thread. In Thompson's Motif-index we find the motifs Bridge of thread on way to world of dead under number F152.1.7 and Rope bridge to otherworld under number F125.1.5" [Mencej 2011: 62].

25. Mencej's article offers insightful material on folk beliefs connected to spinning and the relationship between mother and child. The following riddle which presents the image of the mother as a distaff (spinning the thread of life), while the yarn on the spindle is the child growing in her

womb is particularly interesting for our analysis: "The mother shrinks, the child grows. What is it? Spinning. / The mother thins out, the child grows…" [Mencej 2011: 67]. Mencej and several other scholars also discuss Baba Yaga's association with spinning (see for example Hubbs and Farrell). Mencej writes, "Her hut is continually turning around on its axis like a spindle and rests on a bird's (usually a chicken's) foot which sometimes has a spindle for a heel [Kilbourne Matossian 1924: 332]. In a folk tale published by Nikolai Onchukov in 1908, we read: A hut stands on a chicken's leg, on a spindle heel, it spins in circles and you can't see the door [...] in the hut sits a woman, spinning silk, spinning long threads, the spindle spins and the threads fall beneath the floor… In addition, Baba Yaga carries the implements used for the fabrication of cloth which relate to divination through the "spinning of fate" practiced by her and her sisters [Farrell 1993: 735]" [Mencej 2011: 57]. Mencej finds that according to Ukrainian folk beliefs, the rusalka also works with thread, yarn, and un-spun wool, and likes to spin or knot the yarn.

26. Wool [шерсть]. Feminine. Hair of an animal; Wool [шерстинье] in north western [Russia]: most common name: hair of humans and animals" [Даль 1935: 649].

27. In Chapter 6 "Sorcery and Witchcraft", Ralston cites several заговоры [verbal spells] linking the image of the maiden on Buyan to grief and loneliness [тоска] [Ralston 1872: 368]. Ivanov and Toporov discuss the mythological deities' cosmic struggle, including the fight for "cattle, people and in some versions, the wife of Perun" [Ivanov and Toporov 1980: 450]. There are several folk versions of the battle between Perun and Veles that feature one or the other kidnapping the bride/widow; see for example, "Додола-Дива, Додола, Папаруда" in Славянские боги, духи, герои былин. Иллюстрированная энциклопедия.

28. The Poplar is a symbol of stateliness and youth as in the saying «як тополя — така гожа». In contemporary Russian the word is masculine, but it used to be feminine; the Ukrainian word is feminine. See for example, Д. Мережковский "стройная как тополь" in Царство Зверя and Л. Успенский Слово о словах in which he recounts Alexander Pushkin's use of the masculine form тополь (in the 1814 poem "Воспоминания в царском селе"), and Pushkin's use of тополь as a feminine noun in a later poem, "Сто лет минуло, как тевтон" (1827).

29. Then a lonely poplar came into sight on the low hill. Who had planted it and why it was there? - God only knows. It was difficult to tear one's eyes away from its graceful figure and green attire. Was that handsome

creature happy? Sultry heat in the summer, in the winter frost and blizzards, terrible nights in the autumn when you see nothing but darkness and nothing is heard but the angry dissolute wind, and, most importantly, all alone, alone for one's whole life. . .

30. Chekhov's text reads, "A peasant woman got up and… followed Egorushka's red shirt with her eyes. Whether it was that she liked the color or that he reminded her of her children, she stood a long time motionless staring after him." See also Savely Senderovich's "Anton Chekhov and St. George the Dragon Slayer" in which he discusses the fairy tale motif of a hero of low birth earning the powers of a czar by rescuing and marrying a princess. Chekhov's Countess kisses the young boy and also hosts balls or coming of age ceremonies where, presumably young couples are united.

31. Egorushka rubbed his eyes. In the middle of the room there really stood royalty, in the form of a young, very beautiful, plump woman in a black dress and a straw hat. Before Egorushka had time to make out her features, for some reason, the image of the lonely graceful poplar he had seen that day on the hill came to his mind.

32. According to Mike Dixon-Kennedy, "Perun was simply amalgamated with the prophet Elijah or Il'ya, as he was known in Russia—because according to the Old Testament, Elijah shared many of Perun's powers, including the ability to call down rain or fire from heaven. Some say that Perun became Il'ya Muromets, the Bogatyr', although separate legends of Perun and Il'ya Muromets appear to have sprung up side by side" [Dixon-Kennedy 1998: 218]. Likewise, in "The Cult of Boris and Gleb" we read, "For those Varangians (and native Slavs) who converted to Christianity, the role of Perun was taken over by St. Elias; Perun and St. Elias were functionally identical figures…" [Reisman 1978: 146].

33. In many initiation rites, the initiate undergoes a simulation of death, the ritual death, which emphasizes his separation form the world of women and children [van Gennep 1960: 75]. In Chekhov's story, this happens just after the storm, after Egorushka's encounters with the *poludnitsa, rusalka and Baba Yaga*, each of whom represents feminine sexuality or motherhood. Mircea Eliade in Myths, Rites, Symbols, observes: "…these terrifying images of aggressive female sexuality and devouring motherhood bring out still more clearly the initiatory character of descent into the body of the chthonian Great Mother" [Eliade 1975: 49].

Bibliography

1. Афанасьев А. [A. Afanasyev]. Поэтические воззрения славян на природу: В 3-х т. Т. 2. М., 1994.

2. Badalanova Geller F. The Spinning Mary: Towards the Iconology of the Annunciation in the Slavonic Tradition // Cosmos. 2004.

3. Белоусов И.А. [I.A. Belousov]. Из 'Кобзаря' Т. Г. Шевченко и украинские мотивы. Киев, 1887. URL: https://vivaldi.nlr.ru/bx000004864

4. Cavendish R., C. A. Burland and B. Innes. Man, Myth & Magic: The Illustrated Encyclopedia of Mythology, Religion, and the Unknown. NY, 1995.

5. Даль В.И. [Dal' V.I.]. Толковый словарь живаго великорускаго языка. М., 1935.

6. Демич В.Ф. [Demich V. F.]. Очерки русской народной медицины. Акушерство и гинегология у народа. СП., 1889.

7. Dixon-Kennedy M. Encyclopedia of Russian & Slavic Myth and Legend. Santa Barbara, 1998.

8. Eliade M. Myths, Rites, Symbols. NY, 1975.

9. Farrell D. Shamanic Elements in Some Early Eighteenth Century Russian Woodcuts // Slavic Review. Urbana-Champaign, 1993. Vol. 52, No. 4. P. 725–744.

10. Finke M. The Hero's Descent to the Underworld in Chekhov // Russian Review. Columbus, 1994. Vol. 53, No. 1. P. 67-80.

11. Folkard, R. Plant Lore, Legends, and Lyrics: Embracing the Myths, Traditions, Superstitions, and Folk-Lore of the Plant Kingdom. London, 1884.

12. Hubbs J. Mother Russia: The Feminine Myth in Russian Culture. Bloomington, 1988.

13. Ivanits L. Russian Folk Belief. Armonk, 1992.

14. Иванов В. и В. Топоров [Ivanov V. and V. Toporov]. Исследования в области славянских древностей. М, 1974.

15. ---. Славянская мифология // Мифы народов мира: Энциклопедия Т. 2. М, 1980.

16. Johns A. Baba Yaga: The Ambiguous Mother and Witch of the Russian Folktale. NY., 2004.

17. Jakobson R. (Ed. S. Rudy). The Slavic God Velesь and his Indo-European Cognates // Contributions to Comparative Mythology 1972-1982. Berlin, 1985.

18. Капица Ф.С. Славянские традиционные верования, праздники и ритуалы: справочник. М., 2000.

19. Kilbourne Matossian M. In the Beginning, God Was a Woman // Journal of Social History. Oxford, 1973. Vol. 6, No. 3. P. 325–343.

20. Kolosova V.B. Name – Text – Ritual: The Role of Plant Characteristics in Slavic Folk Medicine //

21. Folklorica. Edmonton, 2005. P. 44–61.

22. Костомаров М. І. Слов'янська міфологія. К., 1994. С. 58-88.

23. Krinichnaia Neonila A. Nit' zhizni: reministsentsii obrazov bozhestvennoi sud'by v mifologii, fol'klore, obriadakh i verovaniiakh. [The Thread of Life: Reflections of Divine Fate in Mythology, Folklore, Folk Beliefs.] Petrozavodsk, 1995.

24. Lotman I. and J. Graffy. The Origin of Plot in the Light of Typology // Poetics Today. 1979. 1.1/2. P. 161–184.

25. Мелетинский Е. М. Мифологический словарь // Трикстер. URL: www.bibliotekar.ru/mif/195.htm

26. Mencej M. Connecting Threads // Folklore. Tartu, 2011. Vol. 48. P. 55-84.

27. Мережковский Д. Царство Зверя: трилогия. М, 2011.

28. Peterson К.А. У него было такое же ангельского лицо ясное и доброе (Символика подтекса рассказа "Черный монах") // Молодые исследователи Чехова III. М., 1998. С. 74-77.

29. Пропп В.Я. [Propp V.] Исторические корни волшебной сказки. Л., 1986.

30. Ralston, W.R.S. The Songs of the Russian People, As Illustrative of Slavonic Mythology and Russian Social Life. London, 1872.

31. Reisman E. The Cult of Boris and Gleb: Remnant of a Varangian Tradition? // Russian Review. 1978. Vol 37 No 2. P. 141-157.

32. Rowland B. The Mill in Popular Metaphor from Chaucer to the Present Day // Southern Folklore Quarterly. 33. Gainesville, 1969. P. 69-79.

33. Senderovich M and Sendich M. Anton Chekhov Rediscovered. Ann Arbor, 1987.

34. Shevchenko, Taras. Kobzar: Vybir Poeziï. Viden', 1915. С. 42-46.

35. Shields R. Ritual pleasures of a seaside resort: liminality, carnivalesque, and dirty weekends // Places on the Margin: Alternative Geographies of Modernity. London, 2013. P. 73-116.

36. Thompson Stith. Thompson's Motif Index of Folk Literature. (F612676, wunsche Teufel). London, 1966. Vol 3. P. 315-328.

37. Топоров В.Н. [Toporov V.N.]. Предыстория литературы у славян: Опыт реконструкции. [Prehistory of Literature Among the Slavs. The Experience of Reconstruction. М., 1998.

38. Turner V. The Ritual Process. Chicago, 1969.

39. Успенский Л. Слово о словах: Очерки о языке. М., 2013. URL: lib.ru/PROZA/USPENSKIJ_L/slovo.txt

40. Чехов А.П. Полное собрание сочинений и писем в 30 т. М., 1974 – 1988.

41. van Gennep A. The Rites of Passage. Chicago, 1960.

42. Vowles R.V. Strindberg and the Symbolic Mill // Scandinavian Studies. URL:

43. www.jstor.org/stable/40916385

44. Warner E. Russian Myths. Austin, 2002.

"STILL" OR "YET" IN CHEKHOV'S "THE STEPPE"?
WHAT KIND OF ENGLISH DOES CHEKHOV SPEAK?

Alexander Burak
USA, Gainesville, Florida
alburak@ufl.edu

"The Steppe" was the first of Chekhov's long-short-story, or short-novel, or novella masterpieces that was published in a "thick" literary journal, *The Northern Herald* [Северный вестник 1888: 75-167]. It was also Chekhov's first work in which he, consciously and self-admittedly, deploys his powers of describing nature following the models in such Russian classics as Lermontov's "Taman," Pushkin's "The Captain's Daughter," and Gogol's "Taras Bulba," to say nothing of Turgenev's "A Hunter's Sketches" and Tolstoy's "War and Peace." In many ways, "The Steppe" is a poem in prose or even a verbal symphony. In terms of visual evocation, it is simultaneously a vividly realistic and a mesmerizingly impressionistic painting. Its vividness and freshness have remained untarnished by the passage of time since its publication in 1888. My own notes that follow might alternately be called an impressionistic study (etude) or an empirical translatorial fantasia.

Chekhov's first translator into English was R. E. C. Long [Note 1]. Although his translations did not include "The Steppe," his article, "Anton Tchekhoff," which he published first in the English journal "The Fortnightly Review" in July of 1902 and then, in August of the same year, in the American journal "The Living Age" [Note 2], remained, until the 1910s, the only English language source providing the first, even if fragmentary, information about the life and works of the Russian author.

It was a British lady, Adeline Lister Kaye (1862-1935), however, who introduced "The Steppe" to English language readers in 1915 [The Steppe/Kaye 1915: 3-127]. The translation was severely criticized in the British journal "The Athenaeum" for its literalism and awkward transliterations [Note 3], so it may have been the reason why another British lady, Constance Garnett (1861-1946), brought out the novella in her own translation, which was first published, as far as I could establish, by the Chatto & Windus publishing house in 1919 [The Bishop and Other Stories 1919]. It was "The Steppe," in either or both of these first two translations, that, for example, became the favorite and defining story for Katherine Mansfield (1888-1923), the prominent New Zealand modernist short story writer [Note 4]. But for over 60 years it was doubtless the universally recognized translation of the story by Constance Garnett that countless other English-language short story authors used as their source text [Note 5]. Garnett's translation was widely believed to be the closest to Chekhov in time, spirit, and style. Among the few dissenting voices was that of Virginia Woolf (1882-1941), who wrote:

> "Of all those who feasted upon Tolstoi, Dostoevsky, and Tchekov during the past twenty years, not more than one or two perhaps have been able to read them in Russian. Our estimate of their qualities has been formed by critics who have never read a word of Russian, or seen Russia, or even heard the language spoken by natives; who have had to depend, blindly and implicitly, upon the work of translators.
>
> What we are saying amounts to this, then, that we have judged a whole literature stripped of its style. When you have changed every word in a sentence from Russian to English, have thereby altered the sense a little, the sound, weight, and accent of the words in relation to each other completely, nothing remains except a crude and coarsened version of the sense. Thus treated, the great Russian writers are like men deprived by an earthquake or a railway accident not only of all their clothes, but also of something subtler and more important — their manners, the idiosyncrasies of their characters. What remains is, as the English have proved by the fanaticism of their admiration, something very powerful and very impressive, but it is difficult to feel sure, in view of these mutilations, how far we can trust ourselves not to impute, to distort, to read into them an emphasis which is false" [Woolf 1925: 222-223]/[Note 6].

Woolf's comments were published in 1925, when the English reader had to rely on one or two (at best) translations of some original Russian texts. Today, things are very different: we normally have access to multiple (re)-translations of the same Russian classic, done for the very reasons that Woolf is concerned about. Each successive translator aims at getting across not just the denotative basis of a story as accurately as possible but also at capturing the sociocultural connotations of the text as well as its unique authorial style. In our particular case of "The Steppe," Garnett's translation was followed by three others. The next big turn came with *The Oxford Chekhov* in Ronald Hingley's translation [The Steppe/Hingley 1980: 13-95]. This is a nine-volume edition of Chekhov's stories and plays that was published over a period of 16 years – from 1964 to 1980. Thus Hingley's new "Steppe" appeared in 1980 – 61 years after Garnett's translation classic.

Kaye and Garnett had no choice but to use the *Northern Herald* [Северный вестник 1888: 75-167] and/or, perhaps, the later A.F. Marx editions of "The Steppe" (1903). All the subsequent translators, including Hingley, have relied on the text in volume VII of the "Nauka" edition of Chekhov's *Complete Collection of the Works and Letters in Thirty Volumes* (1974-1988) (C. VII, 13-104). In any case, the very minor editorial differences between the texts that Kaye, Garnett and the others may have encountered are immaterial for the purposes of the present analysis. In the present analysis, I have used the text by Constance Garnett as presented by Shelby Foote in 1999 [Anton Chekhov. Early Short Stories (1883-1888). 1999: 506-604].

In his introductions to the volumes of the highly acclaimed *The Oxford Chekhov*, especially in volume III, Hingley gives detailed explanations of his translation strategies and aims. In defining his overarching aim, he has this to say: "An attempt has been made to use modern English which is lively without being slangy. Above all, an effort has been made to avoid the kind of unthinking 'translationese' which has so often in the past imparted to translated Russian literature a distinctive, somehow 'doughy,' style of its own with little relation to anything present in the original Russian" [The Oxford Chekhov/Vol. III 1964: X]. The chronologically third translation of "The Steppe" is in volume IV. Judging by Hingley's other, very specific commentaries on the issues of translating imaginative prose (especially "the untranslatable in translation"), he was strongly influenced by the "Soviet school of translation" epitomized by K.I. Chukovsky's *Vysokoye iskusstvo*" [high art] book [Чуковский 1964] and other Russian publications. But this avenue of analysis is not my purpose here.

The fourth English translation of "The Steppe" was brought out by the Moscow-based Soviet publishing house "Raduga" [rainbow] in 1989 [The Steppe/Miller 1989: 9-122]. At the time, "Raduga" (originaly "Progress," established in 1931) was a major Soviet publisher specializing in translations of Russian literature into foreign languages. The longstanding *modus operandi* of the publishing house was for native Russian speakers trained as professional translators to provide the first original draft of the translation which was then edited by native English speakers. The house used the British variant of English as its Anglophone medium. In fact, all four translations of "The Steppe" that I have so far listed are written in British English.

The fifth, most recent translation of "The Steppe," is in American English (in places, in a hybrid of American-British-"International/global" kind of English). It was published by the famous husband-and-wife translation team Richard Pevear and Larissa Volokhonsky in 2004. I will refer to them in this essay as "translator," or "the fifth translator," in the singular, or P&V for convenience's sake [Note 7].

Frame of Reference

The purpose of this study is not to pick up on linguistic and cultural inaccuracies present in various degrees in all five translations under consideration. The framework for conducting that kind of analysis is presented in detail in my books "Translating Culture 1" [Moscow: RValent 2010] and "Translating Culture 2" [Moscow: RValent 2013]. My present purpose is to orient, or locate, the five translations with reference to five cardinal points, toward which any translation of complex imaginative fiction tends to gravitate. These hallmarks of any translation result from the specific combinations of strategies that translators adopt to deal with translation-resistant stretches of language that are present in any fictional piece of writing. Due to the various linguistic and cultural incompatibilities of the source and target languages, the translator is always forced "to push the envelope" [Note 8] – in the sense of going beyond the linguistically and culturally prescribed "safety limits" (the so-called naturally flowing language).

The predominant methods of translating fiction prose (especially its *realia* and L3 elements, of which more later) may be grouped under the following five general headings: (1) neutralization, (2) domestication (naturalization), (3) foreignization, (4) contamination, and (5) stylization [Note 9].

(1) *Neutralization*

There is a general tendency among translators to appropriate the speaking narrator's text and make it more neutral stylistically or more logical. They are driven by a subconscious urge to explain and neutralize in order to turn out a well-ordered product. As Rachel May puts it, "the translator appears not to trust the narrator-reader communication to work [...] Editors and readers [also] look to the translator [...] for some sense of authority and clarity [...] Thus, the translator is supposed to convey more authority than the author while possessing far less" [May 1994: 84-85]. This tendency often leads to what Korney Chukovsky called "blandscript" (*gladkopis'*) – insipid, pale, and trivial translations that obfuscate the original author's individual style and different narrative voices. In other words, neutralization is a reader-oriented strategy generally consisting in substituting neutral-style lexical items and smoothly-flowing syntax for any irregular, unusual, or socioculturally-driven language used by the author. Although translators should do their best to harmonize rather than neutralize different voices in a literary work, resorting to neutralization is often unavoidable.

(2) Domestication/Naturalization

Domestication (or naturalization) is also a reader-oriented approach that may be viewed as a variety of neutralization taken to its target-culture limits. Domestication involves pragmatic modifications of the target text caused by the culture-specific elements of the source text in an attempt to make the translation sound natural to the intended readership. Lawrence Venuti defines domestication as a translation strategy involving "an ethnocentric reduction of the foreign text to target-language cultural values" [Venuti 1995: 20]. He believes that domestication dominates Anglo-American translating culture. While accepting domestication as a legitimate translation technique, I believe that it should be used cautiously because it may lead to pragmatic deformations of the original in the target text. By way of an example, let us consider a passage from "The Steppe," where the innkeeper Moisei Moiseich is criticizing Father Khristofor for his getting involved in the trade of selling wool, which the latter denies emphatically, using the phrase "*дулю мне под нос.*" The exchange goes like this:

> Отец Христофор: Суета!
> Мойсей Мойсеич: Зато грошей будет много!
> Отец Христофор: Ну да! Дулю мне под нос, а не гроши.
> Товар-то ведь не мой, а зятя Михайлы! (С. VII, 34).

We have five translation variants of this. (1) Kaye's: F. Kh.: How vainglorious! – M. M.: Still groats [Note 10] will accumulate! – F. Kh.: <u>Oh, no.</u> [Omission] The goods are not mine but my son-in-law Michael's [The Steppe/Kaye 1915: 34]. (2) Garnett's: F. Kh.: Vanity! – M. M.: But it will mean a lot of pence! – F. Kh.: <u>Oh, I dare say! More kicks than halfpence, and serve me right.</u> The wool's not mine, but my son-in-law Michael's [The Steppe/Garnett 1999: 529]. (3) Hingley's: F. Kh.: Ah, vanity! – M. M.: Still, you will make much moneys. – F. Kh.: <u>A likely tale. I'll get more kicks than halfpence.</u> The wool isn't mine, you know, it's my son-in-law Michael's

[The Steppe/Hingley 1980: 33]. (4) Miller's: F. Kh.: Vanity! – M. M.: You'll get plenty of money out of it! – F. Kh.: <u>Money, fiddlesticks!</u> The goods aren't mine, they belong to my son-in-law Michael [The Steppe/Miller 1989: 35]. (5) P&V's: F. Kh.: Vanity! – M. M." But you'll get a lot of moneys! – F. Kh.: <u>Oh, yes! A fig under my nose, not moneys!</u> The goods aren't mine, they're my son-in-law Mikhailo's [The Steppe/P&V 2004: 28].

Kaye "neutralizes" the phrase in question out of existence. Three other translators domesticate it into British English. Pevear and Volokhonsky foreignize it, while providing the following extended and, in my view, distracting endnote: "The fig is a contemptuous gesture (*figue* in French, *fica* in Italian) made by inserting the thumb between the first and second fingers of the fist; in Russian it has been developed in various specific forms: the fig under the nose, the fig with butter, the fig in the pocket" [The Steppe/P&V 2004: 540].

The reader-oriented solutions in (2), (3) and (4) trigger networks of British cultural references and associations; P&V's version defamiliarizes.

(3) *Foreignization*

As can be seen from the above P&V example, foreignization is the opposite of domestication. In Venuti's words, the foreignizing method is "an ethnodeviant pressure on [target-language cultural] values to register the linguistic and cultural differences of the foreign text, sending the reader abroad" [May 1994: 147]. In simpler terms, foreignization involves literal translations, word-for-word translations (calques), transcriptions-cum-transliterations, or insertions into the translated text of words and phrases of the source language without translating them. This is done to evoke local color and thereby bring the receivers of the translation closer to the culture of the original. It is a text-oriented strategy. Extreme cases of foreignization can frequently be heard, for example, in commercials and current news items on Russian television. Up to a point, foreignization is necessary. I agree with Rachel May who says, "If we persist in believing that a reader should not be able to tell that she is reading a translation, then we […] remove one of the main reasons to produce or read translations in the first place: the chance to glimpse another culture. […] Stylistic methods, such as *skaz* […], may […] be as culturally significant as *borshch*, and therefore just as worthy of a certain degree of departure from 'normal' English" [May 1994: 109].

(4) *Contamination*

"Linguistic contamination" of the target text is a translation strategy that involves the use of perceived so-called substandard modes of expression in the target text in order to signal the presence of substandard language in the source text. Contamination is often a compensatory strategy relating to different elements of the source and target languages. Displacements of levels of contamination are caused by the lack of parallelism in the perceived deviations from the prevalent conventions in the two languages. Excessive contamination jars on the linguistic and cultural sensibilities of the reader. But again, up to a point, it is a necessary strategy.

(5) *Stylization*

Stylization is often used as an umbrella term subsuming different translation techniques or strategies. I define stylization as the naturalization, domestication, foreignization, contamination, modernization, and archaization of a source text – undertaken selectively and in different combinations – with the aim of accommodating the regional, temporal, sociolectal, professional, or authorial modes of speech of the original in the target text. Arguably, the enumerated strategies of translating individual *realia* and *skaz* narration are extensions and aspects of one another. The key issue here is consistency: the translator has to define for oneself the kind of stylization s/he is pursuing and check back on its consistency in the process of translation. For example, historical stylization – which may be viewed as a type of naturalization – involves archaizing (aging) and modernizing the target text. This usually happens in the form of a selective adaptation of contemporary language to signal an outdated style rather than a wholesale attempt at reproducing the original outdated language of a period with all of its cultural-historical implications that are mostly lost on the translator and the target audience [Note 11].

Within the paradigm of analysis outlined above, the five translations of "The Steppe" under review can be positioned as follows. First, Adeline Kaye's translation (1915) is too "naïve" in terms of linguistic (grammatical and lexical) accuracy to be taken seriously, even though, it does hit some bull's eyes by virtue of beginner's luck or by its occasional solutions of an-accidental-masterpiece nature. Constance Garnett's translation

(1919/1999) is probably the closest to Chekhov's idiom owing to her being practically Chekhov's contemporary. Garnett leans very far in the direction of neutralization and domestication without crossing any overt "red lines." It is still the most widely known translation, if only by default – in the sense that readers seldom bother to pay attention to whose translation they are reading and hers is the most readily available. Ronald Hingley's translation (1980) is overtly domesticating. It sounds, in places, like somewhat outdated East London's cockney speech. On the whole, it stays within the stylistic convention of somewhat old-fashioned British English. The narrator is not our contemporary. A diametrical opposite of these three translations is the Pevear and Volokhonsky one (2004). It is clearly in the realm of overt foreignizing and modernizing. The narrator sounds like one of us today, except, perhaps, for the disconcerting tendency to take literalism somewhat beyond the "red line" of acceptability (more about this later). Alex Miller's translation (1989) is predictably self-conscious and cautiously precise, which was typical of the Soviet-period translations brought out by the "Progress" and its successor "Raduga" publishing houses. The translator is afraid of failing to translate everything. But he aims at stylizing the text to create the illusion of a 19th-century narrator. And his translation does not bristle with literalisms, the way Pevear and Volokhonsky's does.

My students often ask me, "If there are several translations of the same Russian classic, which one should we choose to read?" – "Give me a fully-paid semester sabbatical (free of teaching) to concentrate on one particular work, and I will give you some pointers," I usually answer. In this particular case I will get down to some pointers after I dissect some specific stretches of language in the 5 "The Steppe" translations.

Translatorial Nitty-Gritty

Russian has a saying, "переводческая кухня" [translator's kitchen], or any other kind of "кухня,"meaning "the specific or practical details of an activity" or "the heart of the matter." What are the empirical facts that allow me to make some fairly wide generalizations about the translations of "The Steppe?"

Modernizing
Let us begin with the way the most recent translation of "The Steppe" (2004) by Pevear and Volokhonsky tends to modernize and foreignize while

relying heavily on literalizing the original. Right at the start Yegorushka's uncle Ivan Ivanych is described as a man who "has just […] had a stiff drink" (P&V, p. 3), whereas, in the four other cases, Ivan Ivanych "has just had a good drink" (Kaye, p. 4), "has had a good drink" (Garnett, p. 507), "has just […] had a drop to drink" (Hingley, p. 15), and "had enjoyed a good drink" (Miller, p. 9). Chekhov writes, "[…] они только что […] выпили" (C. VII, 13).

"A stiff drink" is a more modern turn of phrase than those that would have been used in Chekhov's time.

Another example of modernizing. In P&V we have Father Khristofor tell Yegorushka: "We sold the wool to Cherepakhin, and God grant everybody does as well… We made a good profit" [The Steppe/P&V 2004: 101]. Hingley modernizes and domesticates the two sentences to read: "We've sold our wool to Cherepakhin at tip-top prices – done pretty well, we have" (p. 86). Miller offers "We sold wool to Cherepakhin like nobody's business… We made good use of our chances" (p. 109). In Chekhov we read: "Продали шерсть Черепахину и так, как дай бог всякому... Хорошо попользовались" (C. VII, 94).

Grammar, too, is occasionally modernized. In the following example, the syntax and the word "minus" are an example of modernization: "…the grasshopper [...] bit off the fly's stomach. […] The fly was […] released […] and flew off […] minus its stomach" (P&V, p. 20). Hingley also has the fly escape "minus a stomach" (p. 27). Kaye's fly is "stomachless" (p. 22), Garnett's is "without its stomach" (p. 521), and Miller's fly "flew off without an abdomen" (p. 27). Chekhov has the unremarkable "без живота" (C. VII, 27).

Literalism

While all five translators inevitably have to resort to literalist solutions, literalization (or literalist translation) is P&V's strategy of choice. A few examples. Section VI of the story is full of Gogolesque motifs, reinforced by Chekhov's own comments on life and death and the insignificance of a human being in the midst of indifferent, relentless, uncaring nature. The wagoners make a stop for the night on the second day of the journey, and, at campfire, Mykola Dymov tells a story about the murder of two merchants, father and son, by a group of migrant mowers. The merchants and the mowers happened to be staying at the same inn. In a drunken conversation, the merchants, who were traveling with a batch of icons for sale, boasted that they had a lot of money on them. That sealed their fate. The next day, the mowers joined the merchants under false pretenses, and, at a certain spot on the road, killed them with their scythes. Here is a sentence from Dymov's story describing the beginning of the attack: "Всё ничего было, а как только купцы доехали до этого места, косари и давай чистить их косами" (C. VII, 68). P & V translate this as: "Everything went all right, but when the merchants reached this place, <u>the mowers started cleaning them up with their scythes</u>" (pp. 69-70). Kaye has "...they set on them with their scythes" (p. 78), Garnett offers "...the mowers let fly at them with their scythes" (p. 565), in Hingley we have "...the reapers laid into them with their scythes" (p. 63), and Miller has "...the reapers started hacking them up with their scythes" (p. 77).

The dialectal nuance in this passage is that the wagoners are traveling through territory where a mixture of Ukrainian and Russian is spoken – a vernacular known today as "surzhik" [суржик] [Note 12]. Mykola is obviously a poorly educated Ukrainian, hence the interference in his speech of the Ukrainian meaning of "чистити" – figurative, colloquial: Бити кого-небудь [to beat (up on) smb]; періщити, дубасити [to beat smb fiercely and mercilessly] [Note 13]. This semi-slang Ukrainian meaning is not present in Russian dictionaries and would sound unusual to someone who has no experience of "surzhik." Nor can it be argued convincingly that this Ukrainian meaning may have something to do with the Russian slang expression "начистить кому-либо морду/рожу/хайло/харю, etc." – "to clean someone's clock" in American slang [Note 14] -- because the latter is a fairly recent usage of "чистить" congealed in a fixed expression. Whichever way we look at it, "cleaning them up with their scythes" does not work here. I can go along with any of the other four translations, probably, giving a slight edge to Miller's "hacking up."

Instances of literalism in P & V's translation are too numerous to list here, but there are some jarring ones, not to say socioculturally offensive ("politically incorrect"). For example, the use of "Yid" by P&V (p. 27), where the other translators have Jew or Jewish, makes Yegorushka's uncle Kuzmichov come across today as an anti-Semite, whereas at the time of the story's writing the Russian and Ukrainian "жид" was a more routine usage, with occasional contextual disparaging and patronizing connotations, of course. Hingley's Kuzmichov asks Solomon, the innkeeper Moisei Moiseich's brother, "...why didn't you come over to the fair in N. and do us some Jewish impressions?" (p. 32). P&V's version goes: "Solomon, why didn't you come to the fair this summer in N. to play the Yid for us?" (p. 27) [Note 15].

In another part of the story, looking back on his life, Father Khristofor says, "I'm rolling in clover and I answer to no one. In all my born days, I've never known any grief [...]" (P&V, p. 29). This is a translation of Chekhov's "Как сыр в масле катаюсь и знать никого не хочу. Отродясь у меня никакого горя не было [...]" (С. VII, 35). The other four versions are: "I ride like cheese on butter, and mind nothing or no one. From my youth upwards I have had no sorrows [...]" (Kaye, p. 33). "I live on the fat of the land, and don't need to curry favour with anyone. I have never had any trouble from childhood [...]" (Garnett, p. 530). "Live on the fat of the land I do, and I don't need any favours. There has been no grief in my life" (Hingley, p. 34). "I'm as snug as a bug in a rug and I don't care about anyone. I've never had any grief since I was born [...]" (Miller, p. 36).

Literalist translations involve not just vocabulary but also grammar – both morphology and syntax. For example, Chekhov's "Гроза-то не унимается" – бормотала она [старуха]" (С. VII, 89) becomes "'The storm won't be still,' she muttered" in P&V's version (p. 96). I had to do a double take to get the meaning of the sentence. The other four translators have: "That storm doesn't abate" (Kaye, p. 107), "The storm doesn't grow less" (Garnett, p. 589), "'Tis as stormy as ever" (Hingley, p. 83), and "The storm isn't leaving off" (Miller, p. 104). What I am wondering about here is Kaye's and Garnett's use of the Simple Present Tense instead of a Present Progressive form – something like, "It's still pouring with rain," for example, which *I* would use. There may be other variants, of course, like "The storm is as bad as before," or, given the immediate context of the scene, the translator might push the envelope as far as "It's still blazin' with lightning," etc. (Especially, since, in the next sentence, the old woman is worrying that the lightning may start fires somewhere.)

Here is an example of syntactical literalism. Yegorushka is reacting to the steppe road at the break of a new day of the journey: "Но ничто не походило так мало на вчерашнее, как дорога" (С. VII, 48). The Russian sentence is not clunky; it flows smoothly. What about the five translations? The reader can make their own choice:

1. But nothing bore so little resemblance to the things of yesterday as the road (Kaye, p. 50).

2. But nothing was so different from yesterday as the road (Garnett, p. 543).

3. But nothing was so unlike yesterday's scene as the road (Hingley, p. 45).

4. But nothing resembled yesterday's landscape as little as the road (Miller, p. 52).

5. But there was nothing that so little resembled yesterday as the road (P&V, p. 45).

I wonder how many times the reader has tripped over words on the syntactical routes of the sentence as mapped out by the translators. Does the reader choose number 2 as I do?

As a result of the modernizing and literalizing translation strategies (which are most noticeable in P&V's version), the omniscient narrator comes across more as our contemporary, using turns of phrase and vocabulary more resonant with today's diction than with that of a 19th-century author. The linguo-cultural distance of 128 years is not distinctly felt. In some sense, this may be a plus, since, generally and in large measure, Chekhov's texts read like present-day prose. On the other hand, the literalist phrases may make the narrator sound like a foreigner uncomfortable with idiomatic English. As for domesticating Russian popular speech, this can achieve varying degrees of success – like in the translations of the folkloric "как сыр в масле кататься." These provide the amusingly metaphoric diversity of "riding like cheese on butter," "living on the fat of the land," "being as snug as a bug in a rug," and "rolling in clover" – with all of this happening in Father Khristofor's "born days."

Re-Creating Spatial and Movement Relationships: The Problem of Visualization

One of the problems in fiction and translations of fiction is the ability to evoke in the mind of the reader the physical environment and the spatial relationships and movements of animate beings and inanimate objects. On balance, the five translations are head and head, both in their successes and failures. Sometimes the translators manage to preserve the authenticity of a description, at other times, their translations seem to be a little like a sentence-by-sentence effort. In other words, with regard to "physicalities," it is a five-sided draw. Here are a few examples.

Помолчав ещё немного и не отрывая глаз от Егорушки, таинственный Тит задрал вверх одну ногу, нащупал пяткой точку опоры и взобрался на камень; отсюда он , пятясь назад и глядя в упор на Егорушку, точно боясь, чтобы тот не ударил его сзади, поднялся на следующий камень и так поднимался до тех пор, пока совсем не исчез за верхушкой бугра. (С. VII, 25)	[...] after a brief silence, still keeping his eyes fixed on Yegorushka, the mysterious Tit kicked up one leg, felt with his heel for a niche and clambered up the rock; from that point he ascended to the next rock, staggering backwards and looking intently at Yegorushka, as though afraid he might hit him from behind, and so made his way upwards till he disappeared altogether behind the crest of the hill (Garnett, pp. 519-520)	After more silence the mysterius Titus lifted one foot, found a heelhold and climbed up the boulder backwards without taking his eyes off Yegorushka. Backing away, while staring at Yegorushka as if afraid of being hit from behind, he clambered onto the next rock and so made his way up till he vanished altogether behind a crest. (Hingley, p. 26)

In Garnett's version, Titus makes unsteady, difficult progress up the rocks ("kicking up his leg," "clambering up the rock," and "staggering"). In Hingley's telling, Titus is climbing up the rocks backward and away from Yegorushka, but he is afraid of being hit from behind, which means there is a third person, unindicated to the reader. Finding a "heelhold" is Hingley's somewhat unusual use of English. It is also suggested (by the use of the indefinite article before "crest") that there are more than one crests of the hill. Chekhov has just one. Just for curiosity's sake, at 57 words, Hingley's translation is shorter than Garnett's (71 words) and Pevear and Volokhonsky's (70 words). It is P&V's translation of the passage, however, that I personally find the least misleading and the most streamlined and evocatively effective. Still, it is worth comparing it with Adeline Kaye's translation as well:

After a short silence, and not tearing his eyes from Yegorushka, the mysterious Titus raised one leg, felt for a foothold behind him with his heel, and climbed up the stone; from there, backing up and staring point-blank at Egorushka, as if afraid he might hit him from behind, he got up onto the next stone and so kept climbing until he vanished altogether over the top of the knoll (P&V, p. 18). [70 words]	Still keeping silence and without taking his eyes off Egorooshka, the mysterious Tit drew up a leg, felt for a projection with his heel, and clambered up a rock. From thence he moved backwards, keeping his eye on Egorooshka as if he were afraid this latter might strike him in the back; he climbed over the next rock, and so on till he disappeared from sight over the summit of the hillock (Kaye, p. 20). [72 words]

As I already mentioned, dealing with the "physicalities" of a text is no easy matter, and translations sometimes provide descriptions of anatomically and spatially impossible acts. Thus, at one point in the story, a kindly old woman says to the exhausted Yegorushka, "'Что ж, хлопчик, раскорякой-то стоять? [...] Иди, садись!' Расставя широко ноги, Егорушка подошел к столу" [...] (С. VII, 89). The translations go as follows:

"How now, laddy, what do you make bandy-legs for? [...] Come and sit down." Keeping his legs well apart, Egorooshka walked up to the table [...] (Kaye, p. 106).

"What's the use of standing there, with your legs apart, little lad? [...] Come, sit down." Holding his legs wide apart, Yegorushka went up to the table [...] (Garnett, p. 588).

Don't stand there splayed out like. [...] Come and sit down, lad." Straddling his legs, Yegorushka went to the table [...] (Hingley, p. 82).

"What are you standing there all a-straddle for, sonnie? Come and sit down." Keeping his legs apart, Egor went up to the table [...] (Miller, pp. 103-104).

"What are you standing all astraddle, poppet? [...] Go sit down!" Moving his legs wide apart, Egorushka went over to the table [...] (P&V, p. 95).

Here we have a question of straightforward English language usage. You can *hold* your "head" high, for example, but you cannot *hold* your legs wide apart while walking, although you *can* admittedly "*hold* your legs wide apart" while engaged in some other activities. You cannot "straddle your legs" either (one straddles something *with* their legs), or "stand splayed out like," for that matter. All things considered, I choose number 4.

The above example is about re-evoking a particular posture in translation. But what if the original text describes a physically impossible posture? Like that of a mower in section VI of the story, for example, whose dead body was found "[…] crouched there with his head resting on his knees […], he was dead…" (P&V, p. 70). How one can crouch with one's head resting on his/her knees, while being dead, is a mystery to me, unless the head is separated from the body. In Chekhov's text, it is "Сидит на корточках, голову на колени положил […]" (С. VII, 68). And herein lies the problem. Sometimes fiction writers themselves provide descriptions that clash with reality. Whoever can "сидеть на корточках, положив голову на колени"? As if mesmerized by the text, the translators follow Chekhov's lead: "[…] he was squatting with his head on his knees […]" (Kaye, p. 78); "He was squatting on his heels, with his head on his knees […]" (Garnett, p. 565); "He was a-squatting with his head on his knees […]" (Hingley, p 63) – in general, "a-doing something" is a persistent riff in Hingley's translation – and "He was squatting down with his head on his knees […]" (Miller, pp. 77-78).

Being Mesmerized by the Text

This is a kind of literalism where the sense is not seen for the words. More specifically, being mesmerized by the text means submitting obliviously to its lexis and grammar and forgetting for a moment or longer about the deeper, suggestive undertows that the text may be driven by. This may result in negligible slips. Thus, for example, Hingley, in describing Styopka (p. 60), talks about his "clean-shaven face" ("безусое лицо" in Chekhov [С. VII, 64]), and the others, except for Miller, have a "beardless" face, although we know from the previous text that Styopka is an eighteen-year-old (С. VII, 56) who has not ever shaved yet. Miller gets it right, describing Styopka's face as "still innocent of a mustache" (p. 72).

Being mesmerized by the text may also have more serious consequences, such as misrepresenting the author's evaluative attitude toward his/her characters. The following translation version, offered by P&V, seems to contain a suggestion that the omniscient narrator is less sympathetic toward his characters than the Russian-language one. The example that follows is a key passage in "The Steppe," in which Chekhov makes a rare comment on the nature of Russian national character. It is a kind of "bait-and-switch" authorial trick, however, whereby, ostensibly Yegorushka, but, in fact, the narrator (Chekhov) makes a philosophical statement. For this reason, I will give an extended quote, even though it is the translations using "still" and "yet" that I am focusing on in this instance. The wagoners and Yegorushka are having an evening meal on the steppe before going to bed:

Пока ели, шел общий разговор. Из этого разговора Егорушка понял, что у всех его новых знакомых, несмотря на разницу лет и характеров, было одно общее, делавшее их похожими друг на друга: все они были люди с прекрасным прошлым и с очень нехорошим настоящим; о своём прошлом они, все до одного, говорили с восторгом, к настоящему же относились почти с презрением. Русский человек любит вспоминать, но не любит жить; <u>Егорушка ещё не знал этого</u>, и, прежде чем каша была съедена, он уж глубоко верил, что вокруг котла сидят люди, оскорблённые и обиженные судьбой [C. VII, 64].	While they ate, a general conversation went on. From this conversation Egorushka understood that all his new acquaintances, despite their differences in age and character, had one thing in common, which made them resemble one another: they were all people with a beautiful past and a very bad present; all of them to a man spoke with rapture about their past, while they greeted the present almost with scorn. The Russian man likes to remember, but does not like to live; <u>Egorushka still did not know that</u>, and, before the kasha was eaten, he was already deeply convinced that the people sitting around the cauldron had been insulted and offended by fate. (P&V, p. 64)

P&V's translation stands out because the other four translators translate the underlined clause using the phrases "not yet" or "had yet to": "Egorushka did not yet know this" (Kaye, p. 71), "Yegorushka did not yet know that" (Garnett, p. 560), "But the boy had yet to learn this" (Hingley, p. 59), and "Egor did not know this yet" (Miller, p. 72). Now this difference between "still" and "yet" might seem like a small matter or an exercise in hair splitting. But when such small differences in grammar, vocabulary and whole-text pragmatics come together and accumulate, they begin to produce a "gestalt" effect that determines the subconscious interaction of the reader with a text. If Yegorushka "<u>still</u> did not know" that the Russian man likes to remember, but does not like to live," then the subtle implication may be that he should have known that at his ripe old age of nine. If he had <u>yet</u> to learn or find that out, then there is no perceived censure, slight though it may be, or any unreasonable expectation on the part of the narrator. In the former case, we have a harsher narrator; in the latter – a more understanding one.

Russian Culture-Defining Concepts

There are many such concepts recognized in cultural studies. I call them "deeply-embedded moral-ethical categories" [глубинные морально-этические категории/понятия]. They are always problematic for translators. I will look briefly at just two of such concepts as used in "The Steppe."

When at the end of section V of the novella Yegorushka, who by now hates his casual bully Dymov with every fiber of his nine-year-old being, Chekhov says that Yegorushka "порешил во что бы то ни стало сделать ему какое-нибудь зло" (С. VII, 65), he introduces a novel, unexpected dimension to Yegorushka's character. "Порешить," in itself, may be a hint at the kind of harm Yegorushka is subconsciously-potentially capable of as one of the meanings of this verb is "to murder." In a more general sense, "зло" is a "moral-ethical category" in Russian culture, which cannot be always captured neatly in English translation because the concept is spread over several English words. However, getting the sense right in the given context is important for understanding that Yegorushka, for all his naivety and niceness, is capable of "doing evil to people." Hingley's translation goes, "…and he [Yegorushka] decided to do him [Dymov] some injury at all costs" (p. 60). Kaye translated this as "…and he made up his mind that come what might he would have his revenge" (p. 72). Garnett is close to Hingley with "…and he made up his mind that he would do him some injury, whatever it cost him" (p. 561). Miller seems to be the most accurate, in my view, saying: "…and [he] decided at all costs to do him some kind of harm" (p. 73). I personally would say, "Yegorushka determined to do Dymov some evil at any cost."

Russian culture-defining moral-ethical categories also include the words "toská" [тоска́] and "skúka" [скука] which are used to describe a supposedly uniquely Russian state of mind. "Skuka" and "toska" are leitmotifs in many Chekhov stories [Note 16]. "The Steppe" is permeated with textual overtones of "toska" and "skuka," with even the crudest of its characters, Mykola Dymov, repeating on different occasions that he is bored [скучно мне].

The conventional wisdom has it that "тоска" [toská] is a near-untranslatable Russian word. Vladimir Nabokov defined this state of mind brilliantly as "a dull ache of the soul, a longing with nothing to long for, a sick pining, ennui, boredom" [Note 17]. Other dictionary translations of "toska" (in no particular order) are "melancholy," "depression," "anguish," "agony," "ennui," "weariness (of the soul)," "boredom," "dreariness," "dullness," "longing," "yearning," "nostalgia," "grief," "sickness," "pining," "pangs (of love, etc.)," and so on [Note 18]. In "The Steppe," "toska" is also used by Chekhov as a constitutive basis in one of what is known in Russian as "govoryashchiye imena" – "speaking names."

Speaking Names

The leitmotif of "skuka"/"toska" in "The Steppe" is lexically finalized at the very end of the story in the "speaking" surname of Yegorushka's host-mother Nastasya Petrovna Toskunova, whose house is the final destination of Yegorushka's educational, one might say, "magical mystery tour," and whose name is a dire prediction of Yegorushka's further life [Note 19]. In such cases, transliteration is the commonest way out. It is a cop-out, of course, of which the reader of the translation is usually unware. With the Russian "toska" sentiment and state of mind, it is understandably easy for the translator to concede defeat. The Japanese do just that, resorting as they often do to the suggestive-to-the-Russian-ear transliteration "tosuka" [Note 20].

Extraneous Associations

Speaking names, unthinking transliterations, and loan translations (calques) may lead to some culturally misleading or even embarrassing associations that the original text does not trigger. Here are two examples.

Early in the story, Yegorushka meets a strange village boy whose name in Russian is "Тит" [C. VII, 25]. This is not a "speaking name" in Russian. But if it is transliterated as "Tit," it begins to speak, as it were, in English by triggering, perhaps in some not very refined minds, some disconcertingly anatomical and sexual associations [Note 21]. The transliteration "Tit" is used throughout the narrative by Kaye and Garnett; the other three translators wisely have "Titus."

"Twelfth Night" may serve as another – "mild" – example of a cultural reference that may evoke some variation in associations. The old wagoner Panteley tells of his wife and kids' perishing in a fire "под Крещенье ночью

(C. VII, 66). Kaye translates this as "on Christmas night" (p. 75), Garnett has "on the night of Epiphany" (p. 563), Hingley – "on Twelfth Night eve" (p. 61), Miller – "at Christmastide" (p. 75), and P/V – "on the eve of the Baptism" (p. 67), with the endnote: "The feast of Theophany, known in the West as Epiphany, commemorates Christ's baptism in the Jordan. It falls on January 6" [The Steppe/P&V 2004: 541]. It should be noted that Miller's Christmastide is a Christian festival observed from December 24, Christmas Eve, to January 5, the eve of Epiphany. In other words, it is *a period of time*. And I would expect "Twelfth Night" to be also associated – in British English, at least – with the eponymous humorous play by Shakespeare or even with the "Twelve Days of Christmas" song, in which, on the twelfth day of Christmas, the singer is quite overwhelmed by the pile of curious gifts s/he has received from his/her "true love." But, joking aside, possible networks of associations triggered by translating *realia* should always be kept in mind. Which of the five translations works best? It is hard to say. In fact, all of them work more or less fine.

L1 + L3 = L2 + X

The longstanding Jakobsonean view of translation tells us that inter-lingual translation involves two languages – L1 (the source language) and L2 (the target language). In an interesting elaboration on this basic scheme, Corrius and Zabalbeascoa [Note 22] introduce the concept of L3 (meaning, "language 3"), which, with the explosive development of multilingual media and communications, has acquired wide-reaching significance as a translation-resistant phenomenon rather than being just an occasional irritant. Patrick Zabalbeascoa and Elena Voellmer define L3 as "any language or type of linguistic variation that is significant and distinguishable from L1 in the ST [source text], and/or from L2 in the TT [target text]. It is unlike L1 and L2 in that it accounts for a relatively (or very) small number of words" [Abend-David 2014: 43]. By this definition *skaz*, *realia* and "sprinklings" of any other language or sociolectal variation would belong in the realm of L3. Sometimes L3 elements are missed by the translator altogether (recall my example of "cleaning people with scythes," where the Ukrainian language interference was probably missed by P&V). In most cases L3 is "neutralized" and blends in completely with the target language. In some cases, translators try to tackle the problem head on. By way of illustration, here is how the 5 translators deal with a passage in "The Steppe" which contains a transliteration in Russian of non-standard local Ukrainian speech:

"Хиба це овес?" – сказал печально покупатель. – "Це не овес, а полова, курам на смих... Ни, пиду к Бондаренку!" (С. VII, 63)/[Note 23].

P&V employ neutralization with an element of literalization ("it'd make a chicken grin"): "You call that oats?" the customer said mournfully. "That's not oats, it's chaff, it'd make a chicken grin... No, I'll go to Bondarenko!" (p. 63). Hingley is consistent in domesticating this passage through "contamination" (like in the other four translations, there is no hint of Ukrainian here): "Call them oats?" asked the customer mournfully. "Them ain't oats, they'm chaff. 'Tis enough to make a cat laugh. I'm going to Bondarenko's, I am" (p. 58). The other three translators neutralize and literalize. Kaye: "Such oats!" ruefully said the buyer. "They are only half oats, they'd make a chicken laugh..... Oh! Well, I'll go to Bondarenka!" (p. 70). Garnett: "Do you call these oats?" the customer said gloomily. "Those are not oats, but chaff. It's a mockery to give that to the hens; enough to make the hens laugh.... No, I will go to Bondarenko" (p. 559). Miller: "That's oats?" said the customer sadly. "That's not oats, that's chaff... I'm going to Bondarenko!" (p. 70)

How do the five translators deal with another Ukrainianism – the sound-imitating sequence "tup-tup-tup," from the Ukrainian verb "tupaty" [тупати] [Note 24]: "to tread with a muffled sound"? I suspect that its Ukrainian origins may not have been identified. The old man Panteley is telling another of his attempted robbery stories to the wagoners around the campfire. And the original Russian text goes: "Только, братцы, это самое, слышу: туп! туп! туп! Кто-то к кибитке крадется" (С. VII, 71). Maye: "But, mates, something I hear: 'Tup, tup, tup!' Someone is creeping up to the carriage" (p. 81). Garnett: "And then, lads, I heard this sound, 'Toop! Toop! Toop!' Someone was creeping up to the chaise" (p. 568). Hingley: "And I can hear this tapping noise, lads: tap, tap, tap. Someone steals up to the wagon" (p. 66). Miller: "Then I heard it: '*Pad, pad, pad!*' Someone was sneaking up to me" (p. 81). P&V: "Only this is what I hear, brothers: tup! tup! tup! Somebody's stealing up to the kibitka (p. 73). Garnett seems the least onomatopoeically misleading to me and Hingley the most as "to tap" primarily means "to hit one's hand or foot lightly against something, especially to get someone's attention or without thinking about it" [Note 25]. Of course, a different route could have been followed, resulting in what is known in translation studies as "a protocol translation," whereby a sound-imitating word or phrase is conveyed in the form of a neutral report that a certain action took place. For example, the extract in question could be "protocol-translated" as: "And then, you know, I hear this sound of stealthy footfalls – someone is sneaking up on me."

Translating L3 sometimes results in curious solutions. Consider the following example, in which the most inventive, to my mind, are Pevear and Volokhonsky. When Kuzmichov and Father Khristofor leave Yegorushka behind to continue his trip with the wagoners, this is how we see the departure of Yegorushka's uncle and the priest through the boy's eyes: "Deniska [the britzka driver] <u>hupped</u> the horse, the britzka squealed and started rolling [...]" (P&V, p. 44). In Russian, this part of the sentence reads: "Дениска ахнул на лошадей, бричка взвизгнула и покатила" [...] (C. VII, 47). The problem is that, in Russian, you do not normally "akh at the horses"; the phrase/interjection is either a dialectism or authorial neologism to emphasize the harshness of separation and serve as a kind of counterpoint to "britzka vzvizgnula" [бричка взвизгнула]. What may, at first glance, seem like a P&V mistranslation, is, in my view, an original solution to a translation problem. I think P&V do justice to Chekhov's text here by using "to hup" in an unusual way. According to the online Merriam-Webster Dictionary, "hup" is an interjection used to mark a marching cadence [Note 26]. This is what someone shouts *repeatedly* to command a group to march in rhythm. Merriam-Webster's also indicates the first known use of "hup" as a probable alteration of "hep" in 1951. So P&V's solution in this particular instance is another manifestation of their overarching tendency to modernize and literalize the original. Some could argue, of course, that "hup" may trigger unnecessary associations with sexual activity [Note 27]. In some people it might. But with L3, translation is a perennial process of compromising and going out on a limb. What do the other four translators have? Kaye: "Deniska shouted to the horses, the vehicle gave a piercing scream and moved on [...] (p. 49). This is very good: "gave a piercing scream" compensates for the neutralized "shouted." Garnett: "Deniska shouted to the horses, the chaise creaked and started [...] (p. 543). This is not as "piercingly penetrating" as Chekhov's or Kaye's sentences. Hingley translates this in the same vein as Garnett: "Deniska shouted to his horses as the britzka creaked and rolled off [...] (p. 44). However, the "as" in Hingley's translation creates the impression that the britzka was already moving and Deniska just urged the horses on. Finally Miller translates: "Deniska urged on the horses with a shout, the britchka screeched and moved off [...] (p. 51). In Miller's version we have the same mundaneness as in Garnett's and Hingley's. Chekhov's "steely thrust" of "Дениска ахнул" and "бричка покатила" is gone [Note 28].

The presence of L3 in the source text sometimes makes translators strain the limits of conventional language usage too far. Here is an illustration of the translators' solutions ranging all the way from complete domestication (Hingley) to a breaking point (P&V). The young wagoner Vasya used to work at a match-making factory in an extremely polluted environment. As a result of exposure to pollutants he has a chronically swollen jaw. In response to Yegorushka's question about the swelling, Vasya says, "Я, паничек, на спичечной фабрике работал… Доктор сказывал, что от этого самого у меня и <u>черлюсть</u> пухнет. Там воздух нездоровый. А кроме меня, еще у троих ребят <u>черлюсть</u> раздуло, а у одного так совсем сгнила" (С. VII, 58).

In the extract above the poorly-educated Vasya mangles the word "chelyust" by saying "che<u>R</u>lyust." P&V offer the following solution: "I used to work at a match factory, young master… The doctor told me that's why my <u>jore</u> [sic] got swollen. The air there's unhealthy. And besides me, another three boys got bulging <u>jores</u> [sic], and one had it completely rotted away" (p. 57). The effect of Vasya's mispronunciation is auditory in the Russian text but it is disconcerting and confusing in the P&V translation. Another solution in this case would be to compensate for the impossibility of a morphological change at the word level by resorting to lexical-grammatical-syntactical "contamination" at the level of the whole sentence. This sociolectally domesticating route is taken by Hingley: "I used to work at a match factory, young sir. The doctor did say as how that was what made me jaw swell. The air ain't healthy there, and there were three other lads beside me had swollen jaws, and one of them had it rot right away" (p. 54). Kaye – probably by an accidental stroke of genius, of which she has quite a few in particulars but few in general, – has "[…] the doctor said it was from that my jaw <u>tumefied</u>" (p. 64). In any event, today "tumefied" sounds like a great compensatory solution.

As a final example of dealing with L3, let us consider the five different translations of one of the numerous *realia* [Note 29] in "The Steppe." "Khokhly" [хохлы] is a common Russian disparaging (racially- and politically-colored today) term for ethnic Ukrainians (from the singular "хохол"). In Chekhov we find: "[…] <u>хохлы</u> сидели дома […]" (С. VII, 48). Kaye: "'<u>Top-knots</u>' were sitting at home […]" (p. 50); Garnett: "[…] <u>the Little Russians</u> were at home […]" (p. 543); Hingley: "[…] <u>the locals</u> were at home […]" (p. 45); Miller: "[…] <u>the Ukrainians</u> were staying at home […]" (p. 52); and P&V: "[…] <u>the Khokhly</u> stayed at home […]" (p. 45), supplied with the endnote: "Khokhly" (singular "khokhol") is a local Russian name for Ukrainians, from the topknot characteristic of Ukrainian men" [The Steppe/P&V 2004: 540]. In fact, the Ukrainian "оселедець" [herring] haircut [Note 30] is very different from a "top-knot" haircut [Note 31].

A Coda

It is customary to claim that "The Steppe" is a story told from the perspective of Yegorushka. To a significant extent it is, although the presence of the omniscient narrator, with his detached philosophical comments on the nature of life and death, is also distinctly felt. The wagoners' and the newly-married Konstantin's stories in section VI are told from the perspectives of each individual narrator. Finally, nature itself is a daunting presence throughout the narrative, manifesting its relentless enormity through its daily rhythms on the steppe and climaxing in a monumental thunderstorm, which is the centerpiece of the story and probably the most powerful description of a thunderstorm ever written. It is described in an ingenious mixture of Yegorushka's and Chekhov's voices.

So how many English speaking Chekhovs do we have in the case of "The Steppe" as of today? – Five: Kaye's, Garnett's, Hingley's, Miller's and Pevear and Volokhonsky's. The conventional question from English-speaking audiences and college students would be, "Which translation to read?" Aside from the numerous other considerations, some of which I have already discussed, this question is impossible to answer without considering the all-pervasive, trademark Chekovian sense of melancholy that permeates all of his works and that has to be somehow dealt with by any translator. It is one of those monumentally accursed questions that Vera Zubarev calls "the gestalt of melancholy" [гештальт скуки] [Зубарева 2013: 199]. Defining "gestalt" in the traditional way as "a set of things such as a person's thoughts and experiences considered as a whole and regarded as amounting to more than the sum of its parts [Note 32]," I would venture to rate the five translations, based also on their ability to serve as different expressions of Chekhovian "тоска" or "скука," as follows.

Read Adeline Kaye (1915) for quaint 19th-century-sounding diction but also as an object lesson in how not to over-rely on loan translations and mystifying transliterations. Kaye's translation is long on sincere effort and somewhat short on translation expertise. A kind of cabinet-of-curiosities item. And in this sense a melancholy collector's item.

Read Constance Garnett (1919) and feel the atmospherics of the period conveyed in a more elegant and better-thought-out translation style than Kaye's, despite the occasional lexical-grammatical mistranslations. In the words of Richard Freeborn, Constance Garnett's translation "has the abiding sense of first-time freshness, of spontaneous, if rather old-fashioned, turn-of-the century immediacy […]" [Freeborn 1991: xx]. If this assessment is to be accepted, then Garnett's version does not measure up to the gnawing sense of "скука"/"тоска" evoked by the crawl-paced trek across the steppe. By contrast, Garnett's translation has a sedative effect on me personally. I do get a sense of *тоска* from reading it.

Read Pevear and Volokhonsky (2004) and accept their programmatic foreignization and modernization of the original. Throughout the reading experience, you will keep remembering that you are reading a translation: It may prove, in places, to be something of a bumpy ride and a staccato composition. The translation is fun to read but, again, it falls somewhat short of the sense of melancholy I personally get from reading Chekhov. To me the P/V translation is a little too bumpy to be melancholy enough.

Read Hingley (1980) and accept his across-the-board domestication and "contamination," lapsing at times into dainty "semi-literate" British Cockney English. It is a pleasant read if you are into British English. I personally find its relentless Britishness and "Cockneyishness," with its deep embeddedness in British chains of associations, a little too Dickensian. Still, it is an excellent translation, even if it misses out somewhat on Chekhov's melancholy tonality.

Read Miller (1989) for accuracy in conveying basic denotative meaning and somewhat sterilized atmospherics. Stylistically, though, I find his translation more Frankensteinian than melancholy. This may well be its advantage over the others: I find Chekhov's text a little disjointed, too, which is understandable, given that Chekhov is using the steppe as the associative-cognitive matrix, or "container," of the story's multiplicity of emotional and psychological ramifications [Note 34].

Is "The Steppe" still a strongly evocative narrative? Yes, it is. Will it stand yet another translation? Yes, it will. Do we still need yet another translation? Yes, we do – for all of the reasons discussed in this essay and also because, in general, any translation of a complex literary work (like the original work itself) is always – to borrow a phrase from Yekaterina Bezymyannaya – "an incomplete/evolving gestalt [*незавершенный гештальт*]" [Note 35]. To paraphrase Samuel Beckett [Note 36], in the high art of literary translation, there is always room for "failing better." After all, words are all we have [Note 37].

Notes

1. Robert Edward Crozier Long (1872-1938) was an English journalist and writer, who arrived in Russia in 1898 to interview Lev Nikolayevich Tolstoy. He visited Russia several times between 1899 and 1907, writing for different English and American newspapers. Long's comments about Chekhov are referenced in Emeljanov Victor. (Ed.) Anton Chekhov: The Critical Heritage. London and New York: Routledge, 1981. URL: https://books.google.com/books?id=eyswoptm_e8C&printsec=frontcover&dq=inauthor:%22Victor+Emeljanow%22&hl=en&sa=X&ved=0ahUKEwipp_fTs4rPAhXH5yYKHU-8LBPIQ6wEIMDAD#v=onepage&q&f=false.

2. The two publications are referenced in "Perevody" by Mira Abramovna Shereshevskaya (1922-2007): http://febweb.ru/feb/chekhov/critics/ml1/ml1-3692.htm?cmd=2#12; Shereshevskaya's obituary can be found here: http://old.spbvedomosti.ru/article.htm?id=10245069@SV_Articles.

3. See Shereshevskaya, p. 375: http://feb-web.ru/feb/chekhov/critics/ml1/ml13692.htm?cmd=2#12

4. See: Шерешевская М. А. Мэнсфилд и Чехов. С. 214—218.

5. See, for example, "Introduction by Shelby Foote" (pp. XIII-XIX) in Anton Chekhov. Early Short Stories. 1883-1888. Edited by Shelby Foote. Translated by Constance Garnett. New York: The Modern Library, 1999.

6. The Russian translation of this quote can be found in the book Писатели Англии о литературе. М., 1981. С. 282—288.

7. It should be noted in passing here that there is another – cinematic – Russian-language version of "The Steppe" – Sergei Bondarchuk's unfairly underrated feature film (134 minutes in length) that was released by Mosfilm Studios in 1977: https://ru.wikipedia.org/wiki/Степь_(фильм).

8. The phrase has its origins in the world of aviation, where "envelope" has, since at least the late 60s, had the meaning "a set of performance limits that may not be safely exceeded." Test pilots are often called on to "push" a new aircraft's performance envelope by going

beyond known safety limits, as in determining just how fast an airplane can be flown.

9. I discuss these in great detail in the context of comparative translation discourse analysis (CTDA) of different fictional materials in my book *"The Other" in Translation: A Case for Comparative Translation Studies*. Bloomington, Indiana: Slavica, 2013.

10. "A groat" was an English silver coin in circulation in the 14th-17th centuries.

11. See an excellent description of this translation strategy in Ланчиков В. К., Мешалкина Е. Н. "Китайцы на маскараде, или 'худло' от Настика." ["Chinese Guys at a Masked Ball, or 'Ficprose' from Nastik."] Мосты. Журнал переводчиков. Москва: Рвалент. № 3/19 (2008): 12-23.

12. The word "surzhik" originally meant "bread baked from a mixture of wheat, rye and other flours." These days "surzhik" is used to mean "a variety of substandard popular speech that is an amalgam of Russian and Ukrainian elements."

13. See Толковый словарь украинского языка online:

http://www.classes.ru/allukrainian/dictionary-ukrainian-explanatory-term-195748.htm.

14. Google and the Urban Dictionary have this to say about the phrase: clean someone's clock – (informal) to give someone a beating: "He went wild and cleaned everybody's clock down there in the dugout." See also: https://www.google.com/?gws_rd=ssl#q=clean+someone%27s+clock.

15. In 1787 the Russian Empress Catherine the Great decreed to replace the offensive "жид" [Yid; kike] with "еврей" [Jew]. At the time of the story's writing the two terms coexisted.

16. See Galina Rylkova's "A Boring Story: Chekhov and Germany" (Intertexts, Vol. II, Number 1, Spring 2007, pp. 67-78).

17. Quoted from Peter Pomerantsev. La Bellissima. Newsweek, October 3, 2011, p. 57.

18. See, for example, http://lingvopro.abbyyonline.com/en/Search/ruen/%d1%82%d0%be%d1%81%d0%ba%d0%b0/.

19. See Вера Зубарева. Настоящее и будущее Егорушки: «Степь» в свете позиционного стиля. // Чехов в веке: позиционный стиль и комедия нового типа. Charles Schacks, Jr. Publisher. 2015. С. 139.

20. See Евгений Штейнер. "Чехов как зеркало (серьёзно). В загадочной русской душе японцы ищут себя." Стр. 244. В "Без Фудзиямы. Японские образы и воображения." Москва: Издательство "Наталис"/"Рипол классик," 2006. С. 240-248.

21. 1. Vulgar Slang: A woman's breast. 2. A teat (The American Heritage Dictionary. Eighth Edition). Especially in British slang, and in addition to the direct vulgar sense, "tit" is used as a term of abuse, referring to somebody that the speaker considers highly unpleasant and/or stupid.

22. See Abend-David and Corrius and Zabalbeascoa.

23. In standard Ukrainian the customer's comments should go: Хіба це овес? Це не овес, а полова, курам на сміх... Ні, пійду до Бондаренко. It is clear from the Russian transliteration that the customer's Ukrainian is "substandard" (it is surzhyk): he should have said "pi-ydu" and "do Bondarenko," instead of "pidu" and "k Bondarenku."

24. The definition of the Ukrainian verb "тупати" in Ukrainian is "ступати з глухим звуком (про ноги)" (http://www.classes.ru/all-ukrainian/dictionary-ukrainian-explanatory-term-182043.htm).

25. See Longman Dictionary of Contemporary English. Third Edition. 1995.

26. See http://www.merriam-webster.com/dictionary/hup.

27. See, for example, http://www.urbandictionary.com/define.php?term=hup.

28. In his introduction to The Steppe and Other Stories (London: Everyman's Library, 1991), Richard Freeborn writes: "To read Chekhov in Russian is to be confronted by a language with such a hard, sure edge to it [that] the words seem to be hewed from solid steel. Unless translation can convey this strength and exactitude, the reader will scarcely be aware of Chekhov's power" (p. xx). "The Steppe" in this collection is in Constance Garnett's translation.

29. Realia is a well-established term in Russian translation studies [реалия; мн. ч. – реалии] that refers to discrete, culture-specific lexical items (more rarely, sentences – proverbs, popular sayings, etc.) that have no direct equivalents in the translating language. The first very detailed description of realia was offered by Sergei Vlakhov and Sider Florin in their famous book The Untranslatable in Translation: Сергей Влахов, Сидер Флорин. Непереводимое в переводе. Издание третье, исправленное и дополненное. Москва: Р.Валент, 2006.

30. "Oseledets" (Ukrainian: оселедець, "herring"), chupry-na (Ukrainian: чуприна), chub (Ukrainian: чуб, "crest") or khokhol (Ukrainian: хохол, "forelock") is an element of traditional Ukrainian Cossack haircut. It describes a style of man's haircut that features a lock of hair sprouting from the top or the front of an otherwise closely shaven head (https://commons.wikimedia.org/wiki/Category:Oseledets).

31. "Top-knot" – hair fashioned into a knob or ball on top of the head (http://dictionary.reference.com/browse/topknot).

32. See the ENCARTA dictionary, 2nd edition, 2004.

33. Richard Freeborn, op. cit., p. xx.

34. See Vera Zubarev, op. cit.

35. Екатерина Безымянная. "Разноцветная жизнь." URL: http://prostitutkaket.livejournal.com/47400.html.

36. "Ever tried. Ever failed. No matter. Try again. Fail again. Fail better." – Samuel Beckett. Worstward Ho, 1983. See http://www.samuel-beckett.net/w_ho.htm.

37. "After all, words are all we have" is attributed to Samuel Beckett but is most likely a spurious quotation as no original source for it is available. At least I could not find one. No matter, we all plagiarize the alphabet.

Bibliography

1. Abend-David, Dror (Editor). Media and Translation: An Interdisciplinary Approach. New York/London/New Delhi/Sidney: Bloomsbury, 2014.

2. Anton Chekhov. Early Short Stories. 1883-1888. Edited by Shelby Foote. Translated by Constance Garnett. New York, 1999. Pp. 506-604.

3. Corrius, M. and Zabalbeascoa, P. "Language variation in source texts and their translations: the case of L3 in film translation." In Target 23 (1): 113-30.

4. Freeborn, Richard (Editor). Anton Chekhov. The Steppe and Other Stories. London: David Campbell Publishers Ltd., 1991. Pp. 187-323.

5. Long R. E. C. Anton Tchekhoff // The Fortnightly Review. 1902. V. 78. P. 103—118.

6. May, Rachel. The Translator in the Text. On Reading Russian Literature in English. Evanston, IL, 1994. Pp. 84-85; 109; 147.

7. Rylkova, Galina. "A Boring Story: Chekhov and Germany."

Intertexts, Vol. II, Number 1, Spring 2007, pp. 67-78.

8. The Athenaeum. 1915. June 5. N. 4571. P. 505.

9. The Bishop, and Other Stories. By Anton Tchehov. Translated by Constance Garnett. London, 1919. 314 pp.

10. The Living Age. 1902. N 234. P. 720—732.

11. The Oxford Chekhov. Volume III. Translated and edited by Ronald Hingley. London, New York, Toronto, 1964.

12. The Oxford Chekhov. Volume IV. Stories (1888-1889). Translated and edited by Ronald Hingley. Oxford, New York, Toronto, Melbourne, 1980. Pp. 13-95.

13. The Steppe and Other Stories. By Anton Tchekov [sic]. Translated by Adeline Lister Kaye. New York, 2015.

14. The Steppe. A Story of a Journey. (Translated by Alex Miller) In Anton Chekhov. Collected Works in 5 Volumes. Volume Three. Stories 1888-1894. Moscow, 1989. Pp. 9-122.

15. "The Steppe. The Story of a Journey." In Anton Chekhov. The Complete Short Novels. A new Translation by Richard Pevear and Larissa Volokhonsky. With an Introduction by Richard Pevear. New York, London, Toronto, 2004. Pp. 1-113.

16. Venuti, Lawrence (Editor). The Translator's Invisibility: A History of Translation. London/New York, 1995.

17. Woolf V. The Russian point of view // Woolf V. The common reader. L., 1925. P. 222—223. URL: https://ebooks.adelaide.edu.au/w/woolf/virginia/w1c/chapter16.htm

18. Зубарева, Вера. "Настоящее и будущее Егорушки. 'Степь' в свете позиционного стиля." Журнал "Вопросы Литературы," № 1, 2013, стр. 199. С. 193-226.

19. Чехов А. П. Степь. История одной поездки. Журнал "Северный вестник," Санкт Петербург, 1888, стр. 75-167.

20. Чехов А. П. Полное собрание сочинений и писем в тридцати томах. Том седьмой. М., 1977, стр. 13-104.

21. Чуковский, К.И. Высокое искусство. М., 1964.

А.П. ЧЕХОВ

СТЕПЬ

(ИСТОРИЯ ОДНОЙ ПОЕЗДКИ)

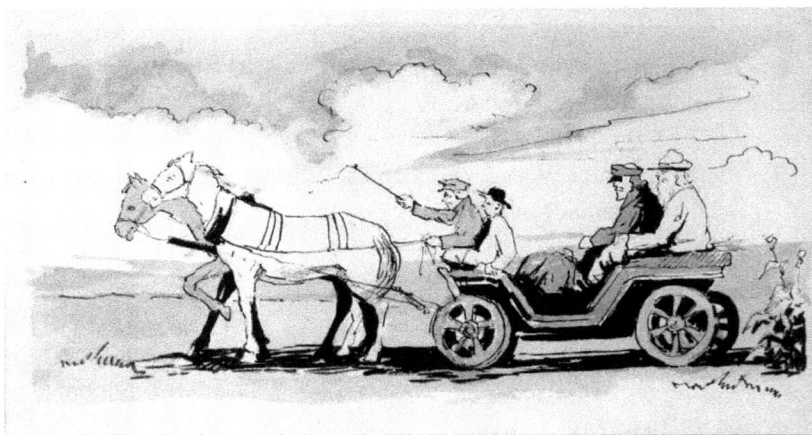

I

Из N., уездного города Z-ой губернии, ранним июльским утром выехала и с громом покатила по почтовому тракту безрессорная, ошарпанная бричка, одна из тех допотопных бричек, на которых ездят теперь на Руси только купеческие приказчики, гуртовщики и небогатые священники. Она тарахтела и взвизгивала при малейшем движении; ей угрюмо вторило ведро, привязанное к ее задку, — и по одним этим звукам да по жалким кожаным тряпочкам, болтавшимся на ее облезлом теле, можно было судить о ее ветхости и готовности идти в слом.

В бричке сидело двое N-ских обывателей: N-ский купец Иван Иваныч Кузьмичов, бритый, в очках и в соломенной шляпе, больше похожий на чиновника, чем на купца, и другой — отец Христофор Сирийский, настоятель N-ской Николаевской церкви, маленький длинноволосый старичок в сером парусиновом кафтане, в широкополом цилиндре и в шитом, цветном поясе. Первый о чем-то сосредоточенно думал и встряхивал головою, чтобы прогнать дремоту; на лице его привычная деловая сухость боролась с благодушием человека, только что простившегося с родней и хорошо выпившего; второй же влажными глазками удивленно глядел на мир божий и улыбался так широко, что, казалось, улыбка захватывала даже поля цилиндра; лицо его было красно и имело озябший вид. Оба они, как Кузьмичов, так и о. Христофор, ехали теперь продавать шерсть. Прощаясь с домочадцами, они только что сытно закусили пышками со сметаной и, несмотря на раннее утро, выпили... Настроение духа у обоих было прекрасное.

Кроме только что описанных двух и кучера Дениски, неутомимо стегавшего по паре шустрых гнедых лошадок, в бричке находился еще один пассажир — мальчик лет девяти, с темным от загара и мокрым от слез лицом. Это был Егорушка, племянник Кузьмичова. С разрешения дяди и с благословения о. Христофора, он ехал куда-то поступать в гимназию. Его мамаша, Ольга Ивановна, вдова коллежского секретаря и родная сестра Кузьмичова, любившая образованных людей и благородное общество, умолила своего брата, ехавшего продавать шерсть, взять с собою Егорушку и отдать его в гимназию; и теперь мальчик, не понимая, куда и зачем он едет, сидел на облучке рядом с Дениской, держался за его локоть, чтоб не свалиться, и подпрыгивал, как чайник на конфорке. От быстрой езды его красная рубаха пузырем вздувалась на спине и новая ямщицкая шляпа с павлиньим пером то и дело сползала на затылок. Он чувствовал себя в высшей степени несчастным человеком и хотел плакать.

Когда бричка проезжала мимо острога, Егорушка взглянул на часовых, тихо ходивших около высокой белой стены, на маленькие решетчатые окна, на крест, блестевший на крыше, и вспомнил, как неделю тому назад, в день Казанской божией матери, он ходил с мамашей в острожную церковь на престольный праздник; а еще ранее, на Пасху, он приходил в острог с кухаркой Людмилой и с Дениской и приносил сюда куличи, яйца, пироги и жареную говядину; арестанты благодарили и крестились, а один из них подарил Егорушке оловянные запонки собственного изделия.

Мальчик всматривался в знакомые места, а ненавистная бричка бежала мимо и оставляла всё позади. За острогом промелькнули черные, закопченные кузницы, за ними уютное, зеленое кладбище, обнесенное оградой из булыжника; из-за ограды весело выглядывали белые кресты и памятники, которые прячутся в зелени вишневых деревьев и издали кажутся белыми пятнами. Егорушка вспомнил, что, когда цветет вишня, эти белые пятна мешаются с вишневыми цветами в белое море; а когда она спеет, белые памятники и кресты бывают усыпаны багряными, как кровь, точками. За оградой под вишнями день и ночь спали Егорушкин отец и бабушка Зинаида Даниловна. Когда бабушка умерла, ее положили в длинный, узкий гроб и прикрыли двумя пятаками ее глаза, которые не хотели закрываться. До своей смерти она была жива и носила с базара мягкие бублики, посыпанные маком, теперь же она спит, спит...

А за кладбищем дымились кирпичные заводы. Густой, черный дым большими клубами шел из-под длинных камышовых крыш, приплюснутых к земле, и лениво поднимался вверх. Небо над заводами и кладбищем было смугло, и большие тени от клубов дыма ползли по полю и через дорогу. В дыму около крыш двигались люди и лошади, покрытые красной пылью...

За заводами кончался город и начиналось поле. Егорушка в последний раз оглянулся на город, припал лицом к локтю Дениски и горько заплакал...

— Ну, не отревелся еще, рёва! — сказал Кузьмичов. — Опять, баловник, слюни распустил! Не хочешь ехать, так оставайся. Никто силой не тянет!

— Ничего, ничего, брат Егор, ничего... — забормотал скороговоркой о. Христофор. — Ничего, брат... Призывай бога... Не за худом едешь, а за добром. Ученье, как говорится, свет, а неученье — тьма... Истинно так.

— Хочешь вернуться? — спросил Кузьмичов.

— Хо... хочу... — ответил Егорушка, всхлипывая.

— И вернулся бы. Всё равно попусту едешь, за семь верст киселя хлебать.

— Ничего, ничего, брат... — продолжал о. Христофор. — Бога призывай... Ломоносов так же вот с рыбарями ехал, однако из него вышел человек на всю Европу. Умственность, воспринимаемая с верой, дает плоды, богу угодные. Как сказано в молитве? Создателю во славу, родителям же нашим на утешение, церкви и отечеству на пользу... Так-то.

— Польза разная бывает... — сказал Кузьмичов, закуривая дешевую сигару. — Иной двадцать лет обучается, а никакого толку.

— Это бывает.

— Кому наука в пользу, а у кого только ум путается. Сестра — женщина непонимающая, норовит всё по благородному и хочет, чтоб из Егорки ученый вышел, а того не понимает, что я и при своих занятиях мог бы Егорку на век осчастливить. Я это к тому вам объясняю, что ежели все пойдут в ученые да в благородные, тогда некому будет торговать и хлеб сеять. Все с голоду поумирают.

— А ежели все будут торговать и хлеб сеять, тогда некому будет учения постигать.

И думая, что оба они сказали нечто убедительное и веское, Кузьмичов и о. Христофор сделали серьезные лица и одновременно кашлянули. Дениска, прислушивавшийся к их разговору и ничего не понявший, встряхнул головой и, приподнявшись, стегнул по обеим гнедым. Наступило молчание.

Между тем перед глазами ехавших расстилалась уже широкая, бесконечная равнина, перехваченная цепью холмов. Теснясь и выглядывая друг из-за друга, эти холмы сливаются в возвышенность, которая тянется вправо от дороги до самого горизонта и исчезает в лиловой дали; едешь-едешь и никак не разберешь, где она начинается и где кончается... Солнце уже выглянуло сзади из-за города и тихо, без хлопот принялось за свою работу. Сначала, далеко впереди, где небо сходится с землею, около курганчиков и ветряной мельницы, которая издали похожа на маленького человечка, размахивающего руками, поползла по земле широкая ярко-желтая полоса; через минуту такая же полоса засветилась несколько ближе, поползла вправо и охватила холмы; что-то теплое коснулось Егорушкиной спины, полоса света, подкравшись сзади, шмыгнула через бричку и лошадей, понеслась навстречу другим полосам, и вдруг вся широкая степь сбросила с себя утреннюю полутень, улыбнулась и засверкала росой.

Сжатая рожь, бурьян, молочай, дикая конопля — всё, побуревшее от зноя, рыжее и полумертвое, теперь омытое росою и обласканное солнцем, оживало, чтоб вновь зацвести. Над дорогой с веселым криком носились старички, в траве перекликались суслики, где-то далеко влево плакали чибисы. Стадо куропаток, испуганное бричкой, вспорхнуло и со своим мягким «тррр» полетело к холмам. Кузнечики, сверчки, скрипачи и медведки затянули в траве свою скрипучую, монотонную музыку.

Но прошло немного времени, роса испарилась, воздух застыл, и обманутая степь приняла свой унылый июльский вид. Трава поникла, жизнь замерла. Загорелые холмы, буро-зеленые, вдали лиловые, со своими покойными, как тень, тонами, равнина с туманной далью и опрокинутое над ними небо, которое в степи, где нет лесов и высоких гор, кажется страшно глубоким и прозрачным, представлялись теперь бесконечными, оцепеневшими от тоски...

Как душно и уныло! Бричка бежит, а Егорушка видит всё одно и то же — небо, равнину, холмы... Музыка в траве приутихла. Старички улетели, куропаток не видно. Над поблекшей травой, от нечего делать, носятся грачи; все они похожи друг на друга и делают степь еще более однообразной.

Летит коршун над самой землей, плавно взмахивая крыльями, и вдруг останавливается в воздухе, точно задумавшись о скуке жизни, потом встряхивает крыльями и стрелою несется над степью, и непонятно, зачем он летает и что ему нужно. А вдали машет крыльями мельница...

Для разнообразия мелькнет в бурьяне белый череп или булыжник; вырастет на мгновение серая каменная баба или высохшая ветла с синей ракшей на верхней ветке, перебежит дорогу суслик, и — опять бегут мимо глаз бурьян, холмы, грачи...

Но вот, слава богу, навстречу едет воз со снопами. На самом верху лежит девка. Сонная, изморенная зноем, поднимает она голову и глядит на встречных. Дениска зазевался на нее, гнедые протягивают морды к снопам, бричка, взвизгнув, целуется с возом, и колючие колосья, как веником, проезжают по цилиндру о. Христофора.

— На людей едешь, пухлая! — кричит Дениска. — Ишь, рожу-то раскорячило, словно шмель укусил!

Девка сонно улыбается и, пошевелив губами, опять ложится... А вот на холме показывается одинокий тополь; кто его посадил и зачем он здесь — бог его знает. От его стройной фигуры и зеленой одежды трудно оторвать глаза. Счастлив ли этот красавец? Летом зной, зимой стужа и метели, осенью страшные ночи, когда видишь только тьму и не слышишь ничего, кроме беспутного, сердито воющего ветра, а главное — всю жизнь один, один... За тополем ярко-желтым ковром, от верхушки холма до самой дороги, тянутся полосы пшеницы. На холме хлеб уже скошен и убран в копны, а внизу еще только косят... Шесть косарей стоят рядом и взмахивают косами, а косы весело сверкают и в такт, все вместе издают звук: «Вжжи, вжжи!» По движениям баб, вяжущих снопы, по лицам косарей, по блеску кос видно, что зной жжет и душит. Черная собака с высунутым языком бежит от косарей навстречу к бричке, вероятно с намерением залаять, но останавливается на полдороге и равнодушно глядит на Дениску, грозящего ей кнутом: жарко лаять! Одна баба поднимается и, взявшись обеими руками за измученную спину, провожает глазами кумачовую рубаху Егорушки. Красный ли цвет ей понравился, или вспомнила она про своих детей, только долго стоит она неподвижно и смотрит вслед...

Но вот промелькнула и пшеница. Опять тянется выжженная равнина, загорелые холмы, знойное небо, опять носится над землею коршун. Вдали по-прежнему машет крыльями мельница и всё еще она похожа на маленького человечка, размахивающего руками. Надоело глядеть на нее и кажется, что до нее никогда не доедешь, что она бежит от брички.

О. Христофор и Кузьмичов молчали. Дениска стегал по гнедым и покрикивал, а Егорушка уж не плакал, а равнодушно глядел по сторонам. Зной и степная скука утомили его. Ему казалось, что он давно уже едет и подпрыгивает, что солнце давно уже печет ему в спину. Не проехали еще и десяти верст, а он уже думал: «Пора бы отдохнуть!» С лица дяди мало-помалу сошло благодушие и осталась одна только деловая сухость, а бритому, тощему лицу, в особенности когда оно в очках, когда нос и виски покрыты пылью, эта сухость придает неумолимое, инквизиторское выражение. Отец же Христофор не переставал удивленно глядеть на мир божий и улыбаться. Молча, он думал о чем-то хорошем и веселом, и добрая, благодушная улыбка застыла на его лице. Казалось, что и хорошая, веселая мысль застыла в его мозгу от жары. . .

— А что, Дениска, догоним нынче обозы? — спросил Кузьмичов.

Дениска поглядел на небо, приподнялся, стегнул по лошадям и потом уже ответил:

— К ночи, бог даст, догоним. . .

Послышался собачий лай. Штук шесть громадных степных овчарок вдруг, выскочив точно из засады, с свирепым воющим лаем бросились навстречу бричке. Все они, необыкновенно злые, с мохнатыми паучьими мордами и с красными от злобы глазами, окружили бричку и, ревниво толкая друг друга, подняли хриплый рев. Они ненавидели страстно и, кажется, готовы были изорвать в клочья и лошадей, и бричку, и людей. . . Дениска, любивший дразнить и стегать, обрадовался случаю и, придав своему лицу злорадное выражение, перегнулся и хлестнул кнутом по овчарке. Псы пуще захрипели, лошади понесли; и Егорушка, еле державшийся на передке, глядя на глаза и зубы собак, понимал, что, свались он, его моментально разнесут в клочья, но страха не чувствовал, а глядел так же злорадно, как Дениска, и жалел, что у него в руках нет кнута.

Бричка поравнялась с отарой овец.

— Стой! — закричал Кузьмичов. — Держи! Тпрр. . .

Дениска подался всем туловищем назад и осадил гнедых. Бричка остановилась.

— Поди сюда! — крикнул Кузьмичов чебану. — Уйми собак, будь они прокляты!

Старик-чебан, оборванный и босой, в теплой шапке, с грязным мешком у бедра и с крючком на длинной палке — совсем ветхозаветная фигура — унял собак и, снявши шапку, подошел к бричке. Точно такая же ветхозаветная фигура стояла, не шевелясь, на другом краю отары и равнодушно глядела на проезжих.

— Чья это отара? — спросил Кузьмичов.

— Варламовская! — громко ответил старик.

— Варламовская! — повторил чебан, стоявший на другом краю отары.

— Что, проезжал тут вчерась Варламов или нет?

— Никак нет. . . Приказчик ихний проезжали, это точно. . .

— Трогай!

Бричка покатила дальше, и чебаны со своими злыми собаками остались позади. Егорушка нехотя глядел вперед на лиловую даль, и ему уже начинало казаться, что мельница, машущая крыльями, приближается. Она становилась всё больше и больше, совсем выросла, и уж можно было отчетливо разглядеть ее два крыла. Одно крыло было старое, заплатанное, другое только недавно сделано из нового дерева и лоснилось на солнце.

Бричка ехала прямо, а мельница почему-то стала уходить влево. Ехали, ехали, а она всё уходила влево и не исчезала из глаз.

— Славный ветряк поставил сыну Болтва! — заметил Дениска.

— А что-то хутора его не видать.

— Он туда, за балочкой.

Скоро показался и хутор Болтвы, а ветряк всё еще не уходил назад, не отставал, глядел на Егорушку своим лоснящимся крылом и махал. Какой колдун!

II

Около полудня бричка свернула с дороги вправо, проехала немного шагом и остановилась. Егорушка услышал тихое, очень ласковое журчанье и почувствовал, что к его лицу прохладным бархатом прикоснулся какой-то другой воздух. Из холма, склеенного природой из громадных, уродливых камней, сквозь трубочку из болиголова, вставленную каким-то неведомым благодетелем, тонкой струйкой бежала вода. Она падала на землю и, прозрачная, веселая, сверкающая на солнце и тихо ворча, точно воображая себя сильным и бурным потоком, быстро бежала куда-то влево. Недалеко от холма маленькая речка расползлась в лужицу; горячие лучи и раскаленная почва, жадно выпивая ее, отнимали у нее силу; но немножко далее она, вероятно, сливалась с другой такою же речонкой, потому что шагах в ста от холма по ее течению зеленела густая, пышная осока, из которой, когда подъезжала бричка, с криком вылетело три бекаса.

Путники расположились у ручья отдыхать и кормить лошадей. Кузьмичов, о. Христофор и Егорушка сели в жидкой тени, бросаемой бричкою и распряженными лошадьми, на разостланном войлоке и стали закусывать. Хорошая, веселая мысль, застывшая от жары в мозгу о. Христофора, после того, как он напился воды и съел одно печеное яйцо, запросилась наружу. Он ласково взглянул на Егорушку, пожевал и начал:

— Я сам, брат, учился. С самого раннего возраста бог вложил в меня смысл и понятие, так что я не в пример прочим, будучи еще таким, как ты, утешал родителей и наставников своим разумением. Пятнадцати лет мне еще не было, а я уж говорил и стихи сочинял по-латынски всё равно как по-русски. Помню, был я жезлоносцем у преосвященного Христофора. Раз после обедни, как теперь помню, в день тезоименитства благочестивейшего государя Александра Павловича Благословенного, он разоблачался в алтаре, поглядел на меня ласково и спрашивает: «Puer bone, quam appellaris?»¹ А я отвечаю: «Christophorus sum»². А он: «Ergo connominati sumus», то есть, мы, значит, тезки. . . Потом спрашивает по-латынски: «Чей ты?» Я и отвечаю тоже по-латынски, что я сын диакона Сирийского в селе Лебединском. Видя такую мою скороспешность и ясность ответов, преосвященный благословил меня и сказал: «Напиши отцу, что я его не оставлю, а тебя буду иметь в виду». Протоиереи и священники, которые в алтаре были, слушая латинский диспут, тоже немало удивлялись, и каждый в похвалу мне изъявил свое удовольствие. Еще у меня усов не было, а я уж, брат, читал и по-латынски, и по-гречески, и по-французски, знал философию, математику, гражданскую историю и все науки. Память мне бог дал на удивление. Бывало, которое прочту раза два, наизусть помню. Наставники и благодетели мои удивлялись и так предполагали, что из меня выйдет ученейший муж, светильник церкви. Я и сам думал в Киев ехать, науки продолжать, да родители не благословили. «Ты, говорил отец, весь век учиться будешь, когда же мы тебя дождемся?» Слыша такие слова, я бросил науки и поступил на место. Оно, конечно, ученый из меня не вышел, да зато я родителей не ослушался, старость их успокоил, похоронил с честью. Послушание паче поста и молитвы!

— Должно быть, вы уж все науки забыли! — заметил Кузьмичов.

— Как не забыть? Слава богу, уж восьмой десяток пошел! Из философии и риторики кое-что еще помню, а языки и математику совсем забыл.

О. Христофор зажмурил глаза, подумал и сказал вполголоса:

— Что такое существо? Существо есть вещь самобытна, не требуя иного ко своему исполнению.

Он покрутил головой и засмеялся от умиления.

— Духовная пища! — сказал он. — Истинно, материя питает

плоть, а духовная пища душу!

— Науки науками, — вздохнул Кузьмичов, — а вот как не догоним Варламова, так и будет нам наука.

— Человек — не иголка, найдем. Он теперь в этих местах кружится.

Над осокой пролетели знакомые три бекаса, и в их писке слышались тревога и досада, что их согнали с ручья. Лошади степенно жевали и пофыркивали; Дениска ходил около них и, стараясь показать, что он совершенно равнодушен к огурцам, пирогам и яйцам, которые ели хозяева, весь погрузился в избиение слепней и мух, облеплявших лошадиные животы и спины. Он аппетитно, издавая горлом какой-то особенный, ехидно-победный звук, хлопал по своим жертвам, а в случае неудачи досадливо крякал и провожал глазами всякого счастливца, избежавшего смерти.

— Дениска, где ты там! Поди ешь! — сказал Кузьмичов, глубоко вздыхая и тем давая знать, что он уже наелся.

Дениска несмело подошел к войлоку и выбрал себе пять крупных и желтых огурцов, так называемых «желтяков» (выбрать помельче и посвежее он посовестился), взял два печеных яйца, черных и с трещинами, потом нерешительно, точно боясь, чтобы его не ударили по протянутой руке, коснулся пальцем пирожка.

— Бери, бери! — поторопил его Кузьмичов. Дениска решительно взял пирог и, отойдя далеко в сторону, сел на земле, спиной к бричке. Тотчас же послышалось такое громкое жеванье, что даже лошади обернулись и подозрительно поглядели на Дениску.

Закусивши, Кузьмичов достал из брички мешок с чем-то и сказал Егорушке:

— Я буду спать, а ты поглядывай, чтобы у меня из-под головы этого мешка не вытащили.

О. Христофор снял рясу, пояс и кафтан, и Егорушка, взглянув на него, замер от удивления. Он никак не предполагал, что священники носят брюки, а на о. Христофоре были настоящие парусинковые брюки, засунутые в высокие сапоги, и кургузая пестрядинная курточка. Глядя на него, Егорушка нашел, что в этом неподобающем его сану костюме он, со своими длинными волосами и бородой, очень похож на Робинзона Крузе. Разоблачившись, о. Христофор и Кузьмичов легли в тень под бричкой, лицом друг к другу, и закрыли глаза. Дениска, кончив жевать, растянулся на припеке животом вверх и тоже закрыл глаза.

— Поглядывай, чтоб кто коней не увел! — сказал он Егорушке и тотчас же заснул.

Наступила тишина. Слышно было только, как фыркали и жевали лошади да похрапывали спящие; где-то не близко плакал один чибис и изредка раздавался писк трех бекасов, прилетавших поглядеть, не уехали ли непрошеные гости; мягко картавя, журчал ручеек, но все эти звуки не нарушали тишины, не будили застывшего воздуха, а, напротив, вгоняли природу в дремоту.

Егорушка, задыхаясь от зноя, который особенно чувствовался теперь после еды, побежал к осоке и отсюда оглядел местность. Увидел он то же самое, что видел и до полудня: равнину, холмы, небо, лиловую даль; только холмы стояли поближе, да не было мельницы, которая осталась далеко назади. Из-за скалистого холма, где тек ручей, возвышался другой, поглаже и пошире; на нем лепился небольшой поселок из пяти-шести дворов. Около изб не было видно ни людей, ни деревьев, ни теней, точно поселок задохнулся в горячем воздухе и высох. От нечего делать Егорушка поймал в траве скрипача, поднес его в кулаке к уху и долго слушал, как тот играл на своей скрипке. Когда надоела музыка, он погнался за толпой желтых бабочек, прилетавших к осоке на водопой, и сам не заметил, как очутился опять возле брички. Дядя и о. Христофор крепко спали; сон их должен был продолжаться часа два-три, пока не отдохнут лошади... Как же убить это длинное время и куда деваться от зноя! Задача мудреная... Машинально Егорушка подставил рот под струйку, бежавшую из трубочки; во рту его стало холодно и запахло болиголовом; пил он сначала с охотой, потом через силу и до тех пор, пока острый холод изо рта не побежал по всему телу и пока вода не полилась по сорочке. Затем он подошел к бричке и стал глядеть на спящих. Лицо дяди по-прежнему выражало деловую сухость. Фанатик своего дела, Кузьмичов всегда, даже во сне и за молитвой в церкви, когда пели «Иже херувимы», думал о своих делах, ни на минуту не мог забыть о них, и теперь, вероятно, ему снились тюки с шерстью, подводы, цены, Варламов... Отец же Христофор, человек мягкий, легкомысленный и смешливый, во всю свою жизнь не знал ни одного такого дела, которое, как удав, могло бы сковать его душу. Во всех многочисленных делах, за которые он брался на своем веку, его прельщало не столько само дело, сколько суета и общение с людьми, присущие всякому предприятию. Так, в настоящей поездке его интересовали не столько шерсть, Варламов и цены, сколько длинный путь, дорожные разговоры, спанье под бричкой, еда не вовремя... И теперь, судя по его лицу, ему снились, должно быть, преосвященный Христофор, латинский диспут, его попадья, пышки со сметаной и всё такое, что не могло сниться Кузьмичову.

В то время, как Егорушка смотрел на сонные лица, неожиданно послышалось тихое пение. Где-то не близко пела женщина, а где именно и в какой стороне, трудно было понять. Песня тихая, тягучая и заунывная, похожая на плач и едва уловимая слухом, слышалась то справа, то слева, то сверху, то из-под земли, точно над степью носился невидимый дух и пел. Егорушка оглядывался и не понимал, откуда эта странная песня; потом же, когда он прислушался, ему стало казаться, что это пела трава; в своей песне она, полумертвая, уже погибшая, без слов, но жалобно и искренно убеждала кого-то, что она ни в чем не виновата, что солнце выжгло ее понапрасну; она уверяла, что ей страстно хочется жить, что она еще молода и была бы красивой, если бы не зной и не засуха; вины не было, но она все-таки просила у кого-то прощения и клялась, что ей невыносимо больно, грустно и жалко себя...

Егорушка послушал немного и ему стало казаться, что от заунывной, тягучей песни воздух сделался душнее, жарче и неподвижнее... Чтобы заглушить песню, он, напевая и стараясь стучать ногами, побежал к осоке. Отсюда он поглядел во все стороны и нашел того, кто пел. Около крайней избы поселка стояла баба в короткой исподнице, длинноногая и голенастая, как цапля, и что-то просеивала; из-под ее решета вниз по бугру лениво шла белая пыль. Теперь было очевидно, что пела она. На сажень от нее неподвижно стоял маленький мальчик в одной сорочке и без шапки. Точно очарованный песнею, он не шевелился и глядел куда-то вниз, вероятно, на кумачовую рубаху Егорушки.

Песня стихла. Егорушка поплелся к бричке и опять, от нечего делать, занялся струйкой воды.

И опять послышалась тягучая песня. Пела всё та же голенастая баба за бугром в поселке. К Егорушке вдруг вернулась его скука. Он оставил трубочку и поднял глаза вверх. То, что увидел он, было так неожиданно, что он немножко испугался. Над его головой на одном из больших неуклюжих камней стоял маленький мальчик в одной рубахе, пухлый, с большим, оттопыренным животом и на тоненьких ножках, тот самый, который раньше стоял около бабы. С тупым удивлением и не без страха, точно видя перед собой выходцев с того света, он, не мигая и разинув рот, оглядывал кумачовую рубаху Егорушки и бричку.

Красный цвет рубахи манил и ласкал его, а бричка и спавшие под ней люди возбуждали его любопытство; быть может, он и сам не заметил, как приятный красный цвет и любопытство притянули его из поселка вниз, и, вероятно, теперь удивлялся своей смелости. Егорушка долго оглядывал его, а он Егорушку. Оба молчали и чувствовали некоторую неловкость. После долгого молчания Егорушка спросил:

— Тебя как звать?

Щеки незнакомца еще больше распухли; он прижался спиной к камню, выпучил глаза, пошевелил губами и ответил сиплым басом:

— Тит.

Больше мальчики не сказали друг другу ни слова. Помолчав еще немного и не отрывая глаз от Егорушки, таинственный Тит задрал вверх одну ногу, нащупал пяткой точку опоры и взобрался на камень; отсюда он, пятясь назад и глядя в упор на Егорушку, точно боясь, чтобы тот не ударил его сзади, поднялся на следующий камень и так поднимался до тех пор, пока совсем не исчез за верхушкой бугра.

Проводив его глазами, Егорушка обнял колени руками и склонил голову... Горячие лучи жгли ему затылок, шею и спину. Заунывная песня то замирала, то опять проносилась в стоячем, душном воздухе, ручей монотонно журчал, лошади жевали, а время тянулось бесконечно, точно и оно застыло и остановилось. Казалось, что с утра прошло уже сто лет... Не хотел ли бог, чтобы Егорушка, бричка и лошади замерли в этом воздухе и, как холмы, окаменели бы и остались навеки на одном месте?

Егорушка поднял голову и посоловевшими глазами поглядел вперед себя; лиловая даль, бывшая до сих пор неподвижною, закачалась и вместе с небом понеслась куда-то еще дальше... Она потянула за собою бурую траву, осоку, и Егорушка понесся с необычайною быстротою за убегавшею далью. Какая-то сила бесшумно влекла его куда-то, а за ним вдогонку неслись зной и томительная песня. Егорушка склонил голову и закрыл глаза...

Первый проснулся Дениска. Его что-то укусило, потому что он вскочил, быстро почесал плечо и проговорил:

— Анафема идолова, нет на тебя погибели!

Затем он подошел к ручью, напился и долго умывался. Его фырканье и плеск воды вывели Егорушку из забытья. Мальчик поглядел на его мокрое лицо, покрытое каплями и крупными веснушками, которые делали лицо похожим на мрамор, и спросил:

— Скоро поедем?

Дениска поглядел, как высоко стоит солнце, и ответил:

— Должно, скоро.

Он вытерся подолом рубахи и, сделав очень серьезное лицо, запрыгал на одной ноге.

— А ну-ка, кто скорей доскачет до осоки! — сказал он.

Егорушка был изнеможен зноем и полусном, но все-таки поскакал за ним. Дениске было уже около 20-ти лет, служил он в кучерах и собирался жениться, но не перестал еще быть маленьким. Он очень любил пускать змеи, гонять голубей, играть в бабки, бегать вдогонки и всегда вмешивался в детские игры и ссоры. Нужно было только хозяевам уйти или уснуть, чтобы он занялся чем-нибудь вроде прыганья на одной ножке или подбрасыванья камешков. Всякому взрослому, при виде того искреннего увлечения, с каким он резвился в обществе малолетков, трудно было удержаться, чтобы не проговорить: «Этакая дубина!» Дети же во вторжении большого кучера в их область не видели ничего странного: пусть играет, лишь бы не дрался! Точно так маленькие собаки не видят ничего странного, когда в их компанию затесывается какой-нибудь большой, искренний пес и начинает играть с ними.

Дениска перегнал Егорушку и, по-видимому, остался этим очень доволен. Он подмигнул глазом и, чтобы показать, что он может проскакать на одной ножке какое угодно пространство, предложил Егорушке, не хочет ли тот проскакать с ним по дороге и оттуда, не отдыхая, назад к бричке? Егорушка отклонил это предложение, потому что очень запыхался и ослабел.

Вдруг Дениска сделал очень серьезное лицо, какого он не делал, даже когда Кузьмичов распекал его или замахивался на него палкой; прислушиваясь, он тихо опустился на одно колено, и на лице его показалось выражение строгости и страха, какое бывает у людей, слышащих ересь. Он нацелился на одну точку глазами, медленно поднял вверх кисть руки, сложенную лодочкой, и вдруг упал животом на землю и хлопнул лодочкой по траве.

— Есть! — прохрипел он торжествующе и, вставши, поднес к глазам Егорушки большого кузнечика.

Думая, что это приятно кузнечику, Егорушка и Дениска погладили его пальцами по широкой зеленой спине и потрогали его усики. Потом Дениска поймал жирную муху, насосавшуюся крови, и предложил ее кузнечику. Тот очень равнодушно, точно давно уже был знаком с Дениской, задвигал своими большими, похожими на забрало челюстями и отъел мухе живот. Его выпустили, он сверкнул розовой подкладкой своих крыльев и, опустившись в траву, тотчас же затрещал свою песню. Выпустили и муху; она расправила крылья и без живота полетела к лошадям.

Из-под брички послышался глубокий вздох. Это проснулся Кузьмичов. Он быстро поднял голову, беспокойно поглядел вдаль, и по этому взгляду, безучастно скользнувшему мимо Егорушки и Дениски, видно было, что, проснувшись, он думал о шерсти и Варламове.

— Отец Христофор, вставайте, пора! — заговорил он встревоженно. — Будет спать, и так уж дело проспали! Дениска, запрягай!

О. Христофор проснулся с такою же улыбкою, с какою уснул. Лицо его от сна помялось, поморщилось и, казалось, стало вдвое меньше. Умывшись и одевшись, он не спеша вытащил из кармана маленький засаленный псалтирь и, став лицом к востоку, начал шёпотом читать и креститься.

— Отец Христофор! — сказал укоризненно Кузьмичов. — Пора ехать, уж лошади готовы, а вы ей-богу...

— Сейчас, сейчас... — забормотал о. Христофор. — Кафизмы почитать надо... Не читал еще нынче!

— Можно и после с кафизмами.

— Иван Иваныч, на каждый день у меня положение... Нельзя.

— Бог не взыскал бы.

Целую четверть часа о. Христофор стоял неподвижно лицом к востоку и шевелил губами, а Кузьмичов почти с ненавистью глядел на него и нетерпеливо пожимал плечами. Особенно его сердило, когда о. Христофор после каждой «славы» втягивал в себя воздух, быстро крестился и намеренно громко, чтоб другие крестились, говорил трижды:

— Аллилуя, аллилуя, аллилуя, слава тебе, боже!

Наконец он улыбнулся, поглядел вверх на небо и, кладя псалтирь в карман, сказал:

— Fini![1]

Через минуту бричка тронулась в путь. Точно она ехала назад, а не дальше, путники видели то же самое, что и до полудня. Холмы всё еще тонули в лиловой дали, и не было видно их конца; мелькал бурьян, булыжник, проносились сжатые полосы, и всё те же грачи да коршун, солидно взмахивающий крыльями, летали над степью. Воздух всё больше застывал от зноя и тишины, покорная природа цепенела в молчании... Ни ветра, ни бодрого, свежего звука, ни облачка.

Но вот, наконец, когда солнце стало спускаться к западу, степь, холмы и воздух не выдержали гнета и, истощивши терпение, измучившись, попытались сбросить с себя иго. Из-за холмов неожиданно показалось пепельно-седое кудрявое облако. Оно переглянулось со степью — я, мол, готово — и нахмурилось. Вдруг в стоячем воздухе что-то порвалось, сильно рванул ветер и с шумом, со свистом закружился по степи. Тотчас же трава и прошлогодний бурьян подняли ропот, на дороге спирально закружилась пыль, побежала по степи и, увлекая за собой солому, стрекоз и перья, черным вертящимся столбом поднялась к небу и затуманила солнце. По степи, вдоль и поперек, спотыкаясь и прыгая, побежали перекати-поле, а одно из них попало в вихрь, завертелось, как птица, полетело к небу и, обратившись там в черную точку, исчезло из виду. За ним понеслось другое, потом третье, и Егорушка видел, как два перекати-поле столкнулись в голубой вышине и вцепились друг в друга, как на поединке.

У самой дороги вспорхнул стрепет. Мелькая крыльями и хвостом, он, залитый солнцем, походил на рыболовную блесну или на прудового мотылька, у которого, когда он мелькает над водой, крылья сливаются с усиками и кажется, что усики растут у него и спереди, и сзади, и с боков... Дрожа в воздухе, как насекомое, играя своей пестротой, стрепет поднялся высоко вверх по прямой линии, потом, вероятно испуганный облаком пыли, понесся в сторону и долго еще было видно его мелькание...

А вот, встревоженный вихрем и не понимая, в чем дело, из травы вылетел коростель. Он летел за ветром, а не против, как все птицы; от этого его перья взъерошились, весь он раздулся до величины курицы и имел очень сердитый, внушительный вид. Одни только грачи, составившиеся в степи и привыкшие к степным переполохам, покойно носились над травой или же равнодушно, ни на что не обращая внимания, долбили своими толстыми клювами черствую землю.

За холмами глухо прогремел гром; подуло свежестью. Дениска весело свистнул и стегнул по лошадям. О. Христофор и Кузьмичов, придерживая свои шляпы, устремили глаза на холмы... Хорошо, если бы брызнул дождь!

Еще бы, кажется, небольшое усилие, одна потуга, и степь взяла бы верх. Но невидимая гнетущая сила мало-помалу сковала ветер и воздух, уложила пыль, и опять, как будто ничего не было, наступила тишина. Облако спряталось, загорелые холмы нахмурились, воздух покорно застыл и одни только встревоженные чибисы где-то плакали и жаловались на судьбу. . .

Затем скоро наступил вечер.

III

В вечерних сумерках показался большой одноэтажный дом с ржавой железной крышей и с темными окнами. Этот дом назывался постоялым двором, хотя возле него никакого двора не было и стоял он посреди степи, ничем не огороженный. Несколько в стороне от него темнел жалкий вишневый садик с плетнем, да под окнами, склонив свои тяжелые головы, стояли спавшие подсолнечники. В садике трещала маленькая мельничка, поставленная для того, чтобы пугать стуком зайцев. Больше же около дома не было видно и слышно ничего, кроме степи.

Едва бричка остановилась около крылечка с навесом, как в доме послышались радостные голоса — один мужской, другой женский, — завизжала дверь на блоке, и около брички в одно мгновение выросла высокая тощая фигура, размахивавшая руками и фалдами. Это был хозяин постоялого двора Мойсей Мойсеич, немолодой человек с очень бледным лицом и с черной, как тушь, красивой бородой. Одет он был в поношенный черный сюртук, который болтался на его узких плечах, как на вешалке, и взмахивал фалдами, точно крыльями, всякий раз, как Мойсей Мойсеич от радости или в ужасе всплескивал руками. Кроме сюртука, на хозяине были еще широкие белые панталоны навыпуск и бархатная жилетка с рыжими цветами, похожими на гигантских клопов.

Мойсей Мойсеич, узнав приехавших, сначала замер от наплыва чувств, потом всплеснул руками и простонал. Сюртук его взмахнул фалдами, спина согнулась в дугу и бледное лицо покривилось такой улыбкой, как будто видеть бричку для него было не только приятно, но и мучительно сладко.

— Ах, боже мой, боже мой! — заговорил он тонким певучим голосом, задыхаясь, суетясь и своими телодвижениями мешая пассажирам вылезти из брички. — И такой сегодня для меня счастливый день! Ах, да что же я таперичка должен делать! Иван Иваныч! Отец Христофор! Какой же хорошенький паничок сидит на козлах, накажи меня бог! Ах, боже ж мой, да что же я стою на одном месте и не зову гостей в горницу? Пожалуйте, покорнейше прошу. . . милости просим! Давайте мне все ваши вещи. . . Ах, боже мой!

Мойсей Мойсеич, шаря в бричке и помогая приезжим вылезать, вдруг обернулся назад и закричал таким диким, придушенным голосом, как будто тонул и звал на помощь:

— Соломон! Соломон!

— Соломон! Соломон! — повторил в доме женский голос.

Дверь на блоке завизжала, и на пороге показался невысокий молодой еврей, рыжий, с большим птичьим носом и с плешью среди жестких кудрявых волос; одет он был в короткий, очень поношенный пиджак, с закругленными фалдами и с короткими рукавами, и в короткие триковые брючки, отчего сам казался коротким и кургузым, как ощипанная птица. Это был Соломон, брат Мойсея Мойсеича. Он молча, не здороваясь, а только как-то странно улыбаясь, подошел к бричке.

— Иван Иваныч и отец Христофор приехали! — сказал ему Мойсей Мойсеич таким тоном, как будто боялся, что тот ему не поверит. — Ай, вай, удивительное дело, такие хорошие люди взяли да приехали! Ну, бери, Соломон, вещи! Пожалуйте, дорогие гости!

Немного погодя Кузьмичов, о. Христофор и Егорушка сидели уже в большой, мрачной и пустой комнате за старым дубовым столом. Этот стол был почти одинок, так как в большой комнате, кроме него, широкого дивана с дырявой клеенкой да трех стульев, не было никакой другой мебели. Да и стулья не всякий решился бы назвать стульями. Это было какое-то жалкое подобие мебели с отжившей свой век клеенкой и с неестественно сильно загнутыми назад спинками, придававшими стульям большое сходство с детскими санями. Трудно было понять, какое удобство имел в виду неведомый столяр, загибая так немилосердно спинки, и хотелось думать, что тут виноват не столяр, а какой-нибудь проезжий силач, который, желая похвастать своей силой, согнул стульям спины, потом взялся поправлять и еще больше согнул. Комната казалась мрачной. Стены были серы, потолок и карнизы закопчены, на полу тянулись щели и зияли дыры непонятного происхождения (думалось, что их пробил каблуком всё тот же силач), и казалось, если бы в комнате повесили десяток ламп, то она не перестала бы быть темной. Ни на стенах, ни на окнах не было ничего похожего на украшения. Впрочем, на одной стене в серой деревянной раме висели какие-то правила с двуглавым орлом, а на другой, в такой же раме, какая-то гравюра с надписью: «Равнодушие человеков». К чему человеки были равнодушны — понять было невозможно, так как гравюра сильно потускнела от времени и была щедро засижена мухами. Пахло в комнате чем-то затхлым и кислым.

Введя гостей в комнату, Мойсей Мойсеич продолжал изгибаться, всплескивать руками, пожиматься и радостно восклицать — всё это считал он нужным проделывать для того, чтобы казаться необыкновенно вежливым и любезным.

— Когда проехали тут наши подводы? — спросил его Кузьмичов.

— Одна партия проехала нынче утречком, а другая, Иван Иваныч, отдыхала тут в обед и перед вечером уехала.

— А... Проезжал тут Варламов или нет?

— Нет, Иван Иваныч. Вчера утречком проезжал его приказчик Григорий Егорыч и говорил, что он, надо быть, таперичка на хуторе у молокана.

— Отлично. Значит, мы сейчас догоним обозы, а потом и к молокану.

— Да бог с вами, Иван Иваныч! — ужаснулся Мойсей Мойсеич, всплескивая руками. — Куда вы на ночь поедете? Вы поужинайте на здоровьечко и переночуйте, а завтра, бог даст, утречком поедете и догоните кого надо!

— Некогда, некогда... Извините, Мойсей Мойсеич, в другой раз как-нибудь, а теперь не время. Посидим четверть часика и поедем, а переночевать и у молокана можно.

— Четверть часика! — взвизгнул Мойсей Мойсеич. — Да побойтесь вы бога, Иван Иваныч! Вы меня заставите, чтоб я ваши шапке спрятал и запер на замок дверь! Вы хоть закусите и чаю покушайте!

— Некогда нам с чаями да с сахарами, — сказал Кузьмичов.

Мойсей Мойсеич склонил голову набок, согнул колени и выставил вперед ладони, точно обороняясь от ударов, и с мучительно-сладкой улыбкой стал умолять:

— Иван Иваныч! Отец Христофор! Будьте же такие добрые, покушайте у меня чайку! Неужели я уж такой нехороший человек, что у меня нельзя даже чай пить? Иван Иваныч!

— Что ж, чайку можно попить, — сочувственно вздохнул отец Христофор. — Это не задержит.

— Ну, ладно! — согласился Кузьмичов.

Мойсей Мойсеич встрепенулся, радостно ахнул и, пожимаясь так, как будто он только что выскочил из холодной воды в тепло, побежал к двери и закричал диким придушенным голосом, каким раньше звал Соломона:

— Роза! Роза! Давай самовар!

Через минуту отворилась дверь и в комнату с большим подносом в руках вошел Соломон. Ставя на стол поднос, он насмешливо глядел куда-то в сторону и по-прежнему странно улыбался. Теперь при свете лампочки можно было разглядеть его улыбку; она была очень сложной и выражала много чувств, но преобладающим в ней было одно — явное презрение. Он как будто думал о чем-то смешном и глупом, кого-то терпеть не мог и презирал, чему-то радовался и ждал подходящей минуты, чтобы уязвить насмешкой и покатиться со смеху. Его длинный нос, жирные губы и хитрые выпученные глаза, казалось, были напряжены от желания расхохотаться. Взглянув на его лицо, Кузьмичов насмешливо улыбнулся и спросил:

— Соломон, отчего же ты этим летом не приезжал к нам в N. на ярмарку жидов представлять?

Года два назад, что отлично помнил и Егорушка, Соломон в N. на ярмарке, в одном из балаганов, рассказывал сцены из еврейского быта и пользовался большим успехом. Напоминание об этом не произвело на Соломона никакого впечатления. Ничего не ответив, он вышел и немного погодя вернулся с самоваром.

Сделав около стола свое дело, он пошел в сторону и, скрестив на груди руки, выставив вперед одну ногу, уставился своими насмешливыми глазами на о. Христофора.

В его позе было что-то вызывающее, надменное и презрительное и в то же время в высшей степени жалкое и комическое, потому что чем внушительнее становилась его поза, тем ярче выступали на первый план его короткие брючки, куцый пиджак, карикатурный нос и вся его птичья, ощипанная фигурка.

Мойсей Мойсеич принес из другой комнаты табурет и сел на некотором расстоянии от стола.

— Приятного аппетиту! Чай да сахар! — начал он занимать гостей. — Кушайте на здоровьечко. Такие редкие гости, такие редкие, а отца Христофора я уж пять годов не видал. И никто не хочет мне сказать, чей это такой паничок хороший? — спросил он, нежно поглядывая на Егорушку.

— Это сынок сестры Ольги Ивановны, — ответил Кузьмичов.

— А куда же он едет?

— Учиться. В гимназию его везем.

Мойсей Мойсеич из вежливости изобразил на лице своем удивление и значительно покрутил головой.

— О, это хорошо! — сказал он, грозя самовару пальцем. — Это хорошо! Из гимназии выйдешь такой господин, что все мы будем шапке снимать. Ты будешь умный, богатый, с амбицией, а маменька будет радоваться. О, это хорошо!

Он помолчал немного, погладил себе колени и заговорил в почтительно-шутливом тоне:

— Уж вы меня извините, отец Христофор, а я собираюсь написать бумагу архиерею, что вы у купцов хлеб отбиваете. Возьму гербовую бумагу и напишу, что у отца Христофора, значит, своих грошей мало, что он занялся коммерцией и стал шерсть продавать.

— Да, вздумал вот на старости лет... — сказал о. Христофор и засмеялся. — Записался, брат, из попов в купцы. Теперь бы дома сидеть да богу молиться, а я скачу, аки фараон на колеснице... Суета!

— Зато грошей будет много!

— Ну да! Дулю мне под нос, а не гроши. Товар-то ведь не мой, а зятя Михайлы!

— Отчего же он сам не поехал?

— А оттого... Матернее молоко на губах еще не обсохло. Купить-то купил шерсть, а чтоб продать — ума нет, молод еще. Все деньги свои потратил, хотел нажиться и пыль пустить, а сунулся туда-сюда, ему и своей цены никто не дает. Этак помыкался парень с год, потом приходит ко мне и — «Папаша, продайте шерсть, сделайте милость! Ничего я в этих делах не понимаю!» То-то вот и есть. Как что, так сейчас и папаша, а прежде и без папаши можно было. Когда покупал, не спрашивался, а теперь, как приспичило, так и папаша. А что папаша? Коли б не Иван Иваныч, так и папаша ничего б не сделал. Хлопоты с ними!

— Да, хлопотно с детьми, я вам скажу! — вздохнул Мойсей Мойсеич. — У меня у самого шесть человек. Одного учи, другого лечи, третьего на руках носи, а когда вырастут, так еще больше хлопот. Не только таперичка, даже в священном писании так было. Когда у Иакова были маленькие дети, он плакал, а когда они выросли, еще хуже стал плакать!

— М-да... — согласился о. Христофор, задумчиво глядя на стакан. — Мне-то, собственно, нечего бога гневить, я достиг предела своей жизни, как дай бог всякому... Дочек за хороших людей определил, сынов в люди вывел и теперь свободен, свое дело сделал, хоть на все четыре стороны иди. Живу со своей попадьей потихоньку, кушаю, пью да сплю, на внучат радуюсь да богу молюсь, а больше мне ничего и не надо. Как сыр в масле катаюсь и знать никого не хочу. Отродясь у меня никакого горя не было и теперь ежели б, скажем, царь спросил: «Что тебе надобно? Чего хочешь?» Да ничего мне не надобно! Всё у меня есть и всё слава богу. Счастливей меня во всем городе человека нет. Только вот грехов много, да ведь и то сказать, один бог без греха. Ведь верно?

— Стало быть, верно.

— Ну, конечно, зубов нет, спину от старости ломит, то да се... одышка и всякое там... Болею, плоть немощна, ну да ведь, сам посуди, пожил! Восьмой десяток! Не век же вековать, надо и честь знать.

О. Христофор вдруг что-то вспомнил, прыснул в стакан и закашлялся от смеха. Мойсей Мойсеич из приличия тоже засмеялся и закашлялся.

— Потеха! — сказал о. Христофор и махнул рукой. — Приезжает ко мне в гости старший сын мой Гаврила. Он по медицинской части и служит в Черниговской губернии в земских докторах... Хорошо-с... Я ему и говорю: «Вот, говорю, одышка, то да се... Ты доктор, лечи отца!» Он сейчас меня раздел, постукал, послушал, разные там штуки... живот помял, потом и говорит: «Вам, папаша, надо, говорит, лечиться сжатым воздухом».

О. Христофор захохотал судорожно, до слез и поднялся.

— А я ему и говорю: «Бог с ним, с этим сжатым воздухом!» — выговорил он сквозь смех и махнул обеими руками. — Бог с ним, с этим сжатым воздухом!

Мойсей Мойсеич тоже поднялся и, взявшись за живот, залился тонким смехом, похожим на лай болонки.

— Бог с ним, с этим сжатым воздухом! — повторил о. Христофор, хохоча.

Мойсей Мойсеич взял двумя нотами выше и закатился таким судорожным смехом, что едва устоял на ногах.

— О, боже мой… — стонал он среди смеха. — Дайте вздохнуть… Так насмешили, что… ох!.. — смерть моя.

Он смеялся и говорил, а сам между тем пугливо и подозрительно посматривал на Соломона. Тот стоял в прежней позе и улыбался. Судя по его глазам и улыбке, он презирал и ненавидел серьезно, но это так не шло к его ощипанной фигурке, что, казалось Егорушке, вызывающую позу и едкое, презрительное выражение придал он себе нарочно, чтобы разыграть шута и насмешить дорогих гостей.

Выпив молча стаканов шесть, Кузьмичов расчистил перед собой на столе место, взял мешок, тот самый, который, когда он спал под бричкой, лежал у него под головой, развязал на нем веревочку и потряс им. Из мешка посыпались на стол пачки кредитных бумажек.

— Пока время есть, давайте, отец Христофор, посчитаем, — сказал Кузьмичов.

Увидев деньги, Мойсей Мойсеич сконфузился, встал и, как деликатный человек, не желающий знать чужих секретов, на цыпочках и балансируя руками, вышел из комнаты. Соломон остался на своем месте.

— В рублевых пачках по скольку? — начал о. Христофор.

— По пятьдесят… В трехрублевых по девяносто… Четвертные и сторублевые по тысячам сложены. Вы отсчитайте семь тысяч восемьсот для Варламова, а я буду считать для Гусевича. Да глядите, не просчитайте…

Егорушка отродясь не видал такой кучи денег, какая лежала теперь на столе. Денег, вероятно, было очень много, так как пачка в семь тысяч восемьсот, которую о. Христофор отложил для Варламова, в сравнении со всей кучей казалась очень маленькой. В другое время такая масса денег, быть может, поразила бы Егорушку и вызвала его на размышления о том, сколько на эту кучу можно купить бубликов, бабок, маковников; теперь же он глядел на нее безучастно и чувствовал только противный запах гнилых яблок и керосина, шедший от кучи. Он был измучен тряской ездой на бричке, утомился и хотел спать. Его голову тянуло вниз, глаза слипались и мысли путались, как нитки. Если б можно было, он с наслаждением склонил бы голову на стол, закрыл бы глаза, чтоб не видеть лампы и пальцев, двигавшихся над кучей, и позволил бы своим вялым, сонным мыслям еще больше запутаться. Когда он силился не дремать, ламповый огонь, чашки и пальцы двоились, самовар качался, а запах гнилых яблок казался еще острее и противнее.

— Ах, деньги, деньги! — вздыхал о. Христофор, улыбаясь. Горе с вами! Теперь мой Михайло, небось, спит и видит, что я ему такую кучу привезу.

— Ваш Михайло Тимофеич человек непонимающий, — говорил вполголоса Кузьмичов, — не за свое дело берется, а вы понимаете и можете рассудить. Отдали бы вы мне, как я говорил, вашу шерсть и ехали бы себе назад, а я б вам, так и быть уж, дал бы по полтиннику поверх своей цены, да и то только из уважения. . .

— Нет, Иван Иванович, — вздыхал о. Христофор. — Благодарим вас за внимание. . . Конечно, ежели б моя воля, я б и разговаривать не стал, а то ведь, сами знаете, товар не мой. . .

Вошел на цыпочках Мойсей Мойсеич. Стараясь из деликатности не глядеть на кучу денег, он подкрался к Егорушке и дернул его сзади за рубаху.

— А пойдем-ка, паничок, — сказал он вполголоса, — какого я тебе медведика покажу! Такой страшный, сердитый! У-у!

Сонный Егорушка встал и лениво поплелся за Мойсеем Мойсеичем смотреть медведя. Он вошел в небольшую комнатку, где, прежде чем он увидел что-нибудь, у него захватило дыхание от запаха чего-то кислого и затхлого, который здесь был гораздо гуще, чем в большой комнате, и, вероятно, отсюда распространялся по всему дому. Одна половина комнатки была занята большою постелью, покрытой сальным стеганым одеялом, а другая комодом и горами всевозможного тряпья, начиная с жестко накрахмаленных юбок и кончая детскими штанишками и помочами. На комоде горела сальная свечка.

Вместо обещанного медведя Егорушка увидел большую, очень толстую еврейку с распущенными волосами и в красном фланелевом платье с черными крапинками; она тяжело поворачивалась в узком проходе между постелью и комодом и издавала протяжные, стонущие вздохи, точно у нее болели зубы. Увидев Егорушку, она сделала плачущее лицо, протяжно вздохнула и, прежде чем он успел оглядеться, поднесла к его рту ломоть хлеба, вымазанный медом.

— Кушай, детка, кушай! — сказала она. — Ты здесь без маменьке, и тебя некому покормить. Кушай.

Егорушка стал есть, хотя после леденцов и маковников, которые он каждый день ел у себя дома, не находил ничего хорошего в меду, наполовину смешанном с воском и с пчелиными крыльями. Он ел, а Мойсей Мойсеич и еврейка глядели и вздыхали.

— Ты куда едешь, детка? — спросила еврейка.

— Учиться, — ответил Егорушка.

— А сколько вас у маменьке?

— Я один. Больше нету никого.

— А-ох! — вздохнула еврейка и подняла вверх глаза. — Бедная маменьке, бедная маменьке! Как же она будет скучать и плакать! Через год мы тоже повезем в ученье своего Наума! Ох!

— Ах, Наум, Наум! — вздохнул Мойсей Мойсеич, и на его бледном лице нервно задрожала кожа. — А он такой больной.

Сальное одеяло зашевелилось, и из-под него показалась кудрявая детская голова на очень тонкой шее; два черных глаза блеснули и с любопытством уставились на Егорушку. Мойсей Мойсеич и еврейка, не переставая вздыхать, подошли к комоду и стали говорить о чем-то по-еврейски. Мойсей Мойсеич говорил вполголоса, низким баском, и в общем его еврейская речь походила на непрерывное «гал-гал-гал-гал...», а жена отвечала ему тонким индюшечьим голоском, и у нее выходило что-то вроде «ту-ту-ту-ту...». Пока они совещались, из-под сального одеяла выглянула другая кудрявая головка на тонкой шее, за ней третья, потом четвертая... Если бы Егорушка обладал богатой фантазией, то мог бы подумать, что под одеялом лежала стоглавая гидра.

— Гал-гал-гал-гал... — говорил Мойсей Мойсеич.

— Ту-ту-ту-ту... — отвечала ему еврейка.

Совещание кончилось тем, что еврейка с глубоким вздохом полезла в комод, развернула там какую-то зеленую тряпку и достала большой ржаной пряник, в виде сердца.

— Возьми, детка, — сказала она, подавая Егорушке пряник. — У тебя теперь нету маменьке, некому тебе гостинца дать.

Егорушка сунул в карман пряник и попятился к двери, так как был уже не в силах дышать затхлым и кислым воздухом, в котором жили хозяева. Вернувшись в большую комнату, он поудобней примостился на диване и уж не мешал себе думать.

Кузьмичов только что кончил считать деньги и клал их обратно в мешок. Обращался он с ними не особенно почтительно и валил их в грязный мешок без всякой церемонии с таким равнодушием, как будто это были не деньги, а бумажный хлам.

О. Христофор беседовал с Соломоном.

— Ну, что, Соломон премудрый? — спрашивал он, зевая и крестя рот. — Как дела?

— Это вы про какие дела говорите? — спросил Соломон и поглядел так ехидно, как будто ему намекали на какое-нибудь преступление.

— Вообще... Что поделываешь?

— Что я поделываю? — переспросил Соломон и пожал плечами. — То же, что и все... Вы видите: я лакей. Я лакей у брата, брат лакей у проезжающих, проезжающие лакеи у Варламова, а если бы я имел десять миллионов, то Варламов был бы у меня лакеем.

— То есть почему же это он был бы у тебя лакеем?

— Почему? А потому, что нет такого барина или миллионера, который из-за лишней копейки не стал бы лизать рук у жида пархатого. Я теперь жид пархатый и нищий, все на меня смотрят, как на собаке, а если б у меня были деньги, то Варламов передо мной ломал бы такого дурака, как Мойсей перед вами.

О. Христофор и Кузьмичов переглянулись. Ни тот, ни другой не поняли Соломона. Кузьмичов строго и сухо поглядел на него и спросил:

— Как же ты, дурак этакой, равняешь себя с Варламовым?

— Я еще не настолько дурак, чтобы равнять себя с Варламовым, — ответил Соломон, насмешливо оглядывая своих собеседников. — Варламов хоть и русский, но в душе он жид пархатый; вся жизнь у него в деньгах и в наживе, а я свои деньги спалил в печке. Мне не нужны ни деньги, ни земля, ни овцы, и не нужно, чтоб меня боялись и снимали шапки, когда я еду. Значит, я умней вашего Варламова и больше похож на человека!

Немного погодя Егорушка сквозь полусон слышал, как Соломон голосом глухим и сиплым от душившей его ненависти, картавя и спеша, заговорил об евреях; сначала говорил он правильно, по-русски, потом же впал в тон рассказчиков из еврейского быта и стал говорить, как когда-то в балагане, с утрированным еврейским акцентом.

— Постой... — перебил его о. Христофор. — Если тебе твоя вера не нравится, так ты ее перемени, а смеяться грех; тот последний человек, кто над своей верой глумится.

— Вы ничего не понимаете! — грубо оборвал его Соломон. — Я вам говорю одно, а вы другое...

— Вот и видно сейчас, что ты глупый человек, — вздохнул о. Христофор. — Я тебя наставляю, как умею, а ты сердишься. Я тебе по-стариковски, потихоньку, а ты, как индюк: бла-бла-бла! Чудак, право...

Вошел Мойсей Мойсеич. Он встревоженно поглядел на Соломона и на своих гостей, и опять на его лице нервно задрожала кожа. Егорушка встряхнул головой и поглядел вокруг себя; мельком он увидел лицо Соломона и как раз в тот момент, когда оно было обращено к нему в три четверти и когда тень от его длинного носа пересекала всю левую щеку; презрительная улыбка, смешанная с этою тенью, блестящие, насмешливые глаза, надменное выражение и вся его ощипанная фигурка, двоясь и мелькая в глазах Егорушки, делали его теперь похожим не на шута, а на что-то такое, что иногда снится, — вероятно, на нечистого духа.

— Какой-то он у вас бесноватый, Мойсей Мойсеич, бог с ним! — сказал с улыбкой о. Христофор. — Вы бы его пристроили куда-нибудь, или женили, что ли... На человека не похож...

Кузьмичов сердито нахмурился. Мойсей Мойсеич опять встревоженно и пытливо поглядел на брата и на гостей.

— Соломон, выйди отсюда! — строго сказал он. — Выйди!

И он прибавил еще что-то по-еврейски. Соломон отрывисто засмеялся и вышел.

— А что такое? — испуганно спросил Мойсей Мойсеич о. Христофора.

— Забывается, — ответил Кузьмичов. — Грубитель и много о себе понимает.

— Так и знал! — ужаснулся Мойсей Мойсеич, всплескивая руками. — Ах, боже мой! Боже мой! — забормотал он вполголоса. — Уж вы будьте добрые, извините и не серчайте. Это такой человек, такой человек! Ах, боже мой! Боже мой! Он мне родной брат, но кроме горя я от него ничего не видел. Ведь он, знаете...

Мойсей Мойсеич покрутил пальцем около лба и продолжал:

— Не в своем уме... пропащий человек. И что мне с ним делать, не знаю! Никого он не любит, никого не почитает, никого не боится... Знаете, над всеми смеется, говорит глупости, всякому в глаза тычет. Вы не можете поверить, раз приехал сюда Варламов, а Соломон такое ему сказал, что тот ударил кнутом и его и меня... А мене за что? Разве я виноват? Бог отнял у него ум, значит, это божья воля, а я разве виноват?

Прошло минут десять, а Мойсей Мойсеич всё еще бормотал вполголоса и вздыхал:

— Ночью он не спит и всё думает, думает, думает, а о чем он думает, бог его знает. Подойдешь к нему ночью, а он сердится и смеется. Он и меня не любит... И ничего он не хочет! Папаша, когда помирал, оставил ему и мне по шести тысяч рублей. Я купил себе постоялый двор, женился и таперичка деточек имею, а он спалил свои деньги в печке. Так жалко, так жалко! Зачем палить? Тебе не надо, так отдай мне, а зачем же палить?

Вдруг завизжала дверь на блоке и задрожал пол от чьих-то шагов. На Егорушку пахнуло легким ветерком, и показалось ему, что какая-то большая черная птица пронеслась мимо и у самого лица его взмахнула крыльями. Он открыл глаза... Дядя с мешком в руках, готовый в путь, стоял возле дивана. О. Христофор, держа широкополый цилиндр, кому-то кланялся и улыбался не мягко и не умиленно, как всегда, а почтительно и натянуто, что очень не шло к его лицу. А Мойсей Мойсеич, точно его тело разломалось на три части, балансировал и всячески старался не рассыпаться. Один только Соломон, как ни в чем не бывало, стоял в углу, скрестив руки, и по-прежнему презрительно улыбался.

— Ваше сиятельство, извините, у нас не чисто! — стонал Мойсей Мойсеич с мучительно-сладкой улыбкой, уже не замечая ни Кузьмичова, ни о. Христофора, а только балансируя всем телом, чтобы не рассыпаться. — Мы люди простые, ваше сиятельство!

Егорушка протер глаза. Посреди комнаты стояло, действительно, сиятельство в образе молодой, очень красивой и полной женщины в черном платье и в соломенной шляпе. Прежде чем Егорушка успел разглядеть ее черты, ему почему-то пришел на память тот одинокий, стройный тополь, который он видел днем на холме.

— Проезжал здесь сегодня Варламов? — спросил женский голос.

— Нет, ваше сиятельство! — ответил Мойсей Мойсеич.

— Если завтра увидите его, то попросите, чтобы он ко мне заехал на минутку.

Вдруг, совсем неожиданно, на полвершка от своих глаз, Егорушка увидел черные, бархатные брови, большие карие глаза и выхоленные женские щеки с ямочками, от которых, как лучи от солнца, по всему лицу разливалась улыбка. Чем-то великолепно запахло.

— Какой хорошенький мальчик! — сказала дама. — Чей это? Казимир Михайлович, посмотрите, какая прелесть! Боже мой, он спит! Бутуз ты мой милый...

И дама крепко поцеловала Егорушку в обе щеки, и он улыбнулся и, думая, что спит, закрыл глаза.

Дверной блок завизжал, и послышались торопливые шаги: кто-то входил и выходил.

— Егорушка! Егорушка! — раздался густой шёпот двух голосов. — Вставай, ехать!

Кто-то, кажется, Дениска, поставил Егорушку на ноги и повел его за руку; на пути он открыл наполовину глаза и еще раз увидел красивую женщину в черном платье, которая целовала его. Она стояла посреди комнаты и, глядя, как он уходил, улыбалась и дружелюбно кивала ему головой. Подходя к двери, он увидел какого-то красивого и плотного брюнета в шляпе котелком и в крагах. Должно быть, это был провожатый дамы.

— Тпрр! — донеслось со двора.

У порога дома Егорушка увидел новую, роскошную коляску и пару черных лошадей. На козлах сидел лакей в ливрее и с длинным хлыстом в руках. Провожать уезжающих вышел один только Соломон. Лицо его было напряжено от желания расхохотаться; он глядел так, как будто с большим нетерпением ждал отъезда гостей, чтобы вволю посмеяться над ними.

— Графиня Драницкая, — прошептал о. Христофор, полезая в бричку.

— Да, графиня Драницкая, — повторил Кузьмичов тоже шёпотом.

Впечатление, произведенное приездом графини, было, вероятно, очень сильно, потому что даже Дениска говорил шёпотом и только тогда решился стегнуть по гнедым и крикнуть, когда бричка проехала с четверть версты и когда далеко назади вместо постоялого двора виден уж был один только тусклый огонек.

IV

Кто же, наконец, этот неуловимый, таинственный Варламов, о котором так много говорят, которого презирает Соломон и который нужен даже красивой графине? Севши на передок рядом с Дениской, полусонный Егорушка думал именно об этом человеке. Он никогда не видел его, но очень часто слышал о нем и нередко рисовал его в своем воображении. Ему известно было, что Варламов имеет несколько десятков тысяч десятин земли, около сотни тысяч овец и очень много денег; об его образе жизни и занятиях Егорушке было известно только то, что он всегда «кружился в этих местах» и что его всегда ищут.

Много слышал у себя дома Егорушка и о графине Драницкой. Она тоже имела несколько десятков тысяч десятин, много овец, конский завод и много денег, но не «кружилась», а жила у себя в богатой усадьбе, про которую знакомые и Иван Иваныч, не раз бывавший у графини по делам, рассказывали много чудесного; так, говорили, что в графининой гостиной, где висят портреты всех польских королей, находились большие столовые часы, имевшие форму утеса, на утесе стоял дыбом золотой конь с бриллиантовыми глазами, а на коне сидел золотой всадник, который всякий раз, когда часы били, взмахивал шашкой направо и налево. Рассказывали также, что раза два в год графиня давала бал, на который приглашались дворяне и чиновники со всей губернии и приезжал даже Варламов; все гости пили чай из серебряных самоваров, ели всё необыкновенное (например, зимою, на Рождество, подавались малина и клубника) и плясали под музыку, которая играла день и ночь...

«А какая она красивая!» — думал Егорушка, вспоминая ее лицо и улыбку.

Кузьмичов, вероятно, тоже думал о графине, потому что, когда бричка проехала версты две, он сказал:

— Да и здорово же обирает ее этот Казимир Михайлыч! В третьем годе, когда я у нее, помните, шерсть покупал, он на одной моей покупке тысячи три нажил.

— От ляха иного и ждать нельзя, — сказал о. Христофор.

— А ей и горюшка мало. Сказано, молодая да глупая. В голове ветер так и ходит!

Егорушке почему-то хотелось думать только о Варламове и графине, в особенности о последней. Его сонный мозг совсем отказался от обыкновенных мыслей, туманился и удерживал одни только сказочные, фантастические образы, которые имеют то удобство, что как-то сами собой, без всяких хлопот со стороны думающего, зарождаются в мозгу и сами — стоит только хорошенько встряхнуть головой — исчезают бесследно; да и всё, что было кругом, не располагало к обыкновенным мыслям. Направо темнели холмы, которые, казалось, заслоняли собой чго-то неведомое и страшное, налево всё небо над горизонтом было залито багровым заревом, и трудно было понять, был ли то где-нибудь пожар или же собиралась восходить луна. Даль была видна, как и днем, но уж ее нежная лиловая окраска, затушеванная вечерней мглой, пропала, и вся степь пряталась во мгле, как дети Мойсея Мойсеича под одеялом.

В июльские вечера и ночи уже не кричат перепела и коростели, не поют в лесных балочках соловьи, не пахнет цветами, но степь всё еще прекрасна и полна жизни. Едва зайдет солнце и землю окутает мгла, как дневная тоска забыта, всё прощено, и степь легко вздыхает широкою грудью. Как будто от того, что траве не видно в потемках своей старости, в ней поднимается веселая, молодая трескотня, какой не бывает днем; треск, подсвистыванье, царапанье, степные басы, тенора и дисканты — всё мешается в непрерывный, монотонный гул, под который хорошо вспоминать и грустить. Однообразная трескотня убаюкивает, как колыбельная песня; едешь и чувствуешь, что засыпаешь, но вот откуда-то доносится отрывистый, тревожный крик неуснувшей птицы, или раздается неопределенный звук, похожий на чей-то голос, вроде удивленного «а-а!», и дремота опускает веки. А то, бывало, едешь мимо балочки, где есть кусты, и слышишь, как птица, которую степняки зовут сплюком, кому-то кричит: «Сплю! сплю! сплю!», а другая хохочет или заливается истерическим плачем — это сова. Для кого они кричат и кто их слушает на этой равнине, бог их знает, но в крике их много грусти и жалобы. . . Пахнет сеном, высушенной травой и запоздалыми цветами, но запах густ, сладко-приторен и нежен.

Сквозь мглу видно всё, но трудно разобрать цвет и очертания предметов. Всё представляется не тем, что оно есть. Едешь и вдруг видишь, впереди у самой дороги стоит силуэт, похожий на монаха; он не шевелится, ждет и что-то держит в руках. . . Не разбойник ли это? Фигура приближается, растет, вот она поравнялась с бричкой, и вы видите, что это не человек, а одинокий куст или большой камень. Такие неподвижные, кого-то поджидающие фигуры стоят на холмах, прячутся за курганами, выглядывают из бурьяна, и все они походят на людей и внушают подозрение.

А когда восходит луна, ночь становится бледной и томной. Мглы как не бывало. Воздух прозрачен, свеж и тепел, всюду хорошо видно и даже можно различить у дороги отдельные стебли бурьяна. На далекое пространство видны черепа и камни. Подозрительные фигуры, похожие на монахов, на светлом фоне ночи кажутся чернее и смотрят угрюмее. Чаще и чаще среди монотонной трескотни, тревожа неподвижный воздух, раздается чье-то удивленное «а-а!» и слышится крик неуснувшей или бредящей птицы. Широкие тени ходят по равнине, как облака по небу, а в непонятной дали, если долго всматриваться в нее, высятся и громоздятся друг на друга туманные, причудливые образы... Немножко жутко. А взглянешь на бледно-зеленое, усыпанное звездами небо, на котором ни облачка, ни пятна, и поймешь, почему теплый воздух недвижим, почему природа настороже и боится шевельнуться: ей жутко и жаль утерять хоть одно мгновение жизни. О необъятной глубине и безграничности неба можно судить только на море да в степи ночью, когда светит луна. Оно страшно, красиво и ласково, глядит томно и манит к себе, а от ласки его кружится голова.

Едешь час-другой... Попадается на пути молчаливый старик-курган или каменная баба, поставленная бог ведает кем и когда, бесшумно пролетит над землею ночная птица, и мало-помалу на память приходят степные легенды, рассказы встречных, сказки няньки-степнячки и всё то, что сам сумел увидеть и постичь душою. И тогда в трескотне насекомых, в подозрительных фигурах и курганах, в глубоком небе, в лунном свете, в полете ночной птицы, во всем, что видишь и слышишь, начинают чудиться торжество красоты, молодость, расцвет сил и страстная жажда жизни; душа дает отклик прекрасной, суровой родине, и хочется лететь над степью вместе с ночной птицей. И в торжестве красоты, в излишке счастья чувствуешь напряжение и тоску, как будто степь сознает, что она одинока, что богатство ее и вдохновение гибнут даром для мира, никем не воспетые и никому не нужные, и сквозь радостный гул слышишь ее тоскливый, безнадежный призыв: певца! певца!

— Тпрр! Здорово, Пантелей! Всё благополучно?

— Слава богу, Иван Иваныч!

— Не видали, ребята, Варламова?

— Нет, не видали.

Егорушка проснулся и открыл глаза. Бричка стояла. Направо по дороге далеко вперед тянулся обоз, около которого сновали какие-то люди. Все возы, потому что на них лежали большие тюки с шерстью, казались очень высокими и пухлыми, а лошади — маленькими и коротконогими.

— Так мы, значит, теперь к молокану поедем! — громко говорил Кузьмичов. — Жид сказывал, что Варламов у молокана ночует. В таком случае прощайте, братцы! С богом!

— Прощайте, Иван Иваныч! — ответило несколько голосов.

— Вот что, ребята, — живо сказал Кузьмичов, — вы бы взяли с собой моего парнишку! Что ему с нами зря болтаться? Посади его, Пантелей, к себе на тюк и пусть себе едет помаленьку, а мы догоним. Ступай, Егор! Иди, ничего!..

Егорушка слез с передка. Несколько рук подхватило его, подняло высоко вверх, и он очутился на чем-то большом, мягком и слегка влажном от росы. Теперь ему казалось, что небо было близко к нему, а земля далеко.

— Эй, возьми свою пальтишку! — крикнул где-то далеко внизу Дениска.

Пальто и узелок, подброшенные снизу, упали возле Егорушки. Он быстро, не желая ни о чем думать, положил под голову узелок, укрылся пальто и, протягивая ноги во всю длину, пожимаясь от росы, засмеялся от удовольствия.

«Спать, спать, спать...» — думал он.

— Вы же, черти, его не забижайте! — послышался снизу голос Дениски.

— Прощайте, братцы! С богом! — крикнул Кузьмичов. — Я на вас надеюсь!

— Будьте покойны, Иван Иваныч!

Дениска ахнул на лошадей, бричка взвизгнула и покатила, но уж не по дороге, а куда-то в сторону. Минуты две было тихо, точно обоз уснул, и только слышалось, как вдали мало-помалу замирало лязганье ведра, привязанного к задку брички. Но вот впереди обоза кто-то крикнул:

— Кирюха, тро-о-гай!

Заскрипел самый передний воз, за ним другой, третий...

Егорушка почувствовал, как воз, на котором он лежал, покачнулся и тоже заскрипел. Обоз тронулся. Егорушка покрепче взялся рукой за веревку, которою был перевязан тюк, еще засмеялся от удовольствия, поправил в кармане пряник и стал засыпать так, как он обыкновенно засыпал у себя дома в постели...

Когда он проснулся, уже восходило солнце; курган заслонял его собою, а оно, стараясь брызнуть светом на мир, напряженно пялило свои лучи во все стороны и заливало горизонт золотом. Егорушке показалось, что оно было не на своем месте, так как вчера оно восходило сзади за его спиной, а сегодня много левее... Да и вся местность не походила на вчерашнюю. Холмов уже не было, а всюду, куда ни взглянешь, тянулась без конца бурая, невеселая равнина; кое-где на ней высились небольшие курганы, и летали вчерашние грачи. Далеко впереди белели колокольни и избы какой-то деревни; по случаю воскресного дня хохлы сидели дома, пекли и варили — это видно было по дыму, который шел изо всех труб и сизой прозрачной пеленой висел над деревней. В промежутках между изб и за церковью синела река, а за нею туманилась даль. Но ничто не походило так мало на вчерашнее, как дорога. Что-то необыкновенно широкое, размашистое и богатырское тянулось по степи вместо дороги; то была серая полоса, хорошо выезженная и покрытая пылью, как все дороги, но шириною в несколько десятков сажен. Своим простором она возбудила в Егорушке недоумение и навела его на сказочные мысли. Кто по ней ездит? Кому нужен такой простор? Непонятно и странно. Можно, в самом деле, подумать, что на Руси еще не перевелись громадные, широко шагающие люди, вроде Ильи Муромца и Соловья Разбойника, и что еще не вымерли богатырские кони. Егорушка, взглянув на дорогу, вообразил штук шесть высоких, рядом скачущих колесниц, вроде тех, какие он видывал на рисунках в священной истории; заложены эти колесницы в шестерки диких, бешеных лошадей и своими высокими колесами поднимают до неба облака пыли, а лошадьми правят люди, какие могут сниться или вырастать в сказочных мыслях. И как бы эти фигуры были к лицу степи и дороге, если бы они существовали!

По правой стороне дороги на всем ее протяжении стояли телеграфные столбы с двумя проволоками. Становясь всё меньше и меньше, они около деревни исчезали за избами и зеленью, а потом опять показывались в лиловой дали в виде очень маленьких, тоненьких палочек, похожих на карандаши, воткнутые в землю. На проволоках сидели ястребы, кобчики и вороны и равнодушно глядели на двигавшийся обоз.

Егорушка лежал на самом заднем возу и мог поэтому видеть весь обоз. Всех подвод в обозе было около двадцати и на каждые три подводы приходилось по одному возчику. Около заднего воза, где был Егорушка, шел старик с седой бородой, такой же тощий и малорослый, как о. Христофор, но с лицом, бурым от загара, строгим и задумчивым. Очень может быть, что этот старик не был ни строг, ни задумчив, но его красные веки и длинный, острый нос придавали его лицу строгое, сухое выражение, какое бывает у людей, привыкших думать всегда о серьезном и в одиночку. Как и на о. Христофоре, на нем был широкополый цилиндр, но не барский, а войлочный и бурый, похожий скорее на усеченный конус, чем на цилиндр. Ноги его были босы. Вероятно, по привычке, приобретенной в холодные зимы, когда не раз, небось, приходилось ему мерзнуть около обоза, он на ходу похлопывал себя по бедрам и притопывал ногами. Заметив, что Егорушка проснулся, он поглядел на него и сказал, пожимаясь, как от мороза:

— А, проснулся, молодчик! Сынком Ивану Ивановичу-то доводишься?

— Нет, племянник. . .

— Ивану Иванычу-то? А я вот сапожки снял и босиком прыгаю. Ножки у меня больные, стуженые, а без сапогов оно выходит слободнее. . . Слободнее, молодчик. . . То есть без сапогов-то. . . Значит, племянник? А он хороший человек, ничего. . . Дай бог здоровья. . . Ничего. . . Я про Ивана Иваныча-то. . . К молокану поехал. . . О, господи, помилуй!

Старик и говорил так, как будто было очень холодно, с расстановками и не раскрывая как следует рта; и губные согласные выговаривал он плохо, заикаясь на них, точно у него замерзли губы. Обращаясь к Егорушке, он ни разу не улыбнулся и казался строгим.

Дальше через две подводы шел с кнутом в руке человек в длинном рыжем пальто, в картузе и сапогах с опустившимися голенищами. Этот был не стар, лет сорока.

Когда он оглянулся, Егорушка увидел длинное красное лицо с жидкой козлиной бородкой и с губчатой шишкой под правым глазом. Кроме этой, очень некрасивой шишки, у него была еще одна особая примета, резко бросавшаяся в глаза: в левой руке держал он кнут, а правою помахивал таким образом, как будто дирижировал невидимым хором; изредка он брал кнут под мышку и тогда уж дирижировал обеими руками и что-то гудел себе под нос.

Следующий за ним подводчик представлял из себя длинную, прямолинейную фигуру с сильно покатыми плечами и с плоской, как доска, спиной. Он держался прямо, как будто маршировал или проглотил аршин, руки у него не болтались, а отвисали, как прямые палки, и шагал он как-то деревянно, на манер игрушечных солдатиков, почти не сгибая колен и стараясь сделать шаг возможно пошире; когда старик или обладатель губчатой шишки делали по два шага, он успевал делать только один и потому казалось, что он идет медленнее всех и отстает. Лицо у него было подвязано тряпкой и на голове торчало что-то вроде монашеской скуфейки; одет он был в короткую хохлацкую чумарку, всю усыпанную латками, и в синие шаровары навыпуск, а обут в лапти.

Тех, кто был дальше, Егорушка уже не разглядывал. Он лег животом вниз, расковырял в тюке дырочку и от нечего делать стал вить из шерсти ниточки. Старик, шагавший внизу, оказался не таким строгим и серьезным, как можно было судить по его лицу. Раз начавши разговор, он уж не прекращал его.

— Ты куда же едешь? — спросил он, притопывая ногами.

— Учиться, — ответил Егорушка.

— Учиться? Ага... Ну, помогай царица небесная. Так. Ум хорошо, а два лучше. Одному человеку бог один ум дает, а другому два ума, а иному и три... Иному три, это верно... Один ум, с каким мать родила, другой от учения, а третий от хорошей жизни. Так вот, братуша, хорошо, ежели у которого человека три ума. Тому не то что жить, и помирать легче. Помирать-то... А помрем все как есть.

Старик почесал себе лоб, взглянул красными глазами вверх на Егорушку и продолжал:

— Максим Николаич, барин из-под Славяносербска, в прошлом году тоже повез своего парнишку в учение. Не знаю, как он там в рассуждении наук, а парнишка ничего, хороший... Дай бог здоровья, славные господа. Да, тоже вот повез в ученье... В Славяносербском нету такого заведения, чтоб, стало быть, до науки доводить. Нету... А город ничего, хороший... Школа обыкновенная, для простого звания есть, а чтоб насчет большого ученья, таких нету... Нету, это верно. Тебя как звать?

— Егорушка.

— Стало быть, Егорий... Святого великомученика Егоргия Победоносца числа двадцать третьего апреля. А мое святое имя Пантелей... Пантелей Захаров Холодов... Мы Холодовы будем... Сам я уроженный, может, слыхал, из Тима, Курской губернии. Браты мои в мещане отписались и в городе мастерством занимаются, а я мужик... Мужиком остался. Годов семь назад ездил я туда... домой то есть. И в деревне был, и в городе... В Тиме, говорю, был. Тогда, благодарить бога, все живы и здоровы были, а теперь не знаю... Может, кто и помер... А помирать уж время, потому все старые, есть которые постарше меня. Смерть ничего, оно хорошо, да только бы, конечно, без покаяния не помереть. Нет пуше лиха, как наглая смерть. Наглая-то смерть бесу радость. А коли хочешь с покаянием помереть, чтобы, стало быть, в чертоги божии запрету тебе не было, Варваре великомученице молись. Она ходатайница. Она, это верно. . . Потому ей бог в небесех такое положение определил, чтоб, значит, каждый имел полную праву ее насчет покаяния молить.

Пантелей бормотал и, по-видимому, не заботился о том, слышит его Егорушка или нет. Говорил он вяло, себе под нос, не повышая и не понижая голоса, но в короткое время успел рассказать о многом. Всё рассказанное им состояло из обрывков, имевших очень мало связи между собой и совсем неинтересных для Егорушки. Быть может, он говорил только для того, чтобы теперь утром после ночи, проведенной в молчании, произвести вслух проверку своим мыслям: все ли они дома? Кончив о покаянии, он опять заговорил о каком-то Максиме Николаевиче из-под Славяносербска:

— Да, повез парнишку. . . Повез, это верно. . .

Один из подводчиков, шедших далеко впереди, рванулся с места, побежал в сторону и стал хлестать кнутом по земле. Это был рослый, широкоплечий мужчина лет тридцати, русый, кудрявый и, по-видимому, очень сильный и здоровый. Судя по движениям его плеч и кнута, по жадности, которую выражала его поза, он бил что-то живое. К нему подбежал другой подводчик, низенький и коренастый, с черной окладистой бородой, одетый в жилетку и рубаху навыпуск. Этот разразился басистым кашляющим смехом и закричал:

— Братцы, Дымов змея убил! Ей-богу!

Есть люди, об уме которых можно верно судить по их голосу и смеху. Чернобородый принадлежал именно к таким счастливцам: в его голосе и смехе чувствовалась непроходимая глупость. Кончив хлестать, русый Дымов поднял кнутом с земли и со смехом швырнул к подводам что-то похожее на веревку.

— Это не змея, а уж, — крикнул кто-то.

Деревянно шагавший человек с подвязанным лицом быстро зашагал к убитой змее, взглянул на нее и всплеснул своими палкообразными руками.

— Каторжный! — закричал он глухим, плачущим голосом. — За что ты ужика убил? Что он тебе сделал, проклятый ты? Ишь, ужика убил! А ежели бы тебя так?

— Ужа нельзя убивать, это верно. . . — покойно забормотал Пантелей. — Нельзя. . . Это не гадюка. Он хоть по виду змея, а тварь тихая, безвинная. . . Человека любит. . . Уж-то. . .

218

Дымову и чернобородому, вероятно, стало совестно, потому что они громко засмеялись и, не отвечая на ропот, лениво поплелись к своим возам. Когда задняя подвода поравнялась с тем местом, где лежал убитый уж, человек с подвязанным лицом, стоящий над ужом, обернулся к Пантелею и спросил плачущим голосом:

— Дед, ну за что он убил ужика?

Глаза у него, как теперь разглядел Егорушка, были маленькие, тусклые, лицо серое, больное и тоже как будто тусклое, а подбородок был красен и представлялся сильно опухшим.

— Дед, ну за что убил? — повторил он, шагая рядом с Пантелеем.

— Глупый человек, руки чешутся, оттого и убил, — ответил старик. — А ужа бить нельзя... Это верно... Дымов, известно, озорник, всё убьет, что под руку попадется, а Кирюха не вступился. Вступиться бы надо, а он — ха-ха-ха, да хо-хо-хо... А ты, Вася, не серчай... Зачем серчать? Убили, ну и бог с ними... Дымов озорник, а Кирюха от глупого ума... Ничего... Люди глупые, непонимающие, ну и бог с ними. Вот Емельян никогда не тронет, что не надо. Никогда, это верно... Потому человек образованный, а они глупые... Емельян-то... Он не тронет.

Подводчик в рыжем пальто и с губчатой шишкой, дирижировавший невидимым хором, услышав свое имя, остановился и, выждав, когда Пантелей и Вася поровнялись с ним, пошел рядом.

— О чем разговор? — спросил он сиплым, придушенным голосом.

— Да вот Вася серчает, — сказал Пантелей. — Я ему разные слова, чтобы он не серчал, значит... Эх, ножки мои больные, стуженые! Э-эх! Раззуделись ради воскресенья, праздничка господня!

— Это от ходьбы, — заметил Вася.

— Не, паря, не... Не от ходьбы. Когда хожу, словно легче, когда ложусь да согреюсь — смерть моя. Ходить мне вольготней.

Емельян в рыжем пальто стал между Пантелеем и Васей и замахал рукой, как будто те собирались петь. Помахав немножко, он опустил руку и безнадежно крякнул.

— Нету у меня голосу! — сказал он. — Чистая напасть! Всю ночь и утро мерещится мне тройное «Господи, помилуй», что мы на венчании у Мариновского пели; сидит оно в голове и в глотке... так бы, кажется, и спел, а не могу! Нету голосу!

Он помолчал минуту, о чем-то думая, и продолжал:

— Пятнадцать лет был в певчих, во всем Луганском заводе, может, ни у кого такого голоса не было, а как, чтоб его шут, выкупался в третьем году в Донце, так с той поры ни одной ноты не могу взять чисто. Глотку застудил. А мне без голосу всё равно, что работнику без руки.

— Это верно, — согласился Пантелей.

— Об себе я так понимаю, что я пропащий человек и больше ничего.

В это время Вася нечаянно увидел Егорушку. Глаза его замаслились и стали еще меньше.

— И паничек с нами едет! — сказал он и прикрыл нос рукавом, точно застыдившись. — Какой извозчик важный! Оставайся с нами, будешь с обозом ездить, шерсть возить.

Мысль о совместимости в одном теле паничка с извозчиком показалась ему, вероятно, очень курьезной и остроумной, потому что он громко захихикал и продолжал развивать эту мысль. Емельян тоже взглянул вверх на Егорушку, но мельком и холодно. Он был занят своими мыслями, и если бы не Вася, то не заметил бы присутствия Егорушки. Не прошло и пяти минут, как он опять замахал рукой, потом, расписывая своим спутникам красоты венчального «Господи, помилуй», которое ночью пришло ему на память, взял кнут под мышку и замахал обеими руками.

За версту от деревни обоз остановился около колодца с журавлем. Опуская в колодезь свое ведро, чернобородый Кирюха лег животом на сруб и сунул в темную дыру свою мохнатую голову, плечи и часть груди, так что Егорушке были видны одни только его короткие ноги, едва касавшиеся земли; увидев далеко на дне колодца отражение своей головы, он обрадовался и залился глупым, басовым смехом, а колодезное эхо ответило ему тем же; когда он поднялся, его лицо и шея были красны, как кумач. Первый подбежал пить Дымов. Он пил со смехом, часто отрываясь от ведра и рассказывая Кирюхе о чем-то смешном, потом поперхнулся и громко, на всю степь, произнес штук пять нехороших слов. Егорушка не понимал значения подобных слов, но что они были дурные, ему было хорошо известно. Он знал об отвращении, которое молчаливо питали к ним его родные и знакомые, сам, не зная почему, разделял это чувство и привык думать, что одни только пьяные да буйные пользуются привилегией произносить громко эти слова. Он вспомнил убийство ужа, прислушался к смеху Дымова и почувствовал к этому человеку что-то вроде ненависти. И как нарочно, Дымов в это время увидел Егорушку, который слез с воза и шел к колодцу; он громко засмеялся и крикнул:

— Братцы, старик ночью мальчишку родил!

Кирюха закашлялся от басового смеха. Засмеялся и еще кто-то, а Егорушка покраснел и окончательно решил, что Дымов очень злой человек.

Русый, с кудрявой головой, без шапки и с расстегнутой на груди рубахой, Дымов казался красивым и необыкновенно сильным; в каждом его движении виден был озорник и силач, знающий себе цену. Он поводил плечами, подбоченивался, говорил и смеялся громче всех и имел такой вид, как будто собирался поднять одной рукой что-то очень тяжелое и удивить этим весь мир. Его шальной насмешливый взгляд скользил по дороге, по обозу и по небу, ни на чем не останавливался и, казалось, искал, кого бы еще убить от нечего делать и над чем бы посмеяться. По-видимому, он никого не боялся, ничем не стеснял себя и, вероятно, совсем не интересовался мнением Егорушки... А Егорушка уж всей душой ненавидел его русую голову, чистое лицо и силу, с отвращением и страхом слушал его смех и придумывал, какое бы бранное слово сказать ему в отместку.

Пантелей тоже подошел к ведру. Он вынул из кармана зеленый лампадный стаканчик, вытер его тряпочкой, зачерпнул им из ведра и выпил, потом еще раз зачерпнул, завернул стаканчик в тряпочку и положил его обратно в карман.

— Дед, зачем ты пьешь из лампадки? — удивился Егорушка.

— Кто пьет из ведра, а кто из лампадки, — ответил уклончиво старик. — Каждый по-своему... Ты из ведра пьешь, ну и пей на здоровье...

— Голубушка моя, матушка-красавица, — заговорил вдруг Вася ласковым, плачущим голосом. — Голубушка моя!

Глаза его были устремлены вдаль, они замаслились, улыбались, и лицо приняло такое же выражение, какое у него было ранее, когда он глядел на Егорушку.

— Кому это ты? — спросил Кирюха.

— Лисичка-матушка... легла на спину и играет, словно собачка...

Все стали смотреть вдаль и искать глазами лисицу, но ничего

не нашли. Один только Вася видел что-то своими мутными серыми глазками и восхищался. Зрение у него, как потом убедился Егорушка, было поразительно острое. Он видел так хорошо, что бурая пустынная степь была для него всегда полна жизни и содержания. Стоило ему только вглядеться в даль, чтобы увидеть лисицу, зайца, дрохву или другое какое-нибудь животное, держащее себя подальше от людей. Немудрено увидеть убегающего зайца или летящую дрохву — это видел всякий, проезжавший степью, — но не всякому доступно видеть диких животных в их домашней жизни, когда они не бегут, не прячутся и не глядят встревоженно по сторонам. А Вася видел играющих лисиц, зайцев, умывающихся лапками, дрохв, расправляющих крылья, стрепетов, выбивающих свои «точки». Благодаря такой остроте зрения, кроме мира, который видели все, у Васи был еще другой мир, свой собственный, никому не доступный и, вероятно, очень хороший, потому что, когда он глядел и восхищался, трудно было не завидовать ему.

Когда обоз тронулся дальше, в церкви зазвонили к обедне.

V

Обоз расположился в стороне от деревни на берегу реки. Солнце жгло по-вчерашнему, воздух был неподвижен и уныл. На берегу стояло несколько верб, но тень от них падала не на землю, а на воду, где пропадала даром, в тени же под возами было душно и скучно. Вода, голубая оттого, что в ней отражалось небо, страстно манила, к себе.

Подводчик Степка, на которого только теперь обратил внимание Егорушка, восемнадцатилетний мальчик-хохол, в длинной рубахе, без пояса и в широких шароварах навыпуск, болтавшихся при ходьбе как флаги, быстро разделся, сбежал вниз по крутому бережку и бултыхнулся в воду. Он раза три нырнул, потом поплыл на спине и закрыл от удовольствия глаза. Лицо его улыбалось и морщилось, как будто ему было щекотно, больно и смешно.

В жаркий день, когда некуда деваться от зноя и духоты, плеск воды и громкое дыхание купающегося человека действуют на слух, как хорошая музыка. Дымов и Кирюха, глядя на Степку, быстро разделись и, один за другим, с громким смехом и предвкушая наслаждение, попадали в воду. И тихая, скромная речка огласилась фырканьем, плеском и криком. Кирюха кашлял, смеялся и кричал так, как будто его хотели утопить, а Дымов гонялся за ним и старался схватить его за ногу.

— Ге-ге-ге! — кричал он. — Лови, держи его!

Кирюха хохотал и наслаждался, но выражение лица у него было такое же, как и на суше: глупое, ошеломленное, как будто кто незаметно подкрался к нему сзади и хватил его обухом по голове. Егорушка тоже разделся, но не спускался вниз по бережку, а разбежался и полетел с полуторасаженной вышины. Описав в воздухе дугу, он упал в воду, глубоко погрузился, но дна не достал; какая-то сила, холодная и приятная наощупь, подхватила его и понесла обратно наверх. Он вынырнул и, фыркая, пуская пузыри, открыл глаза; но на реке как раз возле его лица отражалось солнце. Сначала ослепительные искры, потом радуги и темные пятна заходили в его глазах; он поспешил опять нырнуть, открыл в воде глаза и увидел что-то мутно-зеленое, похожее на небо в лунную ночь. Опять та же сила, не давая ему коснуться дна и побыть в прохладе, понесла его наверх, он вынырнул и вздохнул так глубоко, что стало просторно и свежо не только в груди, но даже в животе. Потом, чтобы взять от воды всё, что только можно взять, он позволял себе всякую роскошь: лежал на спине и нежился, брызгался, кувыркался, плавал и на животе, и боком, и на спине, и встоячую — как хотел, пока не утомился. Другой берег густо порос камышом, золотился на солнце, и камышовые цветы красивыми кистями наклонились к воде. На одном месте камыш вздрагивал, кланялся своими цветами и издавал треск — то Степка и Кирюха «драли» раков.

— Рак! Гляди, братцы: рак! — закричал торжествующе Кирюха и показал действительно рака.

Егорушка поплыл к камышу, нырнул и стал шарить около камышовых кореньев. Копаясь в жидком, осклизлом иле, он нащупал что-то острое и противное, может быть, и в самом деле рака, но в это время кто-то схватил его за ногу и потащил наверх. Захлебываясь и кашляя, Егорушка открыл глаза и увидел перед собой мокрое смеющееся лицо озорника Дымова. Озорник тяжело дышал и, судя по глазам, хотел продолжать шалить. Он крепко держал Егорушку за ногу и уж поднял другую руку, чтобы схватить его за шею, но Егорушка с отвращением и со страхом, точно брезгуя и боясь, что силач его утопит, рванулся от него и проговорил:

— Дурак! Я тебе в морду дам!

Чувствуя, что этого недостаточно для выражения ненависти, он подумал и прибавил:

— Мерзавец! Сукин сын!

А Дымов, как ни в чем не бывало, уже не замечал Егорушки, а плыл к Кирюхе и кричал:

— Ге-ге-гей! Давайте рыбу ловить! Ребята, рыбу ловить!

— А что ж? — согласился Кирюха. — Должно, тут много рыбы. . .

— Степка, побеги на деревню, попроси у мужиков бредня!

— Не дадут!

— Дадут! Ты попроси! Скажи, чтоб они заместо Христа ради, потому мы всё равно — странники.

— Это верно!

Степка вылез из воды, быстро оделся и без шапки, болтая своими широкими шароварами, побежал к деревне. После столкновения с Дымовым вода потеряла уже для Егорушки всякую прелесть. Он вылез и стал одеваться. Пантелей и Вася сидели на крутом берегу, свесив вниз ноги, и глядели на купающихся. Емельян голый стоял по колена в воде у самого берега, держался одной рукой за траву, чтобы не упасть, а другою гладил себя по телу. С костистыми лопатками, с шишкой под глазом, согнувшийся и явно трусивший воды, он представлял из себя смешную фигуру. Лицо у него было серьезное, строгое, глядел он на воду сердито, как будто собирался выбранить ее за то, что она когда-то простудила его в Донце и отняла у него голос.

— А ты отчего не купаешься? — спросил Егорушка у Васи.

— А так. . . Не люблю. . . — ответил Вася.

— Отчего это у тебя подбородок распух?

— Болит. . . Я, паничек, на спичечной фабрике работал. . . Доктор сказывал, что от этого самого у меня и черлюсть пухнет. Там воздух нездоровый. А кроме меня, еще у троих ребят черлюсть раздуло, а у одного так совсем сгнила.

Скоро вернулся Степка с бреднем. Дымов и Кирюха от долгого пребывания в воде стали лиловыми и охрипли, но за рыбную ловлю принялись с охотой. Сначала они пошли по глубокому месту, вдоль камыша; тут Дымову было по шею, а малорослому Кирюхе с головой; последний захлебывался и пускал пузыри, а Дымов, натыкаясь на колючие корни, падал и путался в бредне, оба барахтались и шумели, и из их рыбной ловли выходила одна шалость.

— Глыбоко, — хрипел Кирюха. — Ничего не поймаешь!

— Не дергай, чёрт! — кричал Дымов, стараясь придать бредню

надлежащее положение. — Держи руками!

— Тут вы не поймаете! — кричал им с берега Пантелей. — Только рыбу пужаете, дурни! Забирайте влево! Там мельчее!

Раз над бреднем блеснула крупная рыбешка; все ахнули, а Дымов ударил кулаком по тому месту, где она исчезла, и на лице его выразилась досада.

— Эх! — крикнул Пантелей и притопнул ногами. — Прозевали чикамаса! Ушел!

Забирая влево, Дымов и Кирюха мало-помалу выбрались на мелкое, и тут ловля пошла настоящая. Они забрели от подвод шагов на триста; видно было, как они, молча и еле двигая ногами, стараясь забирать возможно глубже и поближе к камышу, волокли бредень, как они, чтобы испугать рыбу и загнать ее к себе в бредень, били кулаками по воде и шуршали в камыше. От камыша они шли к другому берегу, тащили там бредень, потом с разочарованным видом, высоко поднимая колена, шли обратно к камышу. О чем-то они говорили, но о чем — не было слышно. А солнце жгло им в спины, кусались мухи, и тела их из лиловых стали багровыми. За ними с ведром в руках, засучив рубаху под самые подмышки и держа ее зубами за подол, ходил Степка. После каждой удачной ловли он поднимал вверх какую-нибудь рыбу и, блестя ею на солнце, кричал:

— Поглядите, какой чикамас! Таких уж штук пять есть!

Видно было, как, вытащив бредень, Дымов, Кирюха и Степка всякий раз долго копались в иле, что-то клали в ведро, что-то выбрасывали; изредка что-нибудь попавшее в бредень они брали с рук на руки, рассматривали с любопытством, потом тоже бросали. . .

— Что там? — кричали им с берега.

Степка что-то отвечал, но трудно было разобрать его слова. Вот он вылез из воды и, держа ведро обеими руками, забывая опустить рубаху, побежал к подводам.

— Уже полное! — кричал он, тяжело дыша. — Давайте другое!

Егорушка заглянул в ведро: оно было полно; из воды высовывала свою некрасивую морду молодая щука, а возле нее копошились раки и мелкие рыбешки. Егорушка запустил руку на дно и взболтал воду; щука исчезла под раками, а вместо нее всплыли наверх окунь и линь. Вася тоже заглянул в ведро. Глаза его замаслились и лицо стало ласковым, как раньше, когда он видел лисицу. Он вынул что-то из ведра, поднес ко рту и стал жевать. Послышалось хрустенье.

— Братцы, — удивился Степка, — Васька пискаря живьем ест! Тьфу!

— Это не пискарь, а бобырик, — покойно ответил Вася, продолжая жевать.

Он вынул изо рта рыбий хвостик, ласково поглядел на него и опять сунул в рот. Пока он жевал и хрустел зубами, Егорушке казалось, что он видит перед собой не человека. Пухлый подбородок Васи, его тусклые глаза, необыкновенно острое зрение, рыбий хвостик во рту и ласковость, с какою он жевал пискаря, делали его похожим на животное.

Егорушке стало скучно возле него. Да и рыбная ловля уже кончилась. Он прошелся около возов, подумал и от скуки поплелся к деревне.

Немного погодя он уже стоял в церкви и, положив лоб на чью-то спину, пахнувшую коноплей, слушал, как пели на клиросе. Обедня уже близилась к концу. Егорушка ничего не понимал в церковном пении и был равнодушен к нему. Он послушал немного, зевнул и стал рассматривать затылки и спины. В одном затылке, рыжем и мокром от недавнего купанья, он узнал Емельяна. Затылок был выстрижен под скобку и выше, чем принято; виски были тоже выстрижены выше, чем следует, и красные уши Емельяна торчали, как два лопуха, и, казалось, чувствовали себя не на своем месте. Глядя на затылок и на уши, Егорушка почему-то подумал, что Емельян, вероятно, очень несчастлив. Он вспомнил его дирижирование, сиплый голос, робкий вид во время купанья и почувствовал к нему сильную жалость. Ему захотелось сказать что-нибудь ласковое.

— А я здесь! — сказал он, дернув его за рукав.

Люди, поющие в хоре тенором или басом, особенно те, которым хоть раз в жизни приходилось дирижировать, привыкают смотреть на мальчиков строго и нелюдимо.

Эту привычку не оставляют они и потом, переставая быть певчими. Обернувшись к Егорушке, Емельян поглядел на него исподлобья и сказал:

— Не балуйся в церкви!

Затем Егорушка пробрался вперед, поближе к иконостасу. Тут он увидел интересных людей. Впереди всех по правую сторону на ковре стояли какие-то господин и дама. Позади них стояло по стулу. Господин был одет в свежевыглаженную чечунчовую пару, стоял неподвижно, как солдат, отдающий честь, и высоко держал свой синий, бритый подбородок. В его стоячих воротничках, в синеве подбородка, в небольшой лысине и в трости чувствовалось очень много достоинства. От избытка достоинства шея его была напряжена и подбородок тянуло вверх с такой силой, что голова, казалось, каждую минуту готова была оторваться и полететь вверх. А дама, полная и пожилая, в белой шелковой шали, склонила голову набок и глядела так, как будто только что сделала кому-то одолжение и хотела сказать: «Ах, не беспокойтесь благодарить! Я этого не люблю. . .» Вокруг ковра густой стеной стояли хохлы.

Егорушка подошел к иконостасу и стал прикладываться к местным иконам. Перед каждым образом он не спеша клал земной поклон, не вставая с земли, оглядывался назад на народ, потом вставал и прикладывался. Прикосновение лбом к холодному полу доставляло ему большое удовольствие. Когда из алтаря вышел сторож с длинными щипцами, чтобы тушить свечи, Егорушка быстро вскочил с земли и побежал к нему.

— Раздавали уж просфору? — спросил он.

— Нету, нету. . . — угрюмо забормотал сторож. — Нечего тут. . .

Обедня кончилась. Егорушка не спеша вышел из церкви и пошел бродить по площади. На своем веку перевидал он немало деревень, площадей и мужиков, и всё, что теперь попадалось ему на глаза, совсем не интересовало его. От нечего делать, чтобы хоть чем-нибудь убить время, он зашел в лавку, над дверями которой висела широкая кумачовая полоса. Лавка состояла из двух просторных, плохо освещенных половин: в одной продавались красный товар и бакалея, а в другой стояли бочки с дегтем и висели на потолке хомуты; из той, другой, шел вкусный запах кожи и дегтя. Пол в лавке был полит; поливал его, вероятно, большой фантазер и вольнодумец, потому что он весь был покрыт узорами и кабалистическими знаками. За прилавком, опершись животом о конторку, стоял откормленный лавочник с широким лицом и с круглой бородой, по-видимому великоросс. Он пил чай вприкуску и после каждого глотка испускал глубокий вздох. Лицо его выражало совершенное равнодушие, но в каждом вздохе слышалось: «Ужо погоди, задам я тебе!»

— Дай мне на копейку подсолнухов! — обратился к нему Егорушка.

Лавочник поднял брови, вышел из-за прилавка и всыпал в карман Егорушки на копейку подсолнухов, причем мерой служила пустая помадная баночка. Егорушке не хотелось уходить. Он долго рассматривал ящики с пряниками, подумал и спросил, указывая на мелкие вяземские пряники, на которых от давности лет выступила ржавчина:

— Почем эти пряники?

— Копейка пара.

Егорушка достал из кармана пряник, подаренный ему вчера еврейкой, и спросил:

— А такие пряники у тебя почем?

Лавочник взял в руки пряник, оглядел его со всех сторон и поднял одну бровь.

— Такие? — спросил он.

Потом поднял другую бровь, подумал и ответил:

— Три копейки пара. . .

Наступило молчание.

— Вы чьи? — спросил лавочник, наливая себе чаю из красного медного чайника.

— Племянник Ивана Иваныча.

— Иваны Иванычи разные бывают, — вздохнул лавочник; он поглядел через Егорушкину голову на дверь, помолчал и спросил: — Чайку не желаете ли?

— Пожалуй. . . — согласился Егорушка с некоторой неохотой, хотя чувствовал сильную тоску по утреннем чае.

Лавочник налил ему стакан и подал вместе с огрызенным кусочком сахару. Егорушка сел на складной стул и стал пить. Он хотел еще спросить, сколько стоит фунт миндаля в сахаре, и только что завел об этом речь, как вошел покупатель, и хозяин, отставив в сторону свой стакан, занялся делом. Он повел покупателя в ту половину, где пахло дегтем, и долго о чем-то разговаривал с ним. Покупатель, человек, по-видимому, очень упрямый и себе на уме, всё время в знак несогласия мотал головой и пятился к двери. Лавочник убедил его в чем-то и начал сыпать ему овес в большой мешок.

— Хиба це овес? — сказал печально покупатель. — Це не овес, а полова, курам на смих. . . Ни, пиду к Бондаренку!

Когда Егорушка вернулся к реке, на берегу дымил небольшой костер. Это подводчики варили себе обед. В дыму стоял Степка и большой зазубренной ложкой мешал в котле. Несколько в стороне, с красными от дыма глазами, сидели Кирюха и Вася и чистили рыбу. Перед ними лежал покрытый илом и водорослями бредень, на котором блестела рыба и ползали раки.

Недавно вернувшийся из церкви Емельян сидел рядом с Пантелеем, помахивал рукой и едва слышно напевал сиплым голоском: «Тебе поем...» Дымов бродил около лошадей.

Кончив чистить, Кирюха и Вася собрали рыбу и живых раков в ведро, всполоснули и из ведра вывалили всё в кипевшую воду.

— Класть сала? — спросил Степка, снимая ложкой пену.

— Зачем? Рыба свой сок пустит, — ответил Кирюха.

Перед тем, как снимать с огня котел, Степка всыпал в воду три пригоршни пшена и ложку соли; в заключение он попробовал, почмокал губами, облизал ложку и самодовольно крякнул — это значило, что каша уже готова.

Все, кроме Пантелея, сели вокруг котла и принялись работать ложками.

— Вы! Дайте парнишке ложку! — строго заметил Пантелей. — Чай, небось, тоже есть хочет!

— Наша еда мужицкая!.. — вздохнул Кирюха.

— И мужицкая пойдет во здравие, была бы охота.

Егорушке дали ложку. Он стал есть, но не садясь, а стоя у самого котла и глядя в него, как в яму. От каши пахло рыбной сыростью, то и дело среди пшена попадалась рыбья чешуя; раков нельзя было зацепить ложкой, и обедавшие доставали их из котла прямо руками; особенно не стеснялся в этом отношении Вася, который мочил в каше не только руки, но и рукава. Но каша все-таки показалась Егорушке очень вкусной и напоминала ему раковый суп, который дома в постные дни варила его мамаша. Пантелей сидел в стороне и жевал хлеб.

— Дед, а ты чего не ешь? — спросил его Емельян.

— Не ем я раков... Ну их! — сказал старик и брезгливо отвернулся.

Пока ели, шел общий разговор. Из этого разговора Егорушка понял, что у всех его новых знакомых, несмотря на разницу лет и характеров, было одно общее, делавшее их похожими друг на друга: все они были люди с прекрасным прошлым и с очень нехорошим настоящим; о своем прошлом они, все до одного, говорили с восторгом, к настоящему же относились почти с презрением. Русский человек любит вспоминать, но не любит жить; Егорушка еще не знал этого, и, прежде чем каша была съедена, он уж глубоко верил, что вокруг котла сидят люди, оскорбленные и обиженные судьбой. Пантелей рассказывал, что в былое время, когда еще не было железных дорог, он ходил с обозами в Москву и в Нижний, зарабатывал так много, что некуда было девать денег. А какие в то время были купцы, какая рыба, как всё было дешево! Теперь же дороги стали короче, купцы скупее, народ беднее, хлеб дороже, всё измельчало и сузилось до крайности. Емельян говорил, что прежде он служил в Луганском заводе в певчих, имел замечательный голос и отлично читал ноты, теперь же он обратился в мужика и кормится милостями брата, который посылает его со своими лошадьми и берет себе за это половину заработка. Вася когда-то служил на спичечной фабрике; Кирюха жил в кучерах у хороших людей и на весь округ считался лучшим троечником. Дымов, сын зажиточного мужика, жил в свое удовольствие, гулял и не знал горя, но едва ему минуло двадцать лет, как строгий, крутой отец, желая приучить его к делу и боясь, чтобы он дома не избаловался, стал посылать его в извоз как бобыля-работника. Один Степка молчал, но и по его безусому лицу видно было, что прежде жилось ему гораздо лучше, чем теперь.

Вспомнив об отце, Дымов перестал есть и нахмурился. Он исподлобья оглядел товарищей и остановил свой взгляд на Егорушке.

— Ты, нехристь, сними шапку! — сказал он грубо. — Нешто можно в шапке есть? А еще тоже барин!

Егорушка снял шляпу и не сказал ни слова, но уж не понимал вкуса каши и не слышал, как вступились за него Пантелей и Вася. В его груди тяжело заворочалась злоба против озорника, и он порешил во что бы то ни стало сделать ему какое-нибудь зло.

После обеда все поплелись к возам и повалились в тень.

— Дед, скоро мы поедем? — спросил Егорушка у Пантелея.

— Когда бог даст, тогда и поедем. . . Сейчас не поедешь, жарко. . . Ох, господи твоя воля, владычица. . . Ложись, парнишка!

Скоро из-под возов послышался храп. Егорушка хотел было опять пойти в деревню, но подумал, позевал и лег рядом со стариком.

VI

Обоз весь день простоял у реки и тронулся с места, когда садилось солнце.

Опять Егорушка лежал на тюке, воз тихо скрипел и покачивался, внизу шел Пантелей, притопывал ногами, хлопал себя по бедрам и бормотал; в воздухе по-вчерашнему стрекотала степная музыка.

Егорушка лежал на спине и, заложив руки под голову, глядел вверх на небо. Он видел, как зажглась вечерняя заря, как потом она угасала; ангелы-хранители, застилая горизонт своими золотыми крыльями, располагались на ночлег; день прошел благополучно, наступила тихая, благополучная ночь, и они могли спокойно сидеть у себя дома на небе... Видел Егорушка, как мало-помалу темнело небо и опускалась на землю мгла, как засветились одна за другой звезды.

Когда долго, не отрывая глаз, смотришь на глубокое небо, то почему-то мысли и душа сливаются в сознание одиночества. Начинаешь чувствовать себя непоправимо одиноким, и всё то, что считал раньше близким и родным, становится бесконечно далеким и не имеющим цены. Звезды, глядящие с неба уже тысячи лет, само непонятное небо и мгла, равнодушные к короткой жизни человека, когда остаешься с ними с глазу на глаз и стараешься постигнуть их смысл, гнетут душу своим молчанием; приходит на мысль то одиночество, которое ждет каждого из нас в могиле, и сущность жизни представляется отчаянной, ужасной...

Егорушка думал о бабушке, которая спит теперь на кладбище под вишневыми деревьями; он вспомнил, как она лежала в гробу с медными пятаками на глазах, как потом ее прикрыли крышкой и опустили в могилу; припомнился ему и глухой стук комков земли о крышку... Он представил себе бабушку в тесном и темном гробу, всеми оставленную и беспомощную. Его воображение рисовало, как бабушка вдруг просыпается и, не понимая, где она, стучит в крышку, зовет на помощь и, в конце концов, изнемогши от ужаса, опять умирает. Вообразил он мертвыми мамашу, о. Христофора, графиню Драницкую, Соломона. Но как он ни старался вообразить себя самого в темной могиле, вдали от дома, брошенным, беспомощным и мертвым, это не удавалось ему; лично для себя он не допускал возможности умереть и чувствовал, что никогда не умрет...

А Пантелей, которому пора уже было умирать, шел внизу и делал перекличку своим мыслям.

— Ничего... хорошие господа... — бормотал он. — Повезли парнишку в ученье, а как он там, не слыхать про то... В Славяносербском, говорю, нету такого заведения, чтоб до большого ума доводить... Нету, это верно... А парнишка хороший, ничего... Вырастет, отцу будет помогать. Ты, Егорий, теперь махонький, а станешь большой, отца-мать кормить будешь. Так от бога положено... Чти отца твоего и матерь твою... У меня у самого были детки, да погорели... И жена сгорела, и детки... Это верно, под Крещенье ночью загорелась изба... Меня-то дома не было, я в Орел ездил. В Орел... Марья-то выскочила на улицу, да вспомнила, что дети в избе спят, побежала назад и сгорела с детками... Да... На другой день одни только косточки нашли.

Около полуночи подводчики и Егорушка опять сидели вокруг небольшого костра. Пока разгорался бурьян, Кирюха и Вася ходили за водой куда-то в балочку; они исчезли в потемках, но всё время слышно было, как они звякали ведрами и разговаривали; значит, балочка была недалеко. Свет от костра лежал на земле большим мигающим пятном; хотя и светила луна, но за красным пятном всё казалось непроницаемо черным. Подводчикам свет бил в глаза, и они видели только часть большой дороги; в темноте едва заметно в виде гор неопределенной формы обозначались возы с тюками и лошади. В двадцати шагах от костра, на границе дороги с полем стоял деревянный могильный крест, покосившийся в сторону. Егорушка, когда еще не горел костер и можно было видеть далеко, заметил, что точно такой же старый, покосившийся крест стоял на другой стороне большой дороги.

Вернувшись с водой, Кирюха и Вася налили полный котел и укрепили его на огне. Степка с зазубренной ложкой в руках занял свое место в дыму около котла и, задумчиво глядя на воду, стал дожидаться, пока покажется пена. Пантелей и Емельян сидели рядом, молчали и о чем-то думали. Дымов лежал на животе, подперев кулаками голову, и глядел на огонь; тень от Степки прыгала по нем, отчего красивое лицо его то покрывалось потемками, то вдруг вспыхивало... Кирюха и Вася бродили поодаль и собирали для костра бурьян и берест. Егорушка, заложив руки в карманы, стоял около Пантелея и смотрел, как огонь ел траву.

Все отдыхали, о чем-то думали, мельком поглядывали на крест, по которому прыгали красные пятна. В одинокой могиле есть что-то грустное, мечтательное и в высокой степени поэтическое... Слышно, как она молчит, и в этом молчании чувствуется присутствие души неизвестного человека, лежащего под крестом. Хорошо ли этой душе в степи? Не тоскует ли она в лунную ночь? А степь возле могилы кажется грустной, унылой и задумчивой, трава печальней и кажется, что кузнецы кричат сдержанней... И нет того прохожего, который не помянул бы одинокой души и не оглядывался бы на могилу до тех пор, пока она не останется далеко позади и не покроется мглою...

— Дед, зачем это крест стоит? — спросил Егорушка.

Пантелей поглядел на крест, потом на Дымова и спросил:

— Микола, это, бывает, не то место, где косари купцов убили?

Дымов нехотя приподнялся на локте, посмотрел на дорогу и ответил:

— Оно самое...

Наступило молчание. Кирюха затрещал сухой травой, смял ее в ком и сунул под котел. Огонь ярче вспыхнул; Степку обдало черным дымом, и в потемках по дороге около возов пробежала тень от креста.

— Да, убили... — сказал нехотя Дымов. — Купцы, отец с сыном, ехали образа продавать. Остановились тут недалече в постоялом дворе, что теперь Игнат Фомин держит. Старик выпил лишнее и стал хвалиться, что у него с собой денег много. Купцы, известно, народ хвастливый, не дай бог... Не утерпит, чтоб не показать себя перед нашим братом в лучшем виде. А в ту пору на постоялом дворе косари ночевали. Ну, услыхали это они, как купец хвастает, и взяли себе во внимание.

— О, господи... владычица! — вздохнул Пантелей.

— На другой день чуть свет, — продолжал Дымов, — купцы собрались в дорогу, а косари с ними ввязались. «Пойдем, ваше степенство, вместе. Веселей, да и опаски меньше, потому здесь место глухое...» Купцы, чтоб образов не побить, шагом ехали, а косарям это на руку...

Дымов стал на колени и потянулся.

— Да, — продолжал он, зевая. — Всё ничего было, а как только купцы доехали до этого места, косари и давай чистить их косами. Сын, молодец был, выхватил у одного косу и тоже давай чистить... Ну, конечно, те одолели, потому их человек восемь было. Изрезали купцов так, что живого места на теле не осталось; кончили свое дело и стащили с дороги обоих, отца на одну сторону, а сына на другую. Супротив этого креста на той стороне еще другой крест есть... Цел ли — не знаю. . . Отсюда не видать.

— Цел, — сказал Кирюха.

— Сказывают, денег потом нашли мало.

— Мало, — подтвердил Пантелей. — Рублей сто нашли.

— Да, а трое из них потом померли, потому купец их тоже больно косой порезал. . . Кровью сошли. Одному купец руку отхватил, так тот, сказывают, версты четыре без руки бежал и под самым Куриковым его на бугорочке нашли. Сидит на корточках, голову на колени положил, словно задумавшись, а поглядели — в нем души нет, помер. . .

— По кровяному следу его нашли. . . — сказал Пантелей.

Все посмотрели на крест, и опять наступила тишина. Откуда-то, вероятно из балочки, донесся грустный крик птицы: «Сплю! сплю! сплю*!* . . »

— Злых людей много на свете, — сказал Емельян.

— Много, много! — подтвердил Пантелей и придвинулся поближе к огню с таким выражением, как будто ему становилось жутко.

— Много, — продолжал он вполголоса. — Перевидал я их на своем веку видимо-невидимо. . . Злых-то людей. . . Святых и праведных видел много, а грешных и не перечесть. . . Спаси и помилуй, царица небесная. . . Помню раз, годов тридцать назад, а может и больше, вез я купца из Моршанска. Купец был славный, видный из себя и при деньгах. . . купец-то. . . Хороший человек, ничего. . . Вот, стало быть, ехали мы и остановились ночевать в постоялом дворе. А в России постоялые дворы не то, что в здешнем краю. Там дворы крытые на манер базов, или, скажем, как **клуни** в хороших экономиях. Только клуни повыше будут. Ну, остановились мы и ничего себе. Купец мой в комнатке, я при лошадях, и всё как следует быть. Так вот, братцы, помолился я богу, чтоб, значит, спать, и пошел походить по двору. А ночь была темная, зги не видать, хоть не гляди вовсе. Прошелся я этак немножко, вот как до возов примерно, и вижу — огонь брезжится. Что за притча? Кажись, и хозяева давно спать положились, и акромя меня с купцом других постояльцев не было. . . Откуда огню быть? Взяло меня сумнение. . . Подошел я поближе. . . к огню-то. . . Господи, помилуй и спаси, царица небесная! Смотрю, а у самой земли окошечко с решеткой. . . в доме-то. . . Лег я на землю и поглядел; как поглядел, так по всему моему телу и пошел мороз. . .

Кирюха, стараясь не шуметь, сунул в костер пук бурьяна. Дождавшись, когда бурьян перестал трещать и шипеть, старик продолжал.

— Поглядел я туда, а там подвал, большой такой, темный да сумный... На бочке фонарик горит. Посреди подвала стоят человек десять народу в красных рубахах, засучили рукава и длинные ножики точат... Эге! Ну, значит, мы в шайку попали, к разбойникам... Что тут делать? Побег я к купцу, разбудил его потихоньку и говорю: «Ты, говорю, купец, не пужайся, а дело наше плохо... Мы, говорю, в разбойничье гнездо попали». Он сменился с лица и спрашивает: «Что ж мы теперь, Пантелей, делать станем? При мне денег сиротских много... Насчет души, говорит, моей волен господь бог, не боюсь помереть, а, говорит, страшно сиротские деньги загубить...» Что тут прикажешь делать? Ворота запертые, некуда ни выехать, ни выйти... Будь забор, через забор перелезть можно, а то двор крытый!.. — «Ну, говорю, купец, ты не пужайся, а молись богу. Может, господь не захочет сирот обижать. Оставайся, говорю, и виду не подавай, а я тем временем, может, и придумаю что...» Ладно... Помолился я богу, и наставил меня бог на ум... Взлез я на свой тарантас и тихонько... тихонько, чтоб никто не слыхал, стал обдирать солому в стрехе, проделал дырку и вылез наружу. Наружу-то... Потом прыгнул я с крыши и побег по дороге, что есть духу. Бежал я, бежал, замучился до смерти... Может, верст пять пробежал одним духом, а то и больше... Благодарить бога, вижу — стоит деревня. Подбежал я к избе, стал стучать в окно. «Православные, говорю, так и так, мол, не дайте христианскую душу загубить...» Побудил всех... Собрались мужики и пошли со мной... Кто с веревкой, кто с дубьем, кто с вилами... Сломали мы это в постоялом дворе ворота и сейчас в подвал... А разбойники ножики-то уж поточили и собрались купца резать. Забрали их мужики всех, как есть, перевязали и повели к начальству. Купец им на радостях три сотенных пожертвовал, а мне пять **лобанчиков** дал и имя мое в поминанье к себе записал. Сказывают, потом в подвале костей человечьих нашли видимо-немдимо. Костей-то... Они, значит, грабили народ, а потом зарывали, чтоб следов не было... Ну, потом их в Моршанске через палачей наказывали.

Пантелей кончил рассказ и оглядел своих слушателей. Те молчали и смотрели на него. Вода уже кипела, и Степка снимал пену.

— Сало-то готово? — спросил его шёпотом Кирюха.

— Погоди маленько... Сейчас.

Степка, не отрывая глаз от Пантелея и как бы боясь, чтобы тот не начал без него рассказывать, побежал к возам; скоро он вернулся с небольшой деревянной чашкой и стал растирать в ней свиное сало.

— Ехал я в другой раз тоже с купцом. . . — продолжал

Пантелей по-прежнему вполголоса и не мигая глазами. — Звали его, как теперь помню, Петр Григорьич. Хороший был человек. . . купец-то. . . Остановились мы таким же манером на постоялом дворе. . . Он в комнатке, я при лошадях. . . Хозяева, муж и жена, народ как будто хороший, ласковый, работники тоже словно бы ничего, а только, братцы, не могу спать, чует мое сердце! Чует, да и шабаш. И ворота отпертые, и народу кругом много, а всё как будто страшно, не по себе. Все давно позаснули, уж совсем ночь, скоро вставать надо, а я один только лежу у себя в кибитке и глаз не смыкаю, словно сыч какой. Только, братцы, это самое, слышу: туп! туп! туп! Кто-то к кибитке крадется. Высовываю голову, гляжу — стоит баба в одной рубахе, босая. . . — «Что тебе, говорю, бабочка?» А она вся трясется, это самое, лица на ей нет. . . — «Вставай, говорит, добрый человек! Беда. . . Хозяева лихо задумали. . . Хотят твоего купца порешить. Сама, говорит, слыхала, как хозяин с хозяйкой шептались. . .» Ну, недаром сердце болело! — «Кто же ты сама?» — спрашиваю. — «А я, говорит, ихняя стряпуха. . .» Ладно. . . Вылез я из кибитки и пошел к купцу. Разбудил его и говорю: «Так и так, говорю, Петр Григорьич, дело не совсем чисто. . . Успеешь, ваше степенство, выспаться, а теперь, пока есть время, одевайся, говорю, да подобру-здорову подальше от греха. . .» Только что он стал одеваться, как дверь отворилась, и здравствуйте. . . гляжу — мать царица! — входят к нам в комнатку хозяин с хозяйкой и три работника. . . Значит, и работников подговорили. . . Денег у купца много, так вот, мол, поделим. . . У всех у пятерых в руках по ножику длинному. . . По ножику-то. . . Запер хозяин на замок двери и говорит: «Молитесь, проезжие, богу. . . А ежели, говорит, кричать станете, то и помолиться не дадим перед смертью. . .» Где уж тут кричать? У нас от страху и глотку завалило, не до крику тут. . . Купец заплакал и говорит: «Православные! Вы, говорит, порешили меня убить, потому на мои деньги польстились. Так тому и быть, не я первый, не я последний; много уж нашего брата-купца на постоялых дворах перерезано. Но за что же, говорит, братцы православные, моего извозчика убивать? Какая ему надобность за мои деньги муки принимать?» И так это жалостно говорит! А хозяин ему: «Ежели, говорит, мы его в живых оставим, так он первый на нас доказчик. Всё равно, говорит, что одного убить, что двух. Семь бед, один ответ. . . Молитесь богу, вот и всё тут, а разговаривать нечего!» Стали мы с купцом рядышком на коленки, заплакали и давай бога молить. Он деток своих вспоминает, я в ту пору еще молодой был, жить хотел... Глядим на образа, молимся, да так жалостно, что и теперь слеза бьет... А хозяйка, баба-то, глядит на нас и говорит: «Вы же, говорит, добрые люди, не поминайте нас на том свете лихом и не молите бога на нашу голову, потому мы это от нужды». Молились мы, молились, плакали, плакали, а бог-то нас и услышал. Сжалился, значит... В самый раз, когда хозяин купца за бороду взял, чтоб, значит, ножиком его по шее полоснуть, вдруг кто-то ка-ак стукнет со двора по окошку! Все мы так и присели, а у хозяина руки опустились... Постучал кто-то по окошку да как закричит: «Петр Григорьич, кричит, ты здесь? Собирайся, поедем!» Видят хозяева, что за купцом приехали, испужались и давай бог ноги... А мы скорей на двор, запрягли и — только нас и видели...

— Кто же это в окошко стучал? — спросил Дымов.

— В окошко-то? Должно, угодник божий или ангел. Потому акромя некому... Когда мы выехали со двора, на улице ни одного человека не было... Божье дело!

Пантелей рассказал еще кое-что, и во всех его рассказах одинаково играли роль «длинные ножики» и одинаково чувствовался вымысел. Слышал ли он эти рассказы от кого-нибудь другого, или сам сочинил их в далеком прошлом и потом, когда память ослабела, перемешал пережитое с вымыслом и перестал уметь отличать одно от другого? Всё может быть, но странно одно, что теперь и во всю дорогу он, когда приходилось рассказывать, отдавал явное предпочтение вымыслам и никогда не говорил о том, что было пережито. Теперь Егорушка всё принимал за чистую монету и верил каждому слову, впоследствии же ему казалось странным, что человек, изъездивший на своем веку всю Россию, видевший и знавший многое, человек, у которого сгорели жена и дети, обесценивал свою богатую жизнь до того, что всякий раз, сидя у костра, или молчал, или же говорил о том, чего не было.

За кашей все молчали и думали о только что слышанном. Жизнь страшна и чудесна, а потому какой страшный рассказ ни расскажи на Руси, как ни украшай его разбойничьими гнездами, длинными ножиками и чудесами, он всегда отзовется в душе слушателя былью, и разве только человек, сильно искусившийся на грамоте, недоверчиво покосится, да и то смолчит. Крест у дороги, темные тюки, простор и судьба людей, собравшихся у костра, — всё это само по себе было так чудесно и страшно, что фантастичность небылицы или сказки бледнела и сливалась с жизнью.

Все ели из котла, Пантелей же сидел в стороне особняком и ел кашу из деревянной чашечки. Ложка у него была не такая, как у всех, а кипарисовая и с крестиком. Егорушка, глядя на него, вспомнил о лампадном стаканчике и спросил тихо у Степки:

— Зачем это дед особо сидит?

— Он старой веры, — ответили шёпотом Стёпка и Вася, и при этом они так глядели, как будто говорили о слабости или тайном пороке.

Все молчали и думали. После страшных рассказов не хотелось уж говорить о том, что обыкновенно. Вдруг среди тишины Вася выпрямился и, устремив свои тусклые глаза в одну точку, навострил уши.

— Что такое? — спросил его Дымов.

— Человек какой-то идет, — ответил Вася.

— Где ты его видишь?

— Во-он он! Чуть-чуть белеется. . .

Там, куда смотрел Вася, не было видно ничего, кроме потемок; все прислушались, но шагов не было слышно.

— По шляху он идет? — спросил Дымов.

— Не, полем. . .   Сюда идет. Прошла минута в молчании.

— А может, это по степи гуляет купец, что тут похоронен, — сказал Дымов.

Все покосились на крест, переглянулись и вдруг засмеялись; стало стыдно за свой страх.

— Зачем ему гулять? — сказал Пантелей. — Это только те по ночам ходят, кого земля не принимает. А купцы ничего. . .   Купцы мученический венец приняли. . .

Но вот послышались шаги. Кто-то торопливо шел.

— Что-то несет, — сказал Вася.

Стало слышно, как под ногами шедшего шуршала трава и потрескивал бурьян, но за светом костра никого не было видно. Наконец раздались шаги вблизи, кто-то кашлянул; мигавший свет точно расступился, с глаз спала завеса и подводчики вдруг увидели перед собой человека.

Огонь ли так мелькнул, или оттого, что всем хотелось разглядеть прежде всего лицо этого человека, но только странно так вышло, что все при первом взгляде на него увидели прежде всего не лицо, не одежду, а улыбку. Это была улыбка необыкновенно добрая, широкая и мягкая, как у разбуженного ребенка, одна из тех заразительных улыбок, на которые трудно не ответить тоже улыбкой. Незнакомец, когда его разглядели, оказался человеком лет тридцати, некрасивым собой и ничем не замечательным. Это был высокий хохол, длинноносый, длиннорукий и длинноногий; вообще всё у него казалось длинным и только одна шея была так коротка, что делала его сутуловатым. Одет он был в чистую белую рубаху с шитым воротом, в белые шаровары и новые сапоги и в сравнении с подводчиками казался щеголем. В руках он держал что-то большое, белое и на первый взгляд странное, а из-за его плеча выглядывало дуло ружья, тоже длинное.

Попав из потемок в световой круг, он остановился, как вкопанный, и с полминуты глядел на подводчиков так, как будто хотел сказать: «Поглядите, какая у меня улыбка!» Потом он шагнул к костру, улыбнулся еще светлее и сказал:

— Хлеб да соль, братцы!

— Милости просим! — отвечал за всех Пантелей. Незнакомец положил около костра то, что держал в руках — это была убитая дрохва, — и еще раз поздоровался.

Все подошли к дрохве и стали осматривать ее.

— Важная птица! Чем это ты ее? — спросил Дымов.

— Картечью... Дробью не достанешь, не подпустит... Купите, братцы! Я б вам за двугривенный отдал.

— А на что она нам? Она жареная годится, а вареная, небось, жесткая — не укусишь...

— Эх, досада! Ее бы к господам в экономию снесть, те бы полтинник дали, да далече — пятнадцать верст!

Неизвестный сел, снял ружье и положил его возле себя. Он казался сонным, томным, улыбался, щурился от огня и, по-видимому, думал о чем-то очень приятном. Ему дали ложку. Он стал есть.

— Ты кто сам? — спросил его Дымов.

Незнакомец не слышал вопроса; он не ответил и даже не взглянул на Дымова. Вероятно, этот улыбающийся человек не чувствовал и вкуса каши, потому что жевал как-то машинально, лениво, поднося ко рту ложку то очень полную, то совсем пустую. Пьян он не был, но в голове его бродило что-то шальное.

— Я тебя спрашиваю: ты кто? — повторил Дымов.

— Я-то? — встрепенулся неизвестный. — Константин Звонык,

из Ровного. Отсюда версты четыре.

И, желая на первых же порах показать, что он не такой мужик, как все, а получше, Константин поспешил добавить:

— Мы пасеку держим и свиней кормим.

— При отце живешь, али сам?

— Нет, теперь сам живу. Отделился. В этом месяце после Петрова дня оженился. Женатый теперь!.. Нынче восемнадцатый день, как обзаконился.

— Хорошее дело! — сказал Пантелей. — Жена ничего... Это бог благословил...

— Молодая баба дома спит, а он по степу шатается, — засмеялся Кирюха. — Чудак!

Константин, точно его ущипнули за самое живое место, встрепенулся, засмеялся, вспыхнул...

— Да господи, нету ее дома! — сказал он, быстро вынимая изо рта ложку и оглядывая всех радостно и удивленно. — Нету! Поехала к матери на два дня! Ей-богу, она поехала, а я как неженатый...

Константин махнул рукой и покрутил головою; он хотел продолжать думать, но радость, которою светилось лицо его, мешала ему. Он, точно ему неудобно было сидеть, принял другую позу, засмеялся и опять махнул рукой. Совестно было выдавать чужим людям свои приятные мысли, но в то же время неудержимо хотелось поделиться радостью.

— Поехала в Демидово к матери! — сказал он, краснея и перекладывая на другое место ружье. — Завтра вернется... Сказала, что к обеду назад будет.

— А тебе скучно? — спросил Дымов.

— Да господи, а то как же? Без году неделя, как оженился, а она уехала... А? У, да бедовая, накажи меня бог! Там такая хорошая да славная, такая хохотунья да певунья, что просто чистый порох! При ней голова ходором ходит, а без нее вот словно потерял что, как дурак по степу хожу. С самого обеда хожу, хоть караул кричи.

Константин протер глаза, посмотрел на огонь и засмеялся.

— Любишь, значит... — сказал Пантелей.

— Там такая хорошая да славная, — повторил Константин, не слушая, — такая хозяйка, умная да разумная, что другой такой из простого звания во всей губернии не сыскать. Уехала... А ведь скучает, я зна-аю! Знаю, сороку! Сказала, что завтра к обеду вернется... А ведь какая история! — почти крикнул Константин, вдруг беря тоном выше и меняя позу, — теперь любит и скучает, а ведь не хотела за меня выходить!

— Да ты ешь! — сказал Кирюха.

— Не хотела за меня выходить! — продолжал Константин, не слушая. — Три года с ней бился! Увидал я ее на ярмарке в Калачике, полюбил до смерти, хоть на **шибеницу** полезай... Я в Ровном, она в Демидовом, друг от дружки за двадцать пять верст, и нет никакой моей возможности. Засылаю к ней сватов, а она: не хо́чу! Ах ты, сорока! Уж я ее и так, и этак, и сережки, и пряников, и меду полпуда — не хо́чу! Вот тут и поди. Оно, ежели рассудить, то какая я ей пара? Она молодая, красивая, с порохом, а я старый, скоро тридцать годов будет, да и красив очень: борода окладистая — гвоздем, лицо чистое — всё в шишках. Где ж мне с ней равняться! Разве вот только что богато живем, да ведь и они, Вахраменки, хорошо живут. Три пары волов и двух работников держат. Полюбил, братцы, и очумел... Не сплю, не ем, в голове мысли и такой дурман, что не приведи господи! Хочется ее повидать, а она в Демидове... И что ж вы думаете? Накажи меня бог, не брешу, раза три на неделе туда пешком ходил, чтоб на нее поглядеть. Дело бросил! Такое затмение нашло, что даже в работники в Демидове хотел наниматься, чтоб, значит, к ней поближе. Замучился! Мать знахарку звала, отец раз десять бить принимался. Ну, три года промаялся и уж так порешил: будь ты трижды анафема, пойду в город и в извозчики... Значит, не судьба! На Святой пошел я в Демидово в последний разочек на нее поглядеть...

Константин откинул назад голову и закатился таким мелким, веселым смехом, как будто только что очень хитро надул кого-то.

— Гляжу, она с парубка́ми около речки, — продолжал он. — Взяло меня зло... Отозвал я ее в сторонку и, может, с целый час ей разные слова... Полюбила! Три года не любила, а за слова полюбила!

— А какие слова? — спросил Дымов.

— Слова? И не помню... Нешто вспомнишь? Тогда, как вода из жолоба, без передышки: та-та-та-та! А теперь ни одного такого слова не выговорю... Ну, и пошла за меня... Поехала теперь, сорока, к матери, а я вот без нее по степу. Не могу дома сидеть. Нет моей мочи!

Константин неуклюже высвободил из-под себя ноги, растянулся на земле и подпер голову кулаками, потом поднялся и опять сел. Все теперь отлично понимали, что это был влюбленный и счастливый человек, счастливый до тоски; его улыбка, глаза и каждое движение выражали томительное счастье. Он не находил себе места и не знал, какую принять позу и что делать, чтобы не изнемогать от изобилия приятных мыслей. Излив перед чужими людьми свою душу, он, наконец, уселся покойно и, глядя на огонь, задумался.

При виде счастливого человека всем стало скучно и захотелось тоже счастья. Все задумались. Дымов поднялся, тихо прошелся около костра и, по походке, по движению его лопаток, видно было, что он томился и скучал. Он постоял, поглядел на Константина и сел.

А костер уже потухал. Свет уже не мелькал и красное пятно сузилось, потускнело... И чем скорее догорал огонь, тем виднее становилась лунная ночь. Теперь уж видно было дорогу во всю ее ширь, тюки, оглобли, жевавших лошадей; на той стороне неясно вырисовывался другой крест...

Дымов подпер щеку рукой и тихо запел какую-то жалостную песню. Константин сонно улыбнулся и подтянул ему тонким голоском. Попели они с полминуты и затихли... Емельян встрепенулся, задвигал локтями и зашевелил пальцами.

— Братцы, — сказал он умоляюще. — Давайте споем что-нибудь божественное!

Слезы выступили у него на глазах.

— Братцы! — повторил он, прижимая руку к сердцу. — Давайте споем что-нибудь божественное!

— Я не умею, — сказал Константин.

Все отказались; тогда Емельян запел сам. Он замахал обеими руками, закивал головой, открыл рот, но из горла его вырвалось одно только сиплое, беззвучное дыхание. Он пел руками, головой, глазами и даже шишкой, пел страстно и с болью, и чем сильнее напрягал грудь, чтобы вырвать из нее хоть одну ноту, тем беззвучнее становилось его дыхание...

Егорушкой тоже, как и всеми, овладела скука. Он пошел к своему возу, взобрался на тюк и лег. Глядел он на небо и думал о счастливом Константине и его жене. Зачем люди женятся? К чему на этом свете женщины? Егорушка задавал себе неясные вопросы и думал, что мужчине, наверное, хорошо, если возле него постоянно живет ласковая, веселая и красивая женщина. Пришла ему почему-то на память графиня Драницкая, и он подумал, что с такой женщиной, вероятно, очень приятно жить; он, пожалуй, с удовольствием женился бы на ней, если бы это не было так совестно. Он вспомнил ее брови, зрачки, коляску, часы со всадником. . . Тихая, теплая ночь спускалась на него и шептала ему что-то на ухо, а ему казалось, что это та красивая женщина склоняется к нему, с улыбкой глядит на него и хочет поцеловать. . .

От костра осталось только два маленьких красных глаза, становившихся всё меньше и меньше. Подводчики и Константин сидели около них, темные, неподвижные, и казалось, что их теперь было гораздо больше, чем раньше. Оба креста одинаково были видны, и далеко-далеко, где-то на большой дороге, светился красный огонек — тоже, вероятно, кто-нибудь варил кашу.

«Наша матушка Расия всему свету га-ла-ва!» — запел вдруг диким голосом Кирюха, поперхнулся и умолк. Степное эхо подхватило его голос, понесло, и, казалось, по степи на тяжелых колесах покатила сама глупость.

— Время ехать! — сказал Пантелей. — Вставай, ребята.

Пока запрягали, Константин ходил около подвод и восхищался своей женой.

— Прощайте, братцы! — крикнул он, когда обоз тронулся. — Спасибо вам за хлеб за соль! А я опять пойду на огонь. Нет моей мочи!

И он скоро исчез во мгле, и долго было слышно, как он шагал туда, где светился огонек, чтобы поведать чужим людям о своем счастье.

Когда на другой день проснулся Егорушка, было раннее утро; солнце еще не всходило. Обоз стоял. Какой-то человек в белой фуражке и в костюме из дешевой серой материи, сидя на казачьем жеребчике, у самого переднего воза, разговаривал о чем-то с Дымовым и Кирюхой. Впереди, версты за две от обоза, белели длинные, невысокие амбары и домики с черепичными крышами; около домиков не было видно ни дворов, ни деревьев.

— Дед, какая это деревня? — спросил Егорушка.

— Это, молодчик, армянские хутора, — отвечал Пантелей. — Тут армяшки живут. Народ ничего. . . армяшки-то.

Человек в сером кончил разговаривать с Дымовым и Кирюхой, осадил своего жеребчика и поглядел на хутора.

— Экие дела, подумаешь! — вздохнул Пантелей, тоже глядя на хутора и пожимаясь от утренней свежести. — Послал он человека на хутор за какой-то бумагой, а тот не едет. . . Степку послать бы!

— Дед, а кто это? — спросил Егорушка.

— Варламов.

Боже мой! Егорушка быстро вскочил, стал на колени и поглядел на белую фуражку. В малорослом сером человечке, обутом в большие сапоги, сидящем на некрасивой лошаденке и разговаривающем с мужиками в такое время, когда все порядочные люди спят, трудно было узнать таинственного, неуловимого Варламова, которого все ищут, который всегда «кружится» и имеет денег гораздо больше, чем графиня Драницкая.

— Ничего, хороший человек. . . — говорил Пантелей, глядя на хутора. — Дай бог здоровья, славный господин. . . Варламов-то, Семен Александрыч. . . На таких людях, брат, земля держится. Это верно. . . Петухи еще не поют, а он уж на ногах. . . Другой бы спал или дома с гостями тары-бары-растабары, а он целый день по степу. . . Кружится. . . Этот уж не упустит дела. . . Не-ет! Это молодчина. . .

Варламов не отрывал глаз от хутора и о чем-то говорил; жеребчик нетерпеливо переминался с ноги на ногу.

— Семен Александрыч, — крикнул Пантелей, снимая шляпу, — дозвольте Степку послать! Емельян, крикни, чтоб Степку послать!

Но вот, наконец, от хутора отделился верховой. Сильно накренившись набок и помахивая выше головы нагайкой, точно джигитуя и желая удивить всех своей смелой ездой, он с быстротою птицы полетел к обозу.

— Это, должно, его объездчик, — сказал Пантелей. — У него их, объездчиков-то, человек, может, сто, а то и больше.

Поравнявшись с передним возом, верховой осадил лошадь и, снявши шапку, подал Варламову какую-то книжку. Варламов вынул из книжки несколько бумажек, прочел их и крикнул:

— А где же записка Иванчука?

Верховой взял назад книжку, оглядел бумажки и пожал плечами; он стал говорить о чем-то, вероятно, оправдывался и просил позволения съездить еще раз на хутора. Жеребчик вдруг задвигался так, как будто Варламов стал тяжелее. Варламов тоже задвигался.

— Пошел вон! — крикнул он сердито и замахнулся на верхового нагайкой.

Потом он повернул лошадь назад и, рассматривая в книжке бумаги, поехал шагом вдоль обоза. Когда он подъезжал к заднему возу, Егорушка напряг свое зрение, чтобы получше рассмотреть его. Варламов был уже стар. Лицо его с небольшой седой бородкой, простое, русское, загорелое лицо, было красно, мокро от росы и покрыто синими жилочками; оно выражало такую же деловую сухость, как лицо Ивана Иваныча, тот же деловой фанатизм. Но все-таки какая разница чувствовалась между ним и Иваном Иванычем! У дяди Кузьмичова рядом с деловою сухостью всегда были на лице забота и страх, что он не найдет Варламова, опоздает, пропустит хорошую цену; ничего подобного, свойственного людям маленьким и зависимым, не было заметно ни на лице, ни в фигуре Варламова. Этот человек сам создавал цены, никого не искал и ни от кого не зависел; как ни заурядна была его наружность, но во всем, даже в манере держать нагайку, чувствовалось сознание силы и привычной власти над степью.

Проезжая мимо Егорушки, он не взглянул на него; один только жеребчик удостоил Егорушку своим вниманием и поглядел на него большими, глупыми глазами, да и то равнодушно. Пантелей поклонился Варламову; тот заметил это и, не отрывая глаз от бумажек, сказал картавя:

— Здгаствуй, стагик!

Беседа Варламова с верховым и взмах нагайкой, по-видимому, произвели на весь обоз удручающее впечатление. У всех были серьезные лица. Верховой, обескураженный гневом сильного человека, без шапки, опустив поводья, стоял у переднего воза, молчал и как будто не верил, что для него так худо начался день.

— Крутой старик. . . — бормотал Пантелей. — Беда, какой крутой! А ничего, хороший человек. . . Не обидит задаром. . . Ничего. . .

Осмотрев бумаги, Варламов сунул книжку в карман; жеребчик, точно поняв его мысли, не дожидаясь приказа, вздрогнул и понесся по большой дороге.

VII

И в следующую затем ночь подводчики делали привал и варили кашу. На этот раз с самого начала во всем чувствовалась какая-то неопределенная тоска. Было душно; все много пили и никак не могли утолить жажду. Луна взошла сильно багровая и хмурая, точно больная; звезды тоже хмурились, мгла была гуще, даль мутнее. Природа как будто что-то предчувствовала и томилась.

У костра уж не было вчерашнего оживления и разговоров. Все скучали и говорили вяло и нехотя. Пантелей только вздыхал, жаловался на ноги и то и дело заводил речь о наглой смерти.

Дымов лежал на животе, молчал и жевал соломинку; выражение лица у него было брезгливое, точно от соломинки дурно пахло, злое и утомленное... Вася жаловался, что у него ломит челюсть, и пророчил непогоду; Емельян не махал руками, а сидел неподвижно и угрюмо глядел на огонь. Томился и Егорушка. Езда шагом утомила его, а от дневного зноя у него болела голова.

Когда сварилась каша, Дымов от скуки стал придираться к товарищам.

— Расселся, шишка, и первый лезет с ложкой! — сказал он, глядя со злобой на Емельяна. — Жадность! Так и норовит первый за котел сесть. Певчим был, так уж он думает — барин! Много вас таких певчих по большому шляху милостыню просит!

— Да ты что пристал? — спросил Емельян, глядя на него тоже со злобой.

— А то, что не суйся первый к котлу. Не понимай о себе много!

— Дурак, вот и всё, — просипел Емельян.

Зная по опыту, чем чаще всего оканчиваются подобные разговоры, Пантелей и Вася вмешались и стали убеждать Дымова не браниться попусту.

— Певчий... — не унимался озорник, презрительно усмехаясь. — Этак всякий может петь. Сиди себе в церкви на паперти да и пой: «Подайте милостыньки Христа ради!» Эх, вы!

Емельян промолчал. На Дымова его молчание подействовало раздражающим образом. Он еще с большей ненавистью поглядел на бывшего певчего и сказал:

— Не хочется только связываться, а то б я б тебе показал, как об себе понимать!

— Да что ты ко мне пристал, мазепа? — вспыхнул Емельян. — Я тебя трогаю?

— Как ты меня обозвал? — спросил Дымов, выпрямляясь, и глаза его налились кровью. — Как? Я мазепа? Да? Так вот же тебе! Ступай ищи!

Дымов выхватил из рук Емельяна ложку и швырнул ее далеко в сторону. Кирюха, Вася и Степка вскочили и побежали искать ее, а Емельян умоляюще и вопросительно уставился на Пантелея. Лицо его вдруг стало маленьким, поморщилось, заморгало, и бывший певчий заплакал, как ребенок.

Егорушка, давно уже ненавидевший Дымова, почувствовал, как в воздухе вдруг стало невыносимо душно, как огонь от костра горячо жег лицо; ему захотелось скорее бежать к обозу в потемки, но злые, скучающие глаза озорника тянули его к себе. Страстно желая сказать что-нибудь в высшей степени обидное, он шагнул к Дымову и проговорил, задыхаясь:

— Ты хуже всех! Я тебя терпеть не могу!

После этого надо было бы бежать к обозу, а он никак не мог сдвинуться с места и продолжал:

— На том свете ты будешь гореть в аду! Я Ивану Иванычу пожалуюсь! Ты не смеешь обижать Емельяна!

— Тоже, скажи пожалуйста! — усмехнулся Дымов.

— Свиненок всякий, еще на губах молоко не обсохло, в указчики лезет. А ежели за ухо?

Егорушка почувствовал, что дышать уже нечем; он — никогда с ним этого не было раньше — вдруг затрясся всем телом, затопал ногами и закричал пронзительно:

— Бейте его! Бейте его!

Слезы брызнули у него из глаз; ему стало стыдно, и он, пошатываясь, побежал к обозу. Какое впечатление произвел его крик, он не видел. Лежа на тюке и плача, он дергал руками и ногами, и шептал:

— Мама! Мама!

И эти люди, и тени вокруг костра, и темные тюки, и далекая молния, каждую минуту сверкавшая вдали, — всё теперь представлялось ему нелюдимым и страшным. Он ужасался и в отчаянии спрашивал себя, как это и зачем попал он в неизвестную землю, в компанию страшных мужиков? Где теперь дядя, о. Христофор и Дениска? Отчего они так долго не едут? Не забыли ли они о нем? От мысли, что он забыт и брошен на произвол судьбы, ему становилось холодно и так жутко, что он несколько раз порывался спрыгнуть с тюка и опрометью, без оглядки побежать назад по дороге, но воспоминание о темных, угрюмых крестах, которые непременно встретятся ему на пути, и сверкавшая вдали молния останавливали его... И только когда он шептал: «мама! мама!» ему становилось как будто легче...

Должно быть, и подводчикам было жутко. После того, как Егорушка убежал от костра, они сначала долго молчали, потом вполголоса и глухо заговорили о чем-то, что оно идет и что поскорее нужно собираться и уходить от него... Они скоро поужинали, потушили огонь и молча стали запрягать. По их суете и отрывистым фразам было заметно, что они предвидели какое-то несчастье.

Перед тем, как трогаться в путь, Дымов подошел к Пантелею и спросил тихо:

— Как его звать?

— Егорий... — ответил Пантелей.

Дымов стал одной ногой на колесо, взялся за веревку, которой был перевязан тюк, и поднялся. Егорушка увидел его лицо и кудрявую голову. Лицо было бледно, утомлено и серьезно, но уже не выражало злобы.

— Ёра! — сказал он тихо. — На, бей!

Егорушка с удивлением посмотрел на него; в это время сверкнула молния.

— Ничего, бей! — повторил Дымов.

И, не дожидаясь, когда Егорушка будет бить его или говорить с ним, он спрыгнул вниз и сказал:

— Скушно мне!

Потом, переваливаясь с ноги на ногу, двигая лопатками, он лениво поплелся вдоль обоза и не то плачущим, не то досадующим голосом повторил:

— Скушно мне! Господи! А ты не обижайся, Емеля, — сказал он, проходя мимо Емельяна. — Жизнь наша пропащая, лютая!

Направо сверкнула молния и, точно отразившись в зеркале, она тотчас же сверкнула вдали.

— Егорий, возьми! — крикнул Пантелей, подавая снизу что-то большое и темное.

— Что это? — спросил Егорушка.

— Рогожка! Будет дождик, так вот покроешься.

Егорушка приподнялся и посмотрел вокруг себя. Даль заметно почернела и уж чаще, чем каждую минуту, мигала бледным светом, как веками. Чернота ее, точно от тяжести, склонялась вправо.

— Дед, гроза будет? — спросил Егорушка.

— Ах, ножки мои больные, стуженые! — говорил нараспев Пантелей, не слыша его и притопывая ногами.

Налево, как будто кто чиркнул по небу спичкой, мелькнула бледная, фосфорическая полоска и потухла. Послышалось, как где-то очень далеко кто-то прошелся по железной крыше. Вероятно, по крыше шли босиком, потому что железо проворчало глухо.

— А он обложной! — крикнул Кирюха.

Между далью и правым горизонтом мигнула молния и так ярко, что осветила часть степи и место, где ясное небо граничило с чернотой. Страшная туча надвигалась не спеша, сплошной массой; на ее краю висели большие, черные лохмотья; точно такие же лохмотья, давя друг друга, громоздились на правом и на левом горизонте. Этот оборванный, разлохмаченный вид тучи придавал ей какое-то пьяное, озорническое выражение. Явственно и не глухо проворчал гром. Егорушка перекрестился и стал быстро надевать пальто.

— Скушно мне! — донесся с передних возов крик

Дымова, и по голосу его можно было судить, что он уж опять начинал злиться. — Скушно!

Вдруг рванул ветер и с такой силой, что едва не выхватил у Егорушки узелок и рогожу; встрепенувшись, рогожа рванулась во все стороны и захлопала по тюку и по лицу Егорушки. Ветер со свистом понесся по степи, беспорядочно закружился и поднял с травою такой шум, что из-за него не было слышно ни грома, ни скрипа колес. Он дул с черной тучи, неся с собой облака пыли и запах дождя и мокрой земли. Лунный свет затуманился, стал как будто грязнее, звезды еще больше нахмурились, и видно было, как по краю дороги спешили куда-то назад облака пыли и их тени. Теперь, по всей вероятности, вихри, кружась и увлекая с земли пыль, сухую траву и перья, поднимались под самое небо; вероятно, около самой черной тучи летали перекати-поле, и как, должно быть, им было страшно! Но сквозь пыль, залеплявшую глаза, не было видно ничего, кроме блеска молний.

Егорушка, думая, что сию минуту польет дождь, стал на колени и укрылся рогожей.

— Пантелле-ей! — крикнул кто-то впереди. — А. . . а. . . ва!

— Не слыха-ать! — ответил громко и нараспев Пантелей.

— А. . . а. . . ва! Аря. . . а!

Загремел сердито гром, покатился по небу справа налево, потом назад и замер около передних подвод.

— Свят, свят, свят, господь Саваоф, — прошептал Егорушка, крестясь, — исполнь небо и земля славы твоея. . .

Чернота на небе раскрыла рот и дыхнула белым огнем; тотчас же опять загремел гром; едва он умолк, как молния блеснула так широко, что Егорушка сквозь щели рогожи увидел вдруг всю большую дорогу до самой дали, всех подводчиков и даже Кирюхину жилетку.

Черные лохмотья слева уже поднимались кверху и одно из них, грубое, неуклюжее, похожее на лапу с пальцами, тянулось к луне. Егорушка решил закрыть крепко глаза, не обращать внимания и ждать, когда всё кончится.

Дождь почему-то долго не начинался. Егорушка, в надежде, что туча, быть может, уходит мимо, выглянул из рогожи. Было страшно темно. Егорушка не увидел ни Пантелея, ни тюка, ни себя; покосился он туда, где была недавно луна, но там чернела такая же тьма, как и на возу. А молнии в потемках казались белее и ослепительнее, так что глазам было больно.

— Пантелей! — позвал Егорушка.

Ответа не последовало. Но вот, наконец, ветер в последний раз рванул рогожу и убежал куда-то. Послышался ровный, спокойный шум. Большая холодная капля упала на колено Егорушки, другая поползла по руке. Он заметил, что колени его не прикрыты, и хотел было поправить рогожу, но в это время что-то посыпалось и застучало по дороге, потом по оглоблям, по тюку. Это был дождь. Он и рогожа, как будто поняли друг друга, заговорили о чем-то быстро, весело и препротивно, как две сороки.

Егорушка стоял на коленях или, вернее, сидел на сапогах. Когда дождь застучал по рогоже, он подался туловищем вперед, чтобы заслонить собою колени, которые вдруг стали мокры; колени удалось прикрыть, но зато меньше чем через минуту резкая, неприятная сырость почувствовалась сзади, ниже спины и на икрах. Он принял прежнюю позу, выставил колени под дождь и стал думать, что делать, как поправить в потемках невидимую рогожу. Но руки его были уже мокры, в рукава и за воротник текла вода, лопатки зябли. И он решил ничего не делать, а сидеть неподвижно и ждать, когда всё кончится.

— Свят, свят, свят... — шептал он.

Вдруг над самой головой его с страшным, оглушительным треском разломалось небо; он нагнулся и притаил дыхание, ожидая, когда на его затылок и спину посыпятся обломки. Глаза его нечаянно открылись, и он увидел, как на его пальцах, мокрых рукавах и струйках, бежавших с рогожи, на тюке и внизу на земле вспыхнул и раз пять мигнул ослепительно едкий свет. Раздался новый удар, такой же сильный и ужасный. Небо уже не гремело, не грохотало, а издавало сухие, трескучие, похожие на треск сухого дерева, звуки.

«Тррах! тах, тах! тах!» — явственно отчеканивал гром, катился по небу, спотыкался и где-нибудь у передних возов или далеко сзади сваливался со злобным, отрывистым — «тррра!..»

Раньше молнии были только страшны, при таком же громе они представлялись зловещими. Их колдовской свет проникал сквозь закрытые веки и холодом разливался по всему телу. Что сделать, чтобы не видеть их? Егорушка решил обернуться лицом назад. Осторожно, как будто бы боясь, что за ним наблюдают, он стал на четвереньки и, скользя ладонями по мокрому тюку, повернулся назад.

«Трах! тах! тах!» — понеслось над его головой, упало под воз и разорвалось — «Ррра!»

Глаза опять нечаянно открылись, и Егорушка увидел новую опасность: за возом шли три громадных великана с длинными пиками. Молния блеснула на остриях их пик и очень явственно осветила их фигуры. То были люди громадных размеров, с закрытыми лицами, поникшими головами и с тяжелою поступью. Они казались печальными и унылыми, погруженными в раздумье. Быть может, шли они за обозом не для того, чтобы причинить вред, но все-таки в их близости было что-то ужасное.

Егорушка быстро обернулся вперед и, дрожа всем телом, закричал:

— Пантелей! Дед!

«Трах! тах! тах!» — ответило ему небо.

Он открыл глаза, чтобы поглядеть, тут ли подводчики. Молния сверкнула в двух местах и осветила дорогу до самой дали, весь обоз и всех подводчиков. По дороге текли ручейки и прыгали пузыри. Пантелей шагал около воза, его высокая шляпа и плечи были покрыты небольшой рогожей; фигура не выражала ни страха, ни беспокойства, как будто он оглох от грома и ослеп от молнии.

— Дед, великаны! — крикнул ему Егорушка, плача.

Но дед не слышал. Далее шел Емельян. Этот был покрыт большой рогожей с головы до ног и имел теперь форму треугольника. Вася, ничем не покрытый, шагал так же деревянно, как всегда, высоко поднимая ноги и не сгибая колен. При блеске молнии казалось, что обоз не двигался и подводчики застыли, что у Васи онемела поднятая нога...

Егорушка еще позвал деда. Не добившись ответа, он сел неподвижно и уж не ждал, когда всё кончится. Он был уверен, что сию минуту его убьет гром, что глаза нечаянно откроются и он увидит страшных великанов.

И он уж не крестился, не звал деда, не думал о матери и только коченел от холода и уверенности, что гроза никогда не кончится.

Но вдруг послышались голоса.

— Егоргий, да ты спишь, что ли? — крикнул внизу Пантелей. — Слезай! Оглох, дурачок*!* . .

— Вот так гроза! — сказал какой-то незнакомый бас и крякнул так, как будто выпил хороший стакан водки.

Егорушка открыл глаза. Внизу около воза стояли Пантелей, треугольник-Емельян и великаны. Последние были теперь много ниже ростом и, когда вгляделся в них Егорушка, оказались обыкновенными мужиками, державшими на плечах не пики, а железные вилы. В промежутке между Пантелеем и треугольником светилось окно невысокой избы. Значит, обоз стоял в деревне. Егорушка сбросил с себя рогожу, взял узелок и поспешил с воза. Теперь, когда вблизи говорили люди и светилось окно, ему уж не было страшно, хотя гром трещал по-прежнему и молния полосовала всё небо.

— Гроза хорошая, ничего. . . — бормотал Пантелей. — Слава богу. . . Ножки маленько промякли от дождичка, оно и ничего. . . Слез, Егоргий? Ну, иди в избу. . . Ничего. . .

— Свят, свят, свят. . . — просипел Емельян. — Беспременно где-нибудь ударило. . . Вы тутошние? — спросил он великанов.

— Не, из Глинова. . . Мы глиновские. У господ Платеров работаем.

— Молотите, что ли?

— Разное. Покеда еще пшеницу убираем. А молонья-то, молонья! Давно такой грозы не было. . .

Егорушка вошел в избу. Его встретила тощая, горбатая старуха, с острым подбородком. Она держала в руках сальную свечку, щурилась и протяжно вздыхала.

— Грозу-то какую бог послал! — говорила она. — А наши в степу ночуют, то-то натерпятся сердешные! Раздевайся, батюшка, раздевайся. . .

Дрожа от холода и брезгливо пожимаясь, Егорушка стащил с себя промокшее пальто, потом широко расставил руки и ноги и долго не двигался. Каждое малейшее движение вызывало в нем неприятное ощущение мокроты и холода. Рукава и спина на рубахе были мокры, брюки прилипли к ногам, с головы текло. . .

— Что ж, хлопчик, раскорякой-то стоять? — сказала старуха. —

Иди, садись!

Расставя широко ноги, Егорушка подошел к столу и сел на скамью около чьей-то головы. Голова задвигалась, пустила носом струю воздуха, пожевала и успокоилась. От головы вдоль скамьи тянулся бугор, покрытый овчинным тулупом. Это спала какая-то баба.

Старуха, вздыхая, вышла и скоро вернулась с арбузом и дыней.

— Кушай, батюшка! Больше угощать нечем... — сказала она, зевая, затем порылась в столе и достала оттуда длинный, острый ножик, очень похожий на те ножи, какими на постоялых дворах разбойники режут купцов. — Кушай, батюшка!

Егорушка, дрожа как в лихорадке, съел ломоть дыни с черным хлебом, потом ломоть арбуза, и от этого ему стало еще холодней.

— Наши в степу ночуют... — вздыхала старуха, пока он ел. — Страсти господни... Свечечку бы перед образом засветить, да не знаю, куда Степанида девала. Кушай, батюшка, кушай...

Старуха зевнула и, закинув назад правую руку, почесала ею левое плечо.

— Должно, часа два теперь, — сказала она. — Скоро и вставать пора. Наши-то в степу ночуют... Небось, вымокли все...

— Бабушка, — сказал Егорушка, — я спать хочу.

— Ложись, батюшка, ложись... — вздохнула старуха, зевая. — Господи Иисусе Христе! Сама и сплю, и слышу, как будто кто стучит. Проснулась, гляжу, а это грозу бог послал... Свечечку бы засветить, да не нашла.

Разговаривая с собой, она сдернула со скамьи какое-то тряпье, вероятно, свою постель, сняла с гвоздя около печи два тулупа и стала постилать для Егорушки.

— Гроза-то не унимается, — бормотала она. — Как бы, неровен час, чего не спалило. Наши-то в степу ночуют... Ложись, батюшка, спи... Христос с тобой, внучек... Дыню-то я убирать не стану, может, вставши, покушаешь.

Вздохи и зеванье старухи, мерное дыхание спавшей бабы, сумерки избы и шум дождя за окном располагали ко сну. Егорушке было совестно раздеваться при старухе. Он снял только сапоги, лег и укрылся овчинным тулупом.

— Парнишка лег? — послышался через минуту шёпот Пантелея.

— Лег! — ответила шёпотом старуха. — Страсти-то, страсти

господни! Гремит, гремит, и конца не слыхать. . .

— Сейчас пройдет. . . — прошипел Пантелей, садясь. — Потише стало. . . Ребята пошли по избам, а двое при лошадях остались. . . Ребята-то. . . Нельзя. . . Уведут лошадей. . . Вот посижу маленько и пойду на смену. . . Нельзя, уведут. . .

Пантелей и старуха сидели рядом у ног Егорушки и говорили шипящим шёпотом, прерывая свою речь вздохами и зевками. А Егорушка никак не мог согреться. На нем лежал теплый, тяжелый тулуп, но всё тело тряслось, руки и ноги сводило судорогами, внутренности дрожали. . . Он разделся под тулупом, но и это не помогло. Озноб становился всё сильней и сильней.

Пантелей ушел на смену и потом опять вернулся, а Егорушка всё еще не спал и дрожал всем телом. Что-то давило ему голову и грудь, угнетало его, и он не знал, что это: шёпот ли стариков, или тяжелый запах овчины? От съеденных арбуза и дыни во рту был неприятный, металлический вкус. К тому же еще кусались блохи.

— Дед, мне холодно! — сказал он и не узнал своего голоса.

— Спи, внучек, спи. . . — вздохнула старуха.

Тит на тонких ножках подошел к постели и замахал руками, потом вырос до потолка и обратился в мельницу. О. Христофор, не такой, каким он сидел в бричке, а в полном облачении и с кропилом в руке, прошелся вокруг мельницы, покропил ее святой водой и она перестала махать. Егорушка, зная, что это бред, открыл глаза.

— Дед! — позвал он. — Дай воды!

Никто не отозвался. Егорушке стало невыносимо душно и неудобно лежать. Он встал, оделся и вышел из избы. Уже наступило утро. Небо было пасмурно, но дождя уже не было. Дрожа и кутаясь в мокрое пальто, Егорушка прошелся по грязному двору, прислушался к тишине; на глаза ему попался маленький хлевок с камышовой, наполовину открытой дверкой. Он заглянул в этот хлевок, вошел в него и сел в темном углу на кизяк.

В его тяжелой голове путались мысли, во рту было сухо и противно от металлического вкуса. Он оглядел свою шляпу, поправил на ней павлинье перо и вспомнил, как ходил с мамашей покупать эту шляпу. Сунул он руку в карман и достал оттуда комок бурой, липкой замазки. Как эта замазка попала ему в карман? Он подумал, понюхал: пахнет медом. Ага, это еврейский пряник! Как он, бедный, размок!

Егорушка оглядел свое пальто. А пальто у него было серенькое, с большими костяными пуговицами, сшитое на манер сюртука. Как новая и дорогая вещь, дома висело оно не в передней, а в спальной, рядом с мамашиными платьями; надевать его позволялось только по праздникам. Поглядев на него, Егорушка почувствовал к нему жалость, вспомнил, что он и пальто — оба брошены на произвол судьбы, что им уж больше не вернуться домой, и зарыдал так, что едва не свалился с кизяка.

Большая белая собака, смоченная дождем, с клочьями шерсти на морде, похожими на папильотки, вошла в хлев и с любопытством уставилась на Егорушку. Она, по-видимому, думала: залаять или нет? Решив, что лаять не нужно, она осторожно подошла к Егорушке, съела замазку и вышла.

— Это варламовские! — крикнул кто-то на улице.

Наплакавшись, Егорушка вышел из хлева и, обходя лужу, поплелся на улицу. Как раз перед воротами на дороге стояли возы. Мокрые подводчики с грязными ногами, вялые и сонные, как осенние мухи, бродили возле или сидели на оглоблях. Егорушка поглядел на них и подумал: «Как скучно и неудобно быть мужиком!» Он подошел к Пантелею и сел с ним рядом на оглоблю.

— Дед, мне холодно! — сказал он, дрожа и засовывая руки в рукава.

— Ничего, скоро до места доедем, — зевнул Пантелей. — Оно ничего, согреешься.

Обоз тронулся с места рано, потому что было не жарко. Егорушка лежал на тюке и дрожал от холода, хотя солнце скоро показалось на небе и высушило его одежду, тюк и землю. Едва он закрыл глаза, как опять увидел Тита и мельницу. Чувствуя тошноту и тяжесть во всем теле, он напрягал силы, чтобы отогнать от себя эти образы, но едва они исчезали, как на Егорушку с ревом бросался озорник Дымов с красными глазами и с поднятыми кулаками или же слышалось, как он тосковал: «Скушно мне!» Проезжал на казачьем жеребчике Варламов, проходил со своей улыбкой и с дрохвой счастливый Константин. И как все эти люди были тяжелы, несносны и надоедливы!

Раз — это было уже перед вечером — он поднял голову, чтобы попросить пить. Обоз стоял на большом мосту, тянувшемся через широкую реку. Внизу над рекой темнел дым, а сквозь него виден был пароход, тащивший на буксире баржу. Впереди за рекой пестрела громадная гора, усеянная домами и церквами; у подножия горы около товарных вагонов бегал локомотив...

Раньше Егорушка не видел никогда ни пароходов, ни локомотивов, ни широких рек. Взглянув теперь на них, он не испугался, не удивился; на лице его не выразилось даже ничего похожего на любопытство. Он только почувствовал дурноту и поспешил лечь грудью на край тюка. Его стошнило. Пантелей, видевший это, крякнул и покрутил головой.

— Захворал наш парнишка! — сказал он. — Должно, живот застудил... парнишка-то... На чужой стороне... Плохо дело!

VIII

Oбоз остановился недалеко от пристани в большом торговом подворье. Слезая с воза, Егорушка услышал чей-то очень знакомый голос. Кто-то помогал ему слезать и говорил:

— А мы еще вчера вечером приехали... Целый день нынче вас ждали. Хотели вчерась нагнать вас, да не рука была, другой дорогой поехали. Эка, как ты свою пальтишку измял! Достанется тебе от дяденьки!

Егорушка вгляделся в мраморное лицо говорившего и вспомнил, что это Дениска.

— Дяденька и о. Христофор теперь в номере, — продолжал Дениска, — чай пьют. Пойдем!

И он повел Егорушку к большому двухэтажному корпусу, темному и хмурому, похожему на N—ское богоугодное заведение. Пройдя сени, темную лестницу и длинный, узкий коридор, Егорушка и Дениска вошли в маленький номерок, в котором, действительно, за чайным столом сидели Иван Иваныч и о. Христофор. Увидев мальчика, оба старика изобразили на лицах удивление и радость.

— А-а, Егор Никола-аич! — пропел о. Христофор. — Господин Ломоносов!

— А, господа дворяне! — сказал Кузьмичов. — Милости просим.

Егорушка снял пальто, поцеловал руку дяде и о. Христофору и сел за стол.

— Ну, как доехал, puer bone¹? — засыпал его о. Христофор вопросами, наливая ему чаю и, по обыкновению, лучезарно улыбаясь.

— Небось надоело? И не дай бог на обозе или на волах ехать! Едешь,

едешь, прости господи, взглянешь вперед, а степь всё такая ж протяженно-сложенная, как и была: конца краю не видать! Не езда, а чистое поношение. Что ж ты чаю не пьешь? Пей! А мы без тебя тут, пока ты с обозом тащился, все дела под орех разделали. Слава богу! Продали шерсть Черепахину и так, как дай бог всякому... Хорошо попользовались.

При первом взгляде на своих Егорушка почувствовал непреодолимую потребность жаловаться. Он не слушал о. Христофора и придумывал, с чего бы начать и на что особенно пожаловаться. Но голос о. Христофора, казавшийся неприятным и резким, мешал ему сосредоточиться и путал его мысли. Не посидев и пяти минут, он встал из-за стола, пошел к дивану и лег.

— Вот-те на! — удивился о. Христофор. — А как же чай?

Придумывая, на что бы такое пожаловаться, Егорушка припал лбом к стене дивана и вдруг зарыдал.

— Вот-те на! — повторил о. Христофор, поднимаясь и идя к дивану. — Георгий, что с тобой? Что ты плачешь?

— Я... я болен! — проговорил Егорушка.

— Болен? — смутился о. Христофор. — Вот это уж и нехорошо, брат... Разве можно в дороге болеть? Ай, ай, какой ты, брат... а?

Он приложил руку к Егорушкиной голове, потрогал щеку и сказал:

— Да, голова горячая... Это ты, должно быть, простудился или чего-нибудь покушал... Ты бога призывай.

— Хинины ему дать... — сказал смущенно Иван Иваныч.

— Нет, ему бы чего-нибудь горяченького покушать... Георгий, хочешь супчику? А?

— Не... не хочу... — ответил Егорушка.

— Тебя знобит, что ли?

— Прежде знобило, а теперь... теперь жар. У меня всё тело болит...

Иван Иваныч подошел к дивану, потрогал Егорушку за голову, смущенно крякнул и вернулся к столу.

— Вот что, ты раздевайся и ложись спать, — сказал о. Христофор, — тебе выспаться надо.

Он помог Егорушке раздеться, дал ему подушку и укрыл его одеялом, а поверх одеяла пальтом Ивана Иваныча, затем отошел на цыпочках и сел за стол. Егорушка закрыл глаза и ему тотчас же стало казаться, что он не в номере, а на большой дороге около костра; Емельян махнул рукой, а Дымов с красными глазами лежал на животе и насмешливо глядел на Егорушку.

— Бейте его! Бейте его! — крикнул Егорушка.

— Бредит. . . — проговорил вполголоса о. Христофор.

— Хлопоты! — вздохнул Иван Иваныч.

— Надо будет его маслом с уксусом смазать. Бог даст, к завтраму выздоровеет.

Чтобы отвязаться от тяжелых грез, Егорушка открыл глаза и стал смотреть на огонь. О. Христофор и Иван Иваныч уже напились чаю и о чем-то говорили шёпотом. Первый счастливо улыбался и, по-видимому, никак не мог забыть о том, что взял хорошую пользу на шерсти; веселила его не столько сама польза, сколько мысль, что, приехав домой, он соберет всю свою большую семью, лукаво подмигнет и расхохочется; сначала он всех обманет и скажет, что продал шерсть дешевле своей цены, потом же подаст зятю Михайле толстый бумажник и скажет: «На, получай! Вот как надо дела делать!» Кузьмичов же не казался довольным. Лицо его по-прежнему выражало деловую сухость и заботу.

— Эх, кабы знатье, что Черепахин даст такую цену, — говорил он вполголоса, — то я б дома не продавал Макарову тех трехсот пудов! Такая досада! Но кто ж его знал, что тут цену подняли?

Человек в белой рубахе убрал самовар и зажег в углу перед образом лампадку. О. Христофор шепнул ему что-то на ухо; тот сделал таинственное лицо, как заговорщик — понимаю, мол, — вышел и, вернувшись немного погодя, поставил под диван посудину. Иван Иваныч постлал себе на полу, несколько раз зевнул, лениво помолился и лег.

— А завтра я в собор думаю. . . — сказал о. Христофор. — Там у меня ключарь знакомый. К преосвященному бы надо после обедни, да говорят, болен.

Он зевнул и потушил лампу. Теперь уж светила одна только лампадка.

— Говорят, не принимает, — продолжал о. Христофор, разоблачаясь. — Так и уеду, не повидавшись.

Он снял кафтан, и Егорушка увидел перед собой Робинзона Крузе. Робинзон что-то размешал в блюдечке, подошел к Егорушке и зашептал:

— Ломоносов, ты спишь? Встань-ка! Я тебя маслом с уксусом смажу. Оно хорошо, ты только бога призывай.

Егорушка быстро поднялся и сел. О. Христофор снял с него сорочку и, пожимаясь, прерывисто дыша, как будто ему самому было щекотно, стал растирать Егорушке грудь.

— Во имя отца и сына и святаго духа... — шептал он. — Ложись спиной кверху!.. Вот так. Завтра здоров будешь, только вперед не согрешай... Как огонь, горячий! Небось в грозу в дороге были?

— В дороге.

— Еще бы не захворать! Во имя отца и сына и святаго духа... Еще бы не захворать!

Смазавши Егорушку, о. Христофор надел на него сорочку, укрыл, перекрестил и отошел. Потом Егорушка видел, как он молился богу. Вероятно, старик знал наизусть очень много молитв, потому что долго стоял перед образом и шептал. Помолившись, он перекрестил окна, дверь, Егорушку, Ивана Иваныча, лег без подушки на диванчик и укрылся своим кафтаном. В коридоре часы пробили десять. Егорушка вспомнил, что еще много времени осталось до утра, в тоске припал лбом к спинке дивана и уж не старался отделаться от туманных угнетающих грез. Но утро наступило гораздо раньше, чем он думал.

Ему казалось, что он недолго лежал, припавши лбом к спинке дивана, но когда он открыл глаза, из обоих окон номерка уже тянулись к полу косые солнечные лучи. О. Христофора и Ивана Иваныча не было. В номерке было прибрано, светло, уютно и пахло о. Христофором, который всегда издавал запах кипариса и сухих васильков (дома он делал из васильков кропила и украшения для киотов, отчего и пропах ими насквозь). Егорушка поглядел на подушку, на косые лучи, на свои сапоги, которые теперь были вычищены и стояли рядышком около дивана, и засмеялся. Ему казалось странным, что он не на тюке, что кругом всё сухо и на потолке нет молний и грома.

Он прыгнул с дивана и стал одеваться. Самочувствие у него было прекрасное; от вчерашней болезни осталась одна только небольшая слабость в ногах и в шее. Значит, масло и уксус помогли. Он вспомнил пароход, локомотив и широкую реку, которые смутно видел вчера, и теперь спешил поскорее одеться, чтобы побежать на пристань и поглядеть на них. Когда он, умывшись, надевал кумачовую рубаху, вдруг щелкнул в дверях замок и на пороге показался о. Христофор в своем цилиндре, с посохом и в шелковой коричневой рясе поверх парусинкового кафтана. Улыбаясь и сияя (старики, только что вернувшиеся из церкви, всегда испускают сияние), он положил на стол просфору и какой-то сверток, помолился и сказал:

— Бог милости прислал! Ну, как здоровье?

— Теперь хорошо, — ответил Егорушка, целуя ему руку.

— Слава богу. . . А я из обедни. . . Ходил с знакомым ключа-рем повидаться. Звал он меня к себе чай пить, да я не пошел. Не люблю по гостям ходить спозаранку. Бог с ними!

Он снял рясу, погладил себя по груди и не спеша развернул свер-ток. Егорушка увидел жестяночку с зернистой икрой, кусочек балыка и французский хлеб.

— Вот, шел мимо живорыбной лавки и купил, — сказал о. Хри-стофор. — В будень не из чего бы роскошествовать, да, подумал, дома болящий, так оно как будто и простительно. А икра хорошая, осетро-вая. . .

Человек в белой рубахе принес самовар и поднос с посудой.

— Кушай, — сказал о. Христофор, намазывая икру на ломтик хлеба и подавая Егорушке. — Теперь кушай и гуляй, а настанет время, учиться будешь. Смотри же, учись со вниманием и прилежанием, что-бы толк был. Что наизусть надо, то учи наизусть, а где нужно рассказать своими словами внутренний смысл, не касаясь наружного, там своими словами. И старайся так, чтоб все науки выучить. Иной математику зна-ет отлично, а про Петра Могилу не слыхал, а иной про Петра Могилу знает, а не может про луну объяснить. Нет, ты так учись, чтобы всё понимать! Выучись по-латынски, по-французски, по-немецки. . . гео-графию, конечно, историю, богословие, философию, математику. . . А когда всему выучишься, не спеша, да с молитвою, да с усердием, тогда и поступай на службу. Когда всё будешь знать, тебе на всякой стезе лег-ко будет. Ты только учись да благодати набирайся, а уж бог укажет, кем тебе быть. Доктором ли, судьей ли, инженером ли. . .

О. Христофор намазал на маленький кусочек хлеба немножко икры, положил его в рот и сказал:

— Апостол Павел говорит: на учения странна и различна не прилагайтеся. Конечно, если чернокнижие, буесловие, или духов с того света вызывать, как Саул, или такие науки учить, что от них пользы ни себе, ни людям, то лучше не учиться. Надо воспринимать только то, что бог благословил. Ты соображайся. . . Святые апостолы говорили на всех языках — и ты учи языки; Василий Великий учил математику и философию — и ты учи; святый Нестор писал историю — и ты учи и пиши историю. Со святыми соображайся. . .

О. Христофор отхлебнул из блюдечка, вытер усы и покрутил головой.

— Хорошо! — сказал он. — Я по-старинному обучен, многое уж забыл, да и то живу иначе, чем прочие. И сравнивать даже нельзя. Например, где-нибудь в большом обществе, за обедом ли, или в собрании скажешь что-нибудь по-латынски, или из истории, или философии, а людям и приятно, да и мне самому приятно... Или вот тоже, когда приезжает окружной суд и нужно приводить к присяге; все прочие священники стесняются, а я с судьями, с прокурорами да с адвокатами запанибрата: по-ученому поговорю, чайку с ними попью, посмеюсь, расспрошу, чего не знаю... И им приятно.

Так-то вот, брат... Ученье свет, а неученье тьма. Учись! Оно, конечно, тяжело: в теперешнее время ученье дорого обходится... Маменька твоя вдовица, пенсией живет, ну да ведь...

О. Христофор испуганно поглядел на дверь и продолжал шёпотом:

— Иван Иваныч будет помогать. Он тебя не оставит. Детей у него своих нету, и он тебе поможет. Не беспокойся.

Он сделал серьезное лицо и зашептал еще тише:

— Только ты смотри, Георгий, боже тебя сохрани, не забывай матери и Ивана Иваныча. Почитать мать велит заповедь, а Иван Иваныч тебе благодетель и вместо отца. Ежели ты выйдешь в ученые и, не дай бог, станешь тяготиться и пренебрегать людьми по той причине, что они глупее тебя, то горе, горе тебе!

О. Христофор поднял вверх руку и повторил тонким голоском:

— Горе! Горе!

О. Христофор разговорился и, что называется, вошел во вкус; он не окончил бы до обеда, но отворилась дверь и вошел Иван Иваныч. Дядя торопливо поздоровался, сел за стол и стал быстро глотать чай.

— Ну, со всеми делами справился, — сказал он. — Сегодня бы и домой ехать, да вот с Егором еще забота. Надо его пристроить. Сестра говорила, что тут где-то ее подружка живет, Настасья Петровна, так вот, может, она его к себе на квартиру возьмет.

Он порылся в своем бумажнике, достал оттуда измятое письмо и прочел:

— «Малая Нижняя улица, Настасье Петровне Тоскуновой, в собственном доме». Надо будет сейчас пойти поискать ее. Хлопоты!

Вскоре после чаю Иван Иваныч и Егорушка уж выходили из

подворья.

— Хлопоты! — бормотал дядя. — Привязался ты ко мне, как репейник, и ну тебя совсем к богу! Вам ученье да благородство, а мне одна мука с вами. . .

Когда они проходили двором, то возов и подводчиков уже не было, все они еще рано утром уехали на пристань. В дальнем углу двора темнела знакомая бричка; возле нее стояли гнедые и ели овес.

«Прощай, бричка!» — подумал Егорушка.

Сначала пришлось долго подниматься на гору по бульвару, потом идти через большую базарную площадь; тут Иван Иваныч справился у городового, где Малая Нижняя улица.

— Эва! — усмехнулся городовой. — Она далече, туда к выгону!

На пути попадались навстречу извозчичьи пролетки, но такую слабость, как езда на извозчиках, дядя позволял себе только в исключительных случаях и по большим праздникам. Он и Егорушка долго шли по мощеным улицам, потом шли по улицам, где были одни только тротуары, а мостовых не было, и в конце концов попали на такие улицы, где не было ни мостовых, ни тротуаров. Когда ноги и язык довели их до Малой Нижней улицы, оба они были красны и, сняв шляпы, вытирали пот.

— Скажите, пожалуйста, — обратился Иван Иваныч к одному старичку, сидевшему у ворот на лавочке, — где тут дом Настасьи Петровны Тоскуновой?

— Никакой тут Тоскуновой нет, — ответил старик, подумав. — Может, Тимошенко?

— Нет, Тоскунова. . .

— Извините, Тоскуновой нету. . .

Иван Иваныч пожал плечами и поплелся дальше.

— Да не ищите! — крикнул ему сзади старик. — Говорю — нету, значит нету!

— Послушай, тетенька, — обратился Иван Иваныч к старухе, продававшей на углу в лотке подсолнухи и груши, — где тут дом Настасьи Петровны Тоскуновой?

Старуха поглядела на него с удивлением и засмеялась.

— Да нешто Настасья Петровна теперь в своем доме живет? — спросила она. — Господи, уж годов восемь, как она дочку выдала и дом свой зятю отказала! Там теперь зять живет.

А глаза ее говорили: «Как же вы, дураки, такого пустяка не

знаете?»

— А где она теперь живет? — спросил Иван Иваныч.

— Господи! — удивилась старуха, всплескивая руками. — Она уж давно на квартире живет! Уж годов восемь, как свой дом зятю отказала. Что вы!

Она, вероятно, ожидала, что Иван Иваныч тоже удивится и воскликнет: «Да не может быть!!», но тот очень покойно спросил:

— Где ж ее квартира?

Торговка засучила рукава и, указывая голой рукой, стала кричать пронзительным тонким голосом:

— Идите всё прямо, прямо, прямо... Вот как пройдете красненький домичек, там на левой руке будет переулочек. Так вы идите в этот переулочек и глядите третьи ворота справа...

Иван Иваныч и Егорушка дошли до красного домика, повернули налево в переулок и направились к третьим воротам справа. По обе стороны этих серых, очень старых ворот тянулся серый забор с широкими щелями; правая часть забора сильно накренилась вперед и грозила падением, левая покосилась назад во двор, ворота же стояли прямо и, казалось, еще выбирали, куда им удобнее свалиться, вперед или назад. Иван Иваныч отворил калитку и вместе с Егорушкой увидел большой двор, поросший бурьяном и репейником. В ста шагах от ворот стоял небольшой домик с красной крышей и с зелеными ставнями. Какая-то полная женщина, с засученными рукавами и с поднятым фартуком, стояла среди двора, сыпала что-то на землю и кричала так же пронзительно-тонко, как и торговка:

— Цып!.. цып! цып!

Сзади нее сидела рыжая собака с острыми ушами. Увидев гостей, она побежала к калитке и залаяла тенором (все рыжие собаки лают тенором).

— Кого вам? — крикнула женщина, заслоняя рукой глаза от солнца.

— Здравствуйте! — тоже крикнул ей Иван Иваныч, отмахиваясь палкой от рыжей собаки. — Скажите, пожалуйста, здесь живет Настасья Петровна Тоскунова?

— Здесь! А на что вам?

Иван Иваныч и Егорушка подошли к ней. Она подозрительно оглядела их и повторила:

— На что она вам?

— Да, может, вы сами Настасья Петровна?

— Ну, я!

—Очень приятно. . . Видите ли, кланялась вам ваша давнишняя подружка, Ольга Ивановна Князева. Вот это ее сынок. А я, может, помните, ее родной брат, Иван Иваныч. . . Вы ведь наша N—ская. . . Вы у нас и родились, и замуж выходили. . .

Наступило молчание. Полная женщина уставилась бессмысленно на Ивана Иваныча, как бы не веря или не понимая, потом вся вспыхнула и всплеснула руками; из фартука ее посыпался овес, из глаз брызнули слезы.

— Ольга Ивановна! — взвизгнула она, тяжело дыша от волнения. — Голубушка моя родная! Ах, батюшки, так что же я, как дура, стою? Ангельчик ты мой хорошенький. . .

Она обняла Егорушку, обмочила слезами его лицо и совсем заплакала.

— Господи! — сказала она, ломая руки. — Олечкин сыночек! Вот радость-то! Совсем мать! Чистая мать! Да что ж вы на дворе стоите? Пожалуйте в комнаты!

Плача, задыхаясь и говоря на ходу, она поспешила к дому; гости поплелись за ней.

— У меня не прибрано! — говорила она, вводя гостей в маленький душный зал, весь уставленный образами и цветочными горшками. — Ах, матерь божия! Василиса, поди хоть ставни отвори! Ангельчик мой! Красота моя неописанная! Я и не знала, что у Олечки такой сыночек!

Когда она успокоилась и привыкла к гостям, Иван Иваныч пригласил ее поговорить наедине. Егорушка вышел в другую комнатку; тут стояла швейная машина, на окне висела клетка со скворцом и было так же много образов и цветов, как и в зале. Около машины неподвижно стояла какая-то девочка, загорелая, со щеками пухлыми, как у Тита, и в чистеньком ситцевом платьице. Она, не мигая, глядела на Егорушку и, по-видимому, чувствовала себя очень неловко. Егорушка поглядел на нее, помолчал и спросил:

— Как тебя звать?

Девочка пошевелила губами, сделала плачущее лицо и тихо ответила:

— Атька. . .

Это значило: Катька.

— Он у вас будет жить, — шептал в зале Иван Иваныч, — еже-ли вы будете такие добрые, а мы вам будем по десяти рублей в месяц платить. Он у нас мальчик не балованный, тихий. . .

— Уж не знаю, как вам и сказать, Иван Иваныч! — плаксиво вздыхала Настасья Петровна. — Десять рублей деньги хорошие, да ведь чужого-то ребенка брать страшно! Вдруг заболеет, или что. . .

Когда Егорушку опять позвали в зал, Иван Иваныч уже стоял со шляпой в руках и прощался.

— Что ж? Значит, пускай теперь и остается у вас, — говорил он. — Прощайте! Оставайся, Егор! — сказал он, обращаясь к племяннику. — Не балуй тут, слушайся Настасью Петровну. . . Прощай! Я приду еще завтра.

И он ушел. Настасья Петровна еще раз обняла Егорушку, обо-звала его ангельчиком и, заплаканная, стала собирать на стол. Через три минуты Егорушка уж сидел рядом с ней, отвечал на ее бесконечные расспросы и ел жирные горячие щи.

А вечером он сидел опять за тем же столом и, положив голову на руку, слушал Настасью Петровну. Она, то смеясь, то плача, расска-зывала ему про молодость его матери, про свое замужество, про сво-их детей. . . В печке кричал сверчок и едва слышно гудела горелка в лампе. Хозяйка говорила вполголоса и то и дело от волнения роняла наперсток, а Катя, ее внучка, лазала за ним под стол и каждый раз долго сидела под столом, вероятно, рассматривая Егорушкины ноги. А Его-рушка слушал, дремал и рассматривал лицо старухи, ее бородавку с волосками, полоски от слез. . . И ему было грустно, очень грустно! Спать его положили на сундуке и предупредили, что если он ночью захочет покушать, то чтобы сам вышел в коридорчик и взял там на окне цыпленка, накрытого тарелкой.

На другой день утром приходили прощаться Иван Иваныч и о. Христофор. Настасья Петровна обрадовалась и собралась было ставить самовар, но Иван Иваныч, очень спешивший, махнул рукой и сказал:

— Некогда нам с чаями да с сахара́ми! Мы сейчас уйдем.

Перед прощаньем все сели и помолчали минуту. Настасья Пе-тровна глубоко вздохнула и заплаканными глазами поглядела на образа.

— Ну, — начал Иван Иваныч, поднимаясь, — значит, ты оста-ешься. . .

С лица его вдруг исчезла деловая сухость, он немножко покрас-нел, грустно улыбнулся и сказал:

— Смотри же, учись. . . Не забывай матери и слушайся Настасью Петровну. . . Если будешь, Егор, хорошо учиться, то я тебя не оставлю.

Он вынул из кармана кошелек, повернулся к Егорушке спиной, долго рылся в мелкой монете и, найдя гривенник, дал его Егорушке. О. Христофор вздохнул и, не спеша, благословил Егорушку.

— Во имя отца и сына и святаго духа. . . Учись, — сказал он. — Трудись, брат. . . Ежели помру, поминай. Вот прими и от меня гривенничек. . .

Егорушка поцеловал ему руку и заплакал. Что-то в душе шепнуло ему, что уж он больше никогда не увидится с этим стариком.

— Я, Настасья Петровна, уж подал в гимназию прошение, — сказал Иван Иваныч таким голосом, как будто в зале был покойник. — Седьмого августа вы его на экзамен сведете. . . Ну, прощайте! Оставайтесь с богом. Прощай, Егор!

— Да вы бы хоть чайку покушали! — простонала Настасья Петровна.

Сквозь слезы, застилавшие глаза, Егорушка не видел, как вышли дядя и о. Христофор. Он бросился к окну, но во дворе их уже не было, и от ворот с выражением исполненного долга бежала назад только что лаявшая рыжая собака. Егорушка, сам не зная зачем, рванулся с места и полетел из комнат. Когда он выбежал за ворота, Иван Иваныч и о. Христофор, помахивая — первый палкой с крючком, второй посохом, поворачивали уже за угол. Егорушка почувствовал, что с этими людьми для него исчезло навсегда, как дым, всё то, что до сих пор было пережито; он опустился в изнеможении на лавочку и горькими слезами приветствовал новую, неведомую жизнь, которая теперь начиналась для него. . .

Какова-то будет эта жизнь?

Сноски

Сноски к стр. 190

[1] Добрый мальчик, как тебя зовут? *(лат.)*.

[2] Христофор *(лат.)*.

Сноска к стр. 196

[1] Кончил! *(лат.)*.

Сноска к стр. 256

[1] добрый мальчик? *(лат.)*.

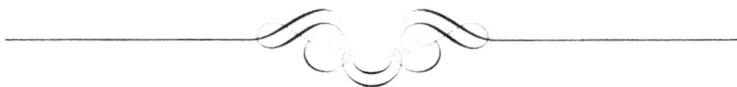

ОБ АВТОРАХ

* * *

ABOUT AUTHORS

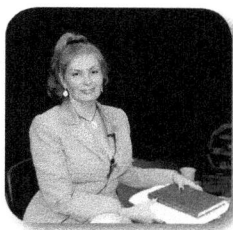

Вера Кимовна ЗУБАРЕВА, Ph.D. Пенсильванского университета. Автор 19 книг, включая монографии по творчеству Чехова «Чехов в XXI веке: позиционный стиль и комедия нового типа» (Charles Schlacks, Jr. Publisher, 2015), *A Concept of Dramatic Genre and the Comedy of a New Type. Chess, Literature, and Film (*Southern Illinois University Press, 2002) и *A Systems Approach to Literature: Mythopoetics of Chekhov's Four Major Plays* (Greenwood Press, 1997), а также статей, посвящённых жанру и стилю чеховских пьес и рассказов.

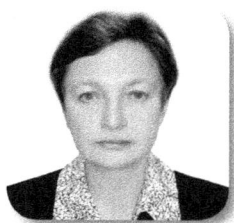

Наталья Валерьяновна ИЗОТОВА.
Доктор филологических наук, профессор кафедры русского языка Южного федерального университета (г. Ростов-на-Дону). Выпускница Ростовского государственного университета по специальности «филология», с 1987 года – кандидат филологических наук, с 2007 – доктор филологических наук по специальности 10.02.01 – русский язык. Автор более 150 научных трудов по языку и стилю произведений А.П. Чехова. В университете читает курсы по морфологии, синтаксису русского языка, спецкурсы по диалогической речи и национальному корпусу русского языка.

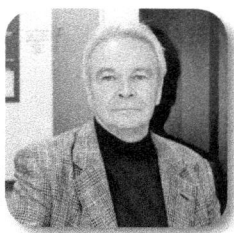

Александр Васильевич КУБАСОВ. Доктор филол. наук, профессор Уральского государственного педагогического университета. Автор публикаций о творчестве А.П. Чехова, Ф.М. Решетникова, С..Д. Кржижановского, Л.С. Петрушевской и др. писателей X1X-XX веков. Защитил диссертации: канд. - «Проблема романизации рассказов А.П. Чехова» (1989), докторская - «Проза А.П. Чехова: искусство стилизации» (1999).

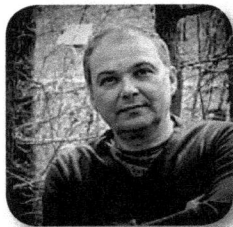

Радислав Ефимович ЛАПУШИН. Кандидат филологических наук. Получил докторскую степень в Чикагском университете. Работает на кафедре германских и славянских языков и литератур в университете Северной Каролины в Чапел Хилл. Автор двух книг о Чехове и нескольких поэтических сборников.

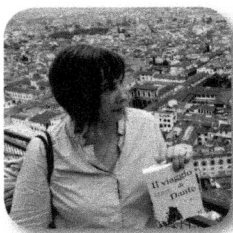

Галина Станиславовна РЫЛЬКОВА (Galina Rylkova) родилась в Москве и училась на Филологическом факультете Московского государственного университета (МГУ) и на кафедре Славянских языков и литератур Университета Торонто (Канада). Имеет степень Доктора Философии и преподает на кафедре зарубежных литератур и языков в Университете Флориды (Гейнсвиль, Флорида, США). Она автор книги The Archaeology of Anxiety: The Russian Silver Age and Its Legacy и более двадцати статей на английском и русском языках. В настоящее время она пишет книгу о психологии творчества русских писателей.

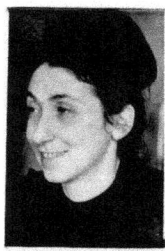

Анна Иосифовна ФРУМКИНА Родилась и выросла в Москве. Работала в должности заведующей библиотекой в системе среднего специального технического образования, во Всесоюзной Книжной палате в библиографическом еженедельнике «Летопись журнальных статей» в должности старшего редактора и в журнале «Новый мир» в должности библиографа. В 1967 году начала писать диссертацию на тему: «Поэтика Чехова. Сюжетосложение и структура речи. От «Степи» до «Вишневого сада».

В 1973 году в издании воронежского университета был напечатан первый вариант анализа повести «Степь», изложенном в первой главе этой несостоявшейся диссертации. Публиковалась в журнале «Новый мир», в сборниках «Поэтика искусства слова», «Особенности композиции повести А.П. Чехова «Степь»», «Вопросы чтения» и др. Редактор-библиограф второго издания «Школьного поэтического словаря.» (М., 1998) В третьем издании «Школьного поэтического словаря» (М., 2013) её работа также использована.

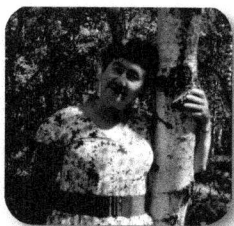

Марина Ченгаровна ЛАРИОНОВА. Доктор филологических наук, зав. лабораторией филологии Института социально-экономических и гуманитарных исследований Южного научного центра Российской академии наук, профессор кафкдры отечественной литературы Южного федерального-го университета (Ростов-на-Дону). С 1987 года - кандидат филологических наук, с 2006 - доктор филологических наук. Автор книг «Миф, сказка и обряд в русской литературе XIX века», «Художественное пространство в пьесах А.П. Чехова 1890-х – 1900-х гг.: мифопоэтические модели» (в соавторстве с В.В. Кондратьевой), «Место, которого нет... Острова в русской литературе» (в соавторстве с Л.И. Горницкой), а также множества статей по проблемам взаимоотношений устной и письменной традиций в литературе и о творчестве А.П. Чехова.

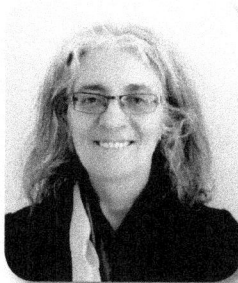

Carol APOLLONIO is Professor of the Practice of Russian at Duke University, and author/editor of books, articles, and reviews on 19th-century Russian literature and problems of translation, and translations from Russian and Japanes. Author of *Dostoevsky's Secrets: Reading Against the Grain*, editor of *The New Russian Dostoevsky*; co-editor, with Angela Brintlinger, of *Chekhov for the 21st Century*. Translator of Alisa Ganieva's novels *The Mountain and the Wall* and, forthcoming, *Bride and Groom*, as well as books by Japanese writer Kizaki Satoko. Awards include a Chekhov Centennial Medal from the Russian Ministry of Culture. Non-scholarly activities include work as a conference-level interpreter and translator of Russian. Current project is a collection of essays on Chekhov's letters, coedited with Radislav Lapushin.

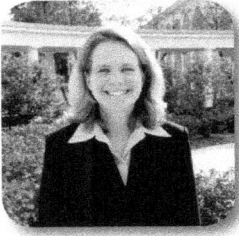

Kristin BIDOSHI is an associate professor of Russian and director of the Russian and East European Studies Program at Union College, where she teaches courses in Russian language, literature and culture. Bidoshi conducts fieldwork in Eastern Europe and publishes on subjects including the use of the oral tradition in the works of Anton Chekhov, Nikolai Gogol, and Liudimila Petrushevskaia and Russian language pedagogy. Her current research is on rites of passage in contemporary Albanian society.

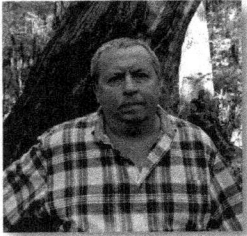

Alexander BURAK is an Associate Professor of Russian Studies in the Department of Languages, Literatures and Cultures at the University of Florida, Gainesville, USA. He is a graduate of the Translators' and Interpreter's Department of the "Maurice Thorez Institute" in Moscow (currently called the Moscow Linguistic University) with an MA in Russian/English/Italian Translation Studies. He has a Ph.D. in sociology from Moscow State University. He is the author of four books – Translating Culture 1: Words (Moscow: R.Valent, 2010); Translating Culture 2: Sentence and Paragraph Semantics (Moscow: R.Valent, 2013); "The Other" in Translation: A Case for Comparative Translation Studies (Bloomington, Indiana: Slavica, 2013); and What it Takes to be a Translator: Theory and Practice (Saarbrücken, Germany: LAP LAMBERT Academic Publishing, 2014) – as well as of numerous other publications on translation.

ДЕСЯТЬ ШАГОВ ПО «СТЕПИ»
TEN STEPS ALONG THE "STEPPE"

Коллективная монография

Главный редактор В.К. Зубарева

Редакторы:
М.Ч. Ларионова
Г.С. Рылькова

Технический редактор В. Зубарев
Художественное оформление переплета В. Зубарев

Подписано в печать 03.10.2017.

Русское безрубежье
http://litved.com

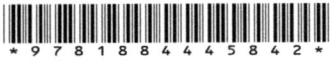